운영체제

Operating Systems

운영체제

이종득

Operating
Systems

전북대학교출판문화원

머리말

현대인들은 아침에 눈을 뜨면 모바일 폰으로 하루 일과를 시작하거나 각자의 일터에서 컴퓨터를 이용하여 작업을 처리하는 컴퓨터 생활 속에서 살고 있다. 과거에 우리는 이러한 컴퓨터 문화 속에서 우리의 일상생활이 이루어 질 것이라고 누가 상상이나 했겠는가?

그러나 현재의 우리의 삶은 어떠한가? 버스 또는 지하철 등 대중교통에서 우리의 모습을 단적으로 엿볼 수 있다. 많은 사람들이 바쁜 걸음을 재촉하며 일터로 향하고 있고, 이 과정에서 많은 사람들은 모바일 폰, 노트북 등 스마트 기기를 이용하여 하루의 일과를 계획하고 그 속에서 다양한 정보를 획득하고 공유한다. 이러한 컴퓨터 속의 삶을 가능케 한 기술이 바로 운영체제이다. 운영체제는 개인용 컴퓨터에서 모바일 폰, 대형 컴퓨터, 그리고 슈퍼컴퓨터에 이르기까지 컴퓨터를 운영하는데 있어서 필요한 시스템 소프트웨어이며, 향후 인공지능 운영체제 등 다양한 형태로 진화될 것으로 전망된다.

본 저서는 대학에서 컴퓨터 관련 과목 및 운영체제를 공부하는 학생 그리고 IT 관련 분야에 종사하는 전문가를 위한 전문 도서로서 총 12장으로 구성하였다.

제1장에서는 운영체제 개요

제2장에서는 입출력 관리

제3장에서는 프로세스 관리와 스케줄링

제4장에서는 프로세스 동기화

제5장에서는 교착상태

제6장에서는 주기억장치 관리

제7장에서는 가상기억장치 관리

제8장에서는 보조기억장치 관리

제9장에서는 파일 시스템 관리

제10장에서는 다중처리 시스템

제11장에서는 분산처리 시스템

끝으로 제12장에서는 임베디드 운영체제에 대해서 기술하였다.

저자는 수십 년 동안 대학 강단에서 운영체제 및 컴퓨터 관련 교과목을 강의하면서 학생들이 좀 더 쉽게 이해하고, 체계적인 학습이 되도록 많은 고민을 해왔다. 그 결과 강의 경험을 토대로 자료를 정리하고, 국내외의 여러 많은 교재를 참조하여 저서를 완성하였으며, 운영체제의 기본 개념에 충실하려고 노력하였다.

기존의 외국 저서 및 번역서들은 한 학기 동안에 강의하기에는 분량이 너무 많아 어려움이 많았으며, 본 저서에서는 한 학기 강의가 진행되도록 꼭 필요한 부분만 저서에 담았다. 물론 많은 부분이 부족하리라 믿고 있다. 집필 과정에서 부족한 점, 보완해야 할 사항들은 독자 및 동료 교수들의 지적과 충고를 받아 수정할 것을 약속드린다.

지난 3년 간 운영체제를 집필하기 위하여 많은 자료를 정리하고, 내용들을 체계화하기 위해 많은 고민과 노력을 해 왔으며, 이제야 작은 결실을 맺은 거 같아 기쁘기도 하지만 한편으로는 마음이 무겁다. 가족들의 이해와 사랑이 없었다면 결코 쉽지 않았을 것이다. 집필 과정을 이해해준 사랑하는 가족들에게 감사를 표하며, 운영체제를 공부하는 학생들에게 작은 도움이 되기를 희망해 본다.

2019년 8월 건지벌에서

저자 씀

목차

제12장 임베디드 운영체제

Chapter 01. 운영체제 개요

제1장 운영체제 개요

1.1 기본 개념

오늘날 우리는 컴퓨터 문화 속에서 살아가고 있음을 확인할 수가 있다. 과거에는 아침에 눈을 뜨면 신문을 구독하거나 오프라인 매체를 통해서 정보를 습득하였으나, 현재에는 인터넷을 통하여 수많은 정보를 습득하곤 한다. 이러한 수많은 정보를 습득할 수 있도록 도움을 주는 도구가 바로 컴퓨터이다. 컴퓨터의 구조를 살펴보면 크게 하드웨어와 소프트웨어로 구성되어 있다. 여러분이 초, 중, 고등학교에서 이미 배웠듯이 컴퓨터 하드웨어는 입출력장치, 주기억장치, 중앙처리 장치 등 여러 하드웨어 장치들로 이루어져 있으며, 소프트웨어는 이들 하드웨어 장치들을 논리적으로 구동시키는 프로그램이다.

이처럼 컴퓨터를 구동시키는 시스템 소프트웨어가 바로 운영체제(Operating Systems)이다. 운영체제는 컴퓨터 시스템과 사용자 사이의 중요한 인터페이스 역할을 하며, 사용자로 하여금 컴퓨터 시스템을 편리하게 사용할 수 있도록 지원하는 기능을 수행한다. 만일 컴퓨터에서 운영체제가 없다면 컴퓨터는 과연 어떠한 기능을 수행할까? 여러분 각자가 상상을 해보길 바란다.

우리가 컴퓨터상에서 사용하고 있는 운영체제의 유형은 여러 종류의 운영체제가 사용 목적에 따라 개발되어 사용되고 있으며, 대표적인 운영체제의 유형을 살펴보면 다음과 같다.

- DOS형 타입 운영체제: 대표적인 운영체제가 PC-DOS, MS-DOS형 타입의 운영체제이다.
- WINDOWS 계열 운영체제: WINDOWS 3.1, WINDOWS-XP, WINDOWS-NT, WINDOWS-7, WINDOWS-10 등의 진화된 운영체제
- UNIX 계열 운영체제: UNIX Solaris, LINUX 등의 운영체제

• Mobile Phone 운영체제: iOS, Android OS 등의 운영체제

이 밖에도 시스템의 사용목적에 따라 시스템을 제어하기 위해 사용하는 많은 종류의 운영체제들이 존재한다. 이들 운영체제는 컴퓨터의 각 기능들을 작동시키고 제어하기 위해 필수적인 소프트웨어이며, 운영체제는 컴퓨터 시스템과 상호작용을 통하여 작업 명령어들을 처리하고 제어한다. 운영체제와 상호작용을 수행하는 컴퓨터 시스템은 크게 5개의 요소로 구성되어 있으며, 상위계층의 사용자층과 하위계층의 하드웨어 자원과의 인터페이스를 통하여 명령어 처리를 수행한다. 따라서 상위계층의 사용자층과 하위계층의 하드웨어 계층과의 관계를 살펴보면 그림1.1과 같다.

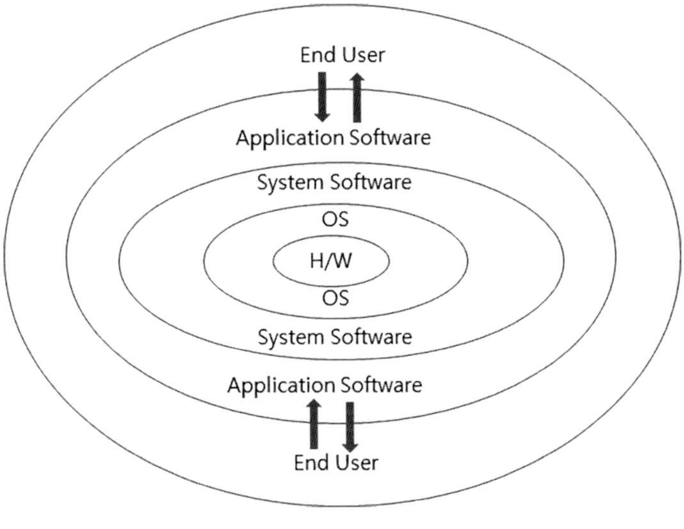

그림1.1 사용자계층과 하드웨어 계층과의 관계

• End User(단말 사용자 또는 최종 사용자): End User는 컴퓨터를 사용하는 단말 사용자 또는 최종 사용자를 말하며, 최종 사용자와 컴퓨터 시스템, 즉 하드웨어 간의 인터페이스 역할을 수행한다.

• Application Software(응용 소프트웨어): Application Software는 응용소프트웨어

라 하며, 컴퓨터상에서 사용되는 각종 소프트웨어, 즉 게임프로그램, 한글 워드프로세서 등을 말한다.

- System Software (시스템 소프트웨어): 컴퓨터 시스템을 효과적으로 운영하고, 제어해 주는 프로그램, 즉 컴파일러(Compiler), 어셈블러(Assembler), 링커(Linker), 로더(Loader) 등의 프로그램을 말한다.
- OS (운영체제): OS(Operating Systems), 운영체제는 컴퓨터의 하드웨어를 제어하고 응용 소프트웨어를 위한 기반 환경을 제공하여, 사용자가 컴퓨터를 사용할 수 있도록 인터페이스 역할을 해 주는 시스템 소프트웨어를 말한다.
- H/W(하드웨어): H/W(Hardware)는 컴퓨터를 구성하는 장치들을 말한다.

우리는 앞으로 다루게 될 운영체제에 대한 개념을 다음과 같이 개념적으로 정의하여 사용한다.

✓ 운영체제(Operating Systems)에 대한 개념적 정의

① 운영체제는 최종사용자와 컴퓨터 시스템 사이에서 컴퓨터 시스템을 편리하고, 효율적으로 사용할 수 있도록 지원해 주는 시스템 소프트웨어이다.

② 운영체제는 컴퓨터의 하드웨어를 제어하고 응용 소프트웨어를 위한 기반 환경을 제공하여, 사용자가 컴퓨터를 사용할 수 있도록 인터페이스 역할을 해 주는 소프트웨어이다.

1.2 운영체제의 목적

운영체제는 컴퓨터 시스템은 물론 항공기, 가전제품 등 많은 전자기기에 사용되고 있으며, 운영체제의 주요한 목적과 역할을 살펴보면 다음과 같다.

✓ 운영체제의 주목적

① 사용자의 편리성 제공

② 시스템 성능향상

✓ 운영체제의 부목적

① 단말 사용자 대신에 컴퓨터 하드웨어를 효율적으로 관리하고 사용하도록 지원하는 기능을 수행한다.

② 컴퓨터 시스템의 효과적인 이용을 위하여 중앙처리장치, 입출력 장치, 보조기억장치, 기타 하드웨어 자원을 제어하는 기능을 수행한다.

③ 단말 사용자가 하드웨어 구조 또는 동작 과정에 대한 충분한 지식이 없어도 시스템을 편리하게 이용 할 수 있도록 지원하는 기능을 수행한다.

시스템 성능향상 관점에서 운영체제의 목적을 좀 더 구체적으로 살펴보면 다음과 같다.

- 처리율(**Throughput**) 향상
  - 처리율이란 주어진 시간동안 컴퓨터 시스템이 처리하는 작업의 양을 말한다.
- 응답시간(**Turnaround Time**) 최소화
  - 응답시간이란 사용자가 컴퓨터 시스템에 작업처리를 요청한 후 반환하는데까지 걸리는 시간을 말한다.
- 이용가능성(**Availability**) 극대화
  - 이용가능성이란 사용자가 컴퓨터 시스템을 사용하고자 할 때 컴퓨터 시스템 자원의 사용가능정도를 말한다.
- 신뢰성(**Reliability**) 제공
  - 신뢰성이란 컴퓨터 시스템 상에서 처리하는 작업의 처리를 신뢰할 수 있는 정도를 말한다.

이처럼 네 가지 시스템 성능향상 요소는 운영체제에 중요한 영향을 미치며, 운영체제에서는 이들 성능 향상을 위한 많은 노력들이 계속 진행되고 있다. 운영체제의 주요 역할을 살펴보면 다음과 같다.

✓ 운영체제의 역할

① 컴퓨터 시스템의 초기화
② 단말 사용자와 컴퓨터 시스템 사이의 인터페이스 역할
③ 프로세스들 간의 자원 공유
④ 자원관리 스케줄링
⑤ 입출력관리
⑥ 오류검사 및 복구
⑦ 프로세스들 간의 충돌방지 및 간섭방지
⑧ 자원할당 및 자원사용량 측정
⑨ 데이터 보안관리와 신속한 대응
⑩ 네트워크 관리

1.3 운영체제의 관리 기능

운영체제가 사용자에게 편리성을 제공하고, 시스템 성능을 향상시키는데 있어서의 중요한 역할을 수행하는 기능이 바로 자원관리 기능이며, 자원 관리 기능에 따라 시스템 성능이 좌우된다. 운영체제는 자원관리 기능에서부터 시작된다고 할 정도로 자원관리 기능이 가지고 있는 중요성은 매우 크며, 컴퓨터 시스템에서 자원이 낭비되고, 자원을 서로 차지하고 할당받기 위해 여러 문제들이 발생하며, 이로 인한 시스템 성능, 즉 처리율(Throughput)이 떨어지는 문제가 발생한다. 컴퓨터 시스템에 중요한 영향을 미치는 자원 유형을 살펴보면 다음과 같다.

✓ 운영체제의 대표적인 자원유형

- I/O Devices: 키보드, 마우스, USB, 모니터, 프린터 등
- CPU or Processor: 중앙처리장치
- Memory Devices: 주기억장치, 보조기억장치, 가상기억장치 등
- File System: 프로그램 파일, 사용자 정보 등
- End Users: 사용자
- Communication Devices

이들 자원들은 3장에서 살펴보게 될 프로세스들과의 상호작용을 통해서 각 프로세스들에게 할당되며, 프로세스들이 자원을 서로 차지하려고 경쟁을 하거나 또는 자원을 할당받기 위해서 무한대기한다면 시스템에는 심각한 문제가 야기되게 된다. 이러한 문제를 최소화하기 위한 전략이 프로세스 스케줄링 전략과 자원 관리 전략이며, 자원관리 기능을 간단히 살펴보면 그림1.2와 같다.

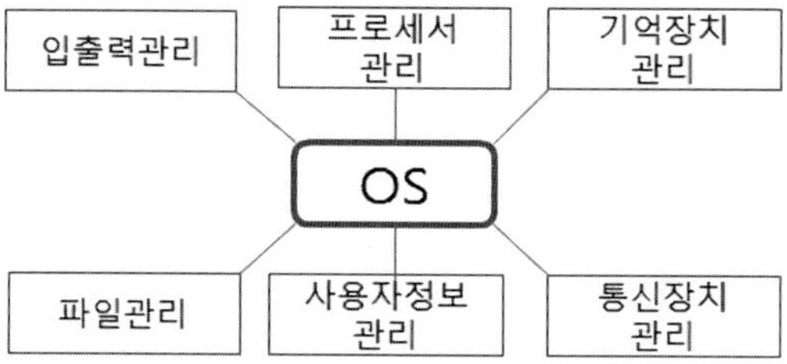

그림1.2 자원관리

이처럼 운영체제는 자원관리 기능을 통해서 시스템의 성능을 극대화하게 되며, 시스템에서 발생하게 되는 자원 독점 사용을 효과적으로 예방하는 기능을 수행한다. 따라서 운영체제가 관리하는 시스템 자원의 주요 기능을 살펴보면 다음과 같다.

✓ 자원의 주요관리기능

• 자원의 현재 상태 파악 및 추적기능 수행

사용가능한 모든 자원에 대한 상태를 파악하고 추적한다.

• 스케줄링기능 수행

프로세스들에게 자원을 분배하고 할당하기 위한 정책을 수행한다.

• 자원 할당기능 수행

프로세스들에게 충돌을 방지하고, 독점 사용을 방지하기 위해 할당 정책을 수행한다.

• 자원의 회수기능 수행

프로세스들에게 할당된 자원을 다른 프로세스들에게 다시 할당하기 위해서 사용을 마친 자원들을 회수한다.

1.4 운영체제의 발전 과정

컴퓨터가 개발된 초창기에는 운영체제가 없던 시절로 이 당시에 컴퓨터 작동은 기계어를 직접 사용하여 컴퓨터 시스템을 구동하였으며, 이후 발전을 거듭하여 현재에 이르고 있다. 운영체제는 1950년대 1세대를 시작하여 진화를 거듭하고 있으며, 최근에는 4차 산업 혁명 기술이 우리사회의 화두가 됨에 따라 4차 산업 혁명과 관련된 기술이 새롭게 도입되고 있다. 운영체제는 4차 산업 혁명시대에도 중요한 역할을 할 것으로 전망되며, 4차 산업 혁명 기술을 견인하고 있는 인공지능(AI: Artificial Intelligence), 사물 인터넷(Internet of Things), 빅 데이터, 지능형 의료 기술, 지능형 헬스케어 등의 분야에 주도적으로 적용될 것으로 전망된다. 운영체제는 과거, 현재, 미래에도 전자기기분야에 없어서는 안 될 중요한 소프트웨어이며, 미래의 무인 자동차, 항공, 조선, 인공지능 가전제품,

홈 네트워킹 분야에 진화된 기술이 새로운 형태의 펌웨어 방식으로 적용될 것으로 전망된다. 따라서 지금까지 진화된 운영체제의 발전과정과 특징을 연대별로 정리하면 다음과 같다.

(1) 1940년대

• 운영체제가 없던 시기

• 기계어 사용하여 명령어 처리

(2) 1950년대

• 단순 순차처리 방식의 초기 일괄처리 시스템 등장

• 입출력 제어시스템 제공

• 작업제어언어(Job Control Language) 사용

• IBM701운영체제 개발

(3) 1960년대

• 다중 프로그래밍 시스템, 시분할 시스템, 실시간 처리시스템 등의 운영체제 처리 기법 개발

• 다중 대화식 사용자, 다중 모드 사용

• 데이터 통신 지원용 운영체제 개발

• 고급어 (High-level Language)사용

(4) 1970년대

• 다중 프로세서 개념 적용

• 온라인처리기법 사용 및 마이크로프로세서 개념 사용

• 멀티모드 시분할 시스템(일괄처리, 시분할처리, 실시간처리)의 보편화

• LAN (Local Area Network) 사용

- 정보보호 및 보안문제 적용

(5) 1980년대

- 분산 네트워크 등장 및 적용
- 개인용 컴퓨터를 기반으로 하는 운영체제 등장
- 각종 응용 프로그램의 개발 및 데이터베이스 활용 확대
- 네트워크를 기반으로 클라이언트/서버(Client/Server) 시스템 등장
- UNIX OS 개발 및 적용

(6) 1990년대

- 병렬 컴퓨팅과 분산 컴퓨팅 등장
- 인공지능 기법 등장
- 인터넷적용
- GUI 기반의 운영체제 개념 강화
- 가상 메모리 확대화

(7) 2000년대–현재

- 시스템의 초고속화, 고기능화, 초 경량화
- 통신망의 확대와 개방형 시스템 확대
- 네트워크 기반의 분산 및 병렬운영체제의 보편화
- 임베디드 운영체제 및 클라우드 컴퓨팅 등 고급화된 운영체제 기술 확산
- 모바일 운영체제, 인공지능 운영체제 등과 같은 지능형 운영체제로의 발전

1.5 운영체제의 서비스

운영체제는 프로그램 실행을 위한 환경을 제공해 주며, 또한 프로그램과 단말 사용자에게 정해진 서비스를 제공해 주는 역할을 수행한다. 운영체제의 서비스 기능은 프로그래머의 편리성을 위하여 프로그래밍을 보다 쉽게 할 수 있도록 지원한다. 운영체제에서 서비스되는 주요 기능들을 살펴보면 다음과 같다.

- 프로그램 수행 서비스
- 입출력 동작 수행
- 파일 시스템 조작
- 통신 서비스 제공
- 오류 발견 및 처리
- 자원 할당
- 계정 할당
- 시스템 및 데이터 보호

1.6 운영체제의 처리 시스템

초기 운영체제 시스템에서는 실제로 운영체제가 존재하지 않았기 때문에 이 당시 명령어 처리는 직접 기계어에 의해서 수행되었다. 이렇다 보니 명령어 처리를 수행하는 도중에 오류가 발생하면 오류를 수정하는 작업이 매우 어려웠으며, 작업처리 시간 또한 길어지는 문제가 발생하였다. 이러한 문제를 해결하기 위하여 여러 운영체제 기법들이 개발되어졌으며, 오늘날 운영체제 환경 하에서 주로 사용되는 운영체제 시스템들을 살펴보면 다음과 같다.

1.6.1 일괄처리 시스템

일괄처리 시스템(Batch Processing Systems)은 처리할 작업을 일정기간 모아두었다가 작업을 한꺼번에 처리하는 기법이다. 이 기법은 초기 시스템 환경 하에서 작업 준비시간을 줄이기 위하여 도입된 기법으로서 작업 처리 요구가 발생할 때 작업을 그때그때 직접 처리하는 방식이 아니다. 따라서 이 기법은 작업 제출과 작업 완료 사이에 반환시간 또는 처리 응답시간이 늦다는 단점을 가지고 있다. 일괄처리 시스템은 실시간 시스템(Real-Time System)의 반대 개념으로서 초기 일괄 처리 시스템은 유사한 작업 처리를 위해서 카드와 테이프를 주로 사용하였으나 이후 디스크를 사용하면서 작업 처리의 접근성이 보다 빠른 형태로 진화되었다. 일괄처리 시스템의 가장 큰 문제점 중의 하나는 작업처리 과정에서 임의의 하나의 작업이 수행될 때 이 작업이 시스템의 모든 자원을 독점사용하기 때문에 이로 인하여 CPU의 유휴시간(Idle Time)이 길어지는 문제를 겪게 되며, 결과적으로 작업이 수행되는 동안에 자원의 낭비가 발생하는 문제를 경험하게 된다.

Note

일괄처리 시스템(Batch Processing System)

- 초기 시스템의 작업 준비 시간을 줄이기 위해 요구 사항이 비슷한 여러 개의 작업을 모아서 한꺼번에 일괄처리 하는 기법
- 온라인처럼 자료나 정보단위들이 발생할 때마다 즉각적으로 처리하는 기법이 아니라 입력되는 자료를 일정 기간 동안, 일정량을 모아두었다가 한꺼번에 처리하는 방식

유휴시간(Idle Time)

유휴시간(**Idle Time**)이란 **CPU**가 작업처리 또는 연산 처리를 하지 않고 대기하는 시간

|장점·단점|

- 컴퓨터 시스템을 효율적으로 사용할 수 있다.
- 작업시간이 길어 반환시간이 느리다.
- 적절한 작업 제어 카드를 제공해야 한다.
- 프로그램의 오류 수정 작업이 어렵다.
- CPU가 유휴 상태로 빠질 수 있다.

1.6.2 실시간처리 시스템

실시간처리 시스템(Real-Time Processing Systems)은 앞에서 살펴본 일괄처리 시스템과 비교할 때 작업처리 방식이 반대개념이다. 실시간 처리 시스템은 단말기 또는 제어 대상으로부터 작업처리 요구가 발생할 때 작업처리를 그때그때 실시간으로 처리하는 기법이다. 실시간 처리 시스템은 하나의 컴퓨터 시스템이 여러 개의 작업을 동시에 처리하기 때문에 마치 작업처리를 병렬로 처리하는 방식과 유사하게 보인다. 이처럼 실시간 처리 시스템은 작업처리 요구가 발생할 때 작업을 즉각적으로 처리하게 되기 때문에 은행 창구에서의 실시간 은행 업무 처리, 비행기 좌석 또는 기차 좌석 예약 등과 같은 실시간 업무 처리 분야에서 주로 많이 사용되고 있다. 일반적으로 실시간 처리 시스템은 주기억장치와 단말 사용자 사이의 통신 제어장치를 통하여 작업처리가 제어되며, 실시간 처리 시스템의 작업 처리 과정을 살펴보면 그림1.3과 같다.

그림1.3 실시간 처리 시스템의 작업 처리 과정

> **Note**
>
> **실시간처리 시스템**(Real-Time Processing Systems)
>
> 실시간 처리 시스템은 단말기 또는 제어 대상으로부터 작업처리 요구가 발생할 때 작업처리를 그때그때 실시간으로 처리하는 기법

따라서 실시간 처리 시스템의 장점·단점을 살펴보면 다음과 같다.

|장점·단점|

- 단말기를 통하여 작업처리를 직접하기 때문에 작업 사용자의 시간이 절감된다.
- 작업 처리 요구가 발생할 때마다 작업처리가 수행되기 때문에 처리시간이 단축되고, 처리 비용이 절감된다.
- 작업처리를 위한 작업이 랜덤하게 도착하기 때문에 입출력 데이터의 일시 저장 및 대기 시간 문제가 발생한다.
- 시스템에 장애가 발생할 때 시스템의 재실행 문제가 발생한다.

1.6.3 오프라인 시스템

오프라인 시스템(Off-line Systems)은 기계적인 입출력 장치의 느린 속도와 연산속도가 빠른 CPU의 작업처리 속도를 보완하기 위해 사용된 기법으로서 이 기법은 온라인 처리 기법과 상반된 작업처리 관계를 가지고 있다. 이처럼 전자적인 속도와 기계적인 속도의 차이를 극복하기 위하여 오프라인 처리 기법이 등장되었으며, 느린 속도 차이를 해결하기 위한 방법으로써 느린 카드 판독기와 라인 프린터를 비교적 빠른 자기테이프로 대체하는 기법이 사용되고 있다. 일반적으로 오프라인 처리구조와 온라인 처리구조를 간단히 살펴보면 그림1.4, 그림1.5와 같다.

그림1.4 온라인 처리 구조

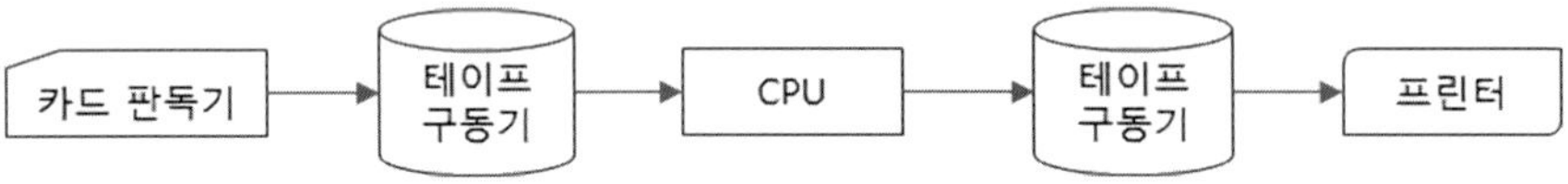

그림1.5 오프라인 처리 구조

Note

오프라인 시스템(Off-line Systems)

- 카드 판독기와 라인 프린터와 같은 특수 목적 장치를 이용하여 직접 입출력하여 작업을 처리하는 방식
- 주 컴퓨터의 보조 역할을 수행하는 전용의 소형의 컴퓨터를 사용하여 작업을 처리하는 방식

끝으로 오프라인 시스템의 장점·단점을 살펴보면 다음과 같다.

|장점·단점|

- 주 컴퓨터가 카드 판독기와 라인 프린터의 속도에 영향을 받는 것이 아니라 처리 속도가 빠른 자기테이프의 속도에 영향을 받는다.
- 오프라인 시스템에서는 응용 프로그램을 오프라인 입출력하기 위하여 별도의 수정 작업 과정을 거치지 않는다.
- 하나의 프로그램이 다른 입출력 장치와 함께 실행될 수 있는 장치 독립성이 보장된다.
- 하나의 CPU에 의해서 여러 대의 카드 판독기, 라인 프린터 그리고 자기 테이프 등을 사용할 수 있다.

1.6.4 온라인 시스템

온라인 시스템(On-line Systems)은 대화식 시스템(Interactive Systems)이라고 하며, 온라인 시스템을 통하여 작업 처리를 대화식으로 처리한다. 이 시스템은 CPU와 주변장치가 온라인으로 연결되어 작업을 처리하게 되며, 단말 사용자가 컴퓨터 시스템 또는 운영체제에 직접 명령을 수행함으로써 응답을 즉시 받을 수 있는 기능을 수행한다. 이처럼 단말 사용자와 온라인 시스템 간에 작업처리 명령을 직접적으로 수행하기 때문에 대화식 시스템이라 하며, 작업 처리 입력은 온라인 시스템의 입력 장치를 통하여 수행되고, 작업 처리 출력은 온라인 출력 장치를 통하여 수행된다.

Note

온라인 시스템(On-line Systems)

온라인 시스템이란 대화식 시스템(Interactive Systems)이라고 하며, 온라인 시스템을 통하여 작업 처리를 대화식으로 처리하는 시스템

온라인 처리 시스템에서 작업 명령 처리 과정은 작업 처리 명령을 기다리는 앞 작업 처리 명령에 의해 결정되며, 온라인 시스템의 장점·단점을 살펴보면 다음과 같다.

|장점·단점|

- 사용자는 작업처리 명령을 실시간으로 수행할 수 있다.
- 실행 결과를 곧바로 받아 볼 수 있다.
- 실시간 작업처리로 인하여 응답시간이 짧다.
- 실시간으로 실행결과가 출력되기 때문에 프로그래머에게 프로그램 검사와 개발에 따른 융통성이 제공된다.
- 프로그래머나 시스템 관리자에 의한 유휴시간이 발생된다.

1.6.5 시분할 시스템

시분할 시스템(Time-Sharing Systems)은 단말 사용자들에게 일정한 시간을 균등하게 분할하는 기법으로서 다중 프로그래밍의 논리적 확장이라 할 수 있다. 즉 시분할 시스템은 각 단말 사용자들에게 CPU에 대한 시간 할당량(Time Slice 또는 Time Quantum)이라는 일정 시간을 할당하여 주어진 시간동안 직접 컴퓨터와 대화 형식으로 작업 처리를 수행하는 시스템을 말한다. 시분할 시스템의 목적은 모든 컴퓨터 사용자들에게 동일한 서비스를 받도록 하는 것이며, 자신만이 컴퓨터 시스템을 독점하여 사용하고 있는 듯한 착각을 가지도록 하는 것이다. 이렇게 함으로써 각 사용자는 CPU의 활용시간을 효율적으로 제공받을 수 있으며, 이로 인하여 작업의 병행 처리를 수행할 수 있는 장점을 제공받는다. 시분할 시스템은 실시간 대화형 처리 및 CPU의 활용도를 높이는 역할을 수행하며, 프로그램 개발, 사무자동화, 그래픽 처리 등에 응용되고 있다.

시분할 시스템은 단말기에서 컴퓨터와 대화형식으로 직접 프로그래밍을 할 수 있으며, 타임 슬라이스(Time Slice) 또는 Time Quantum 방식으로 시분할 시스템을 수행한다. 시분할 시스템은 CPU의 유휴시간을 줄일 수 있는 장점을 제공하며, 프로그램 개발, 사무자동화, 온라인 정보검색, 그래픽처리 등과 같은 분야에 주로 많이 적용되고 있다.

Note

시분할 시스템(Time–Sharing Systems)

- 여러 명의 사용자가 단말기를 통하여 중앙의 컴퓨터 시스템을 동시에 사용하는 시스템 방식
- 각 단말 사용자들에게 **CPU**에 대한 일정 시간을 분배하여 주어진 시간동안 컴퓨터와 직접 대화 형식으로 작업처리를 수행하는 시스템 방식

시간할당량(Time Slice or Time Quantum)

작업처리를 위해 부여된 일정한 시간

|목적|

- 각 사용자로 하여금 자신만이 컴퓨터 시스템을 독점하여 사용하고 있는 듯한 착각이나 환상을 느끼도록 한다.
- 동시에 많은 사용자들이 컴퓨터를 공유하도록 하는 기능을 제공한다.

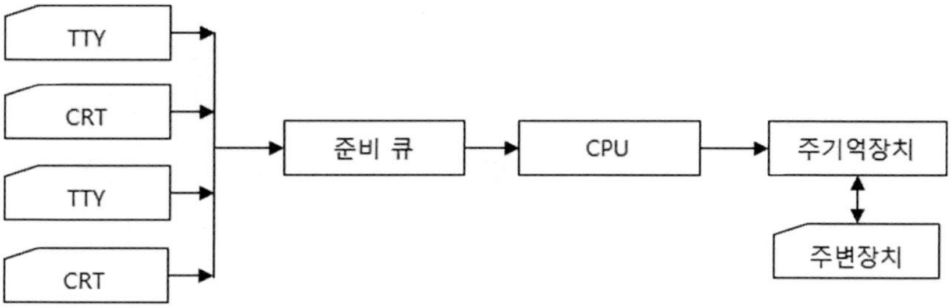

그림1.6 시분할 시스템 구조

시분할 시스템 구조는 그림1.6과 같으며, 시분할 시스템에 대한 장점·단점을 살펴보면 다음과 같다.

|장점·단점|

- 여러 단말 사용자들이 CPU를 공평하게 할당받을 수 있다.
- 멀티프로그래밍 기법처럼 여러 개의 작업을 주기억 장치에 동시에 적재할 수 있다.
- 자원 제어에 대한 책임을 운영체제에 전가시킴으로써 운영체제를 복잡하게 할 수 있다.
- 여러 단말 사용자들에 대한 공정한 자원 공유를 보장하기 위하여 단말 사용자들에게 CPU 할당시간을 공평하게 할당해야 한다.
- 실행중인 프로세스 간의 통신 및 I/O장치 사용에 대한 제어 및 관리 기능을 제공해야 한다.
- CPU 자원을 공평하게 분배하기 위하여 기억장치 관리 기법, 스케줄링과 같은 기법

들이 요구된다.

1.6.6 다중프로그래밍 시스템

다중프로그래밍 시스템(Multi-programming Systems)은 주기억장치에 여러 개의 다중 프로그램을 적재하여 동시에 실행시키는 다중 시스템 처리 기법으로서 이 시스템의 목적은 시스템의 성능을 극대화시키기 위한 것이다. 즉 다중 프로그래밍 시스템은 CPU의 효율을 극대화하여 다중 프로그래밍의 실행정도를 향상시키기 위한 것이며, 이 시스템은 CPU를 필요로 하지 않는 동안에 다른 사용자 프로그램들에게 CPU의 사용권한을 허락함으로써 CPU의 효율을 극대화한다. 따라서 다중 프로그래밍 시스템은 다른 프로그램들에게 CPU가 항상 이용될 수 있도록 주기억장치에 여러 개의 작업들을 미리 적재해 두어야 하며, 주기억장치에 다중 프로그래밍의 적재 정도에 따라 CPU의 이용률의 성능이 결정된다.

일반적으로 다중프로그래밍 시스템에서 다중작업처리는 주기억 장치에 적재되어 있는 프로그램 작업들 중에서 한 개의 프로그램 작업을 선택해서 실행하게 되며, 실행 중인 프로그램 작업이 자기 테이프나 디스크, 키보드 등의 입출력 발생을 마주치게 되면 입출력을 완료한 후 다른 프로그램 작업을 수행하게 된다. 그러나 이전의 비 다중프로그래밍 시스템 환경 하에서 프로그램 작업이 입/출력을 마주치게 되면, 이 경우 CPU는 유휴상태로 전환되어 CPU 작업을 일시 중단하게 된다. 이 경우 CPU의 유휴상태로 인하여 시스템의 처리율은 떨어지게 되며, 결과적으로 시스템의 성능이 저하되는 문제가 발생한다.

이러한 문제를 해결하기 위해서 다중 프로그래밍 시스템이 개발 되었으며, 다중 프로그래밍 시스템에서는 CPU의 유휴상태를 줄이기 위해서 CPU와 프로그램 작업들 사이에 문맥교환(Context Switching)을 통해서 새로운 프로그램 작업들을 교체한다. 다중프로그래밍 시스템에서 작업의 순차 실행 과정은 그림1.7과 같으며, 다중 프로그래밍의 실행 과정은 그림1.8과 같다.

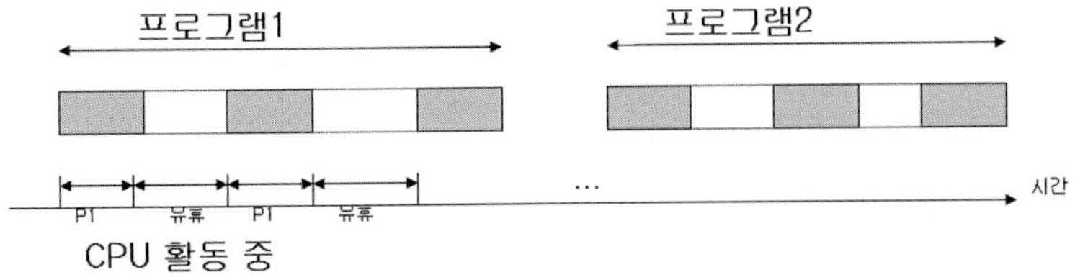

그림1.7 프로그램 작업의 순차 실행

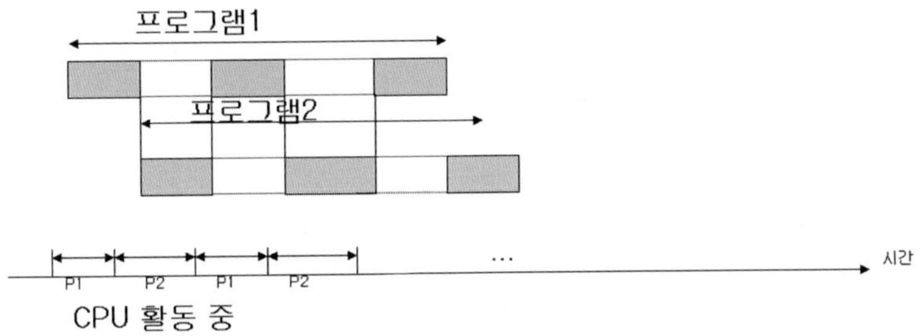

그림1.8 다중 프로그래밍의 실행 구조

> **Note**
>
> **다중 프로그래밍 시스템**(Multi-programming System)
>
> - 다중 프로그래밍 시스템(**Multi-programming System**)은 **CPU**의 효율을 극대화하기 위한 방법으로서 여러 개의 사용자 프로그램이 마치 동시에 실행되는 것처럼 처리하는 시스템 처리 기법
> - **1**개의 처리 장치로 여러 개의 프로그램을 동시에 처리하는 다중 데이터 처리 시스템
> - 한 사용자 프로그램이 **CPU**를 사용하다가 입출력 장치 등 **CPU**를 필요하지 않는 동안 다른 사용자 프로그램이 그 시간에 **CPU**를 사용하여 **CPU**의 효율을 극대화하기 위한 시스템 처리 기법

Note

문맥교환(Context-Switching)

문맥교환이란 하나의 프로세스가 CPU를 사용 중인 상태에서 다른 프로세스가 CPU를 사용하도록 교체하는 과정이며, 즉 CPU와 주기억장치 사이에서 주기억장치에 적재된 하나의 작업 프로그램을 CPU로 교환하는 과정

따라서 다중프로그래밍 시스템에 대한 장점·단점을 살펴보면 다음과 같다.

|장점·단점|

- 주기억 장치에 여러 개의 프로그램 작업을 적재함으로써 다중 작업 처리가 가능하다.
- 다중 프로그래밍 시스템은 여러 개의 작업 프로그램을 동시에 기억장치에 적재시킴으로써 CPU의 유휴 시간을 줄일 수 있다.
- 여러 개의 프로그램 작업을 준비 큐(Queue)에 배치해야 하기 때문에 주기억장치 관리 기법 또는 CPU 스케줄링 기법이 요구된다.
- 스케줄링, 교착상태, 병행 제어 및 보호 문제 등의 문제가 발생할 수 있다.

1.6.7 다중 처리 시스템

최근에 개인용 컴퓨터 환경 하에서도 컴퓨터 마니아들은 보다 나은 컴퓨터 성능을 경험하고 있으며, 개인용 컴퓨터에 여러 개의 프로세서를 장착하여 사용하는 사용자들이 증가하고 있다. 예를 들어 게임 마니아들은 게임의 성능을 극대화하기 위하여 듀얼 급 이상의 프로세서를 장착하여 게임을 즐기고 있거나, 보다 생생한 애니메이션을 즐기기 위하여 한 개 이상의 프로세서를 컴퓨터에 장착하여 동영상이나 고해상도의 영상을 즐기고 있다. 다중처리 시스템(Multi-processing Systems)은 컴퓨터 시스템에 한 개 이상의 프로세서를 장착하여 여러 작업을 동시에 수행하는 시스템으로써 다중 처리 시스템의 목적은 작업의 처리율 향상과 신뢰성을 보장하도록 하는 데 있다. 현재 우리가 경험하고

있는 많은 종류의 슈퍼컴퓨터 그리고 메인 프레임 급 이상의 대형 컴퓨터에서는 다중 프로세서를 장착하여 컴퓨터의 작업처리를 수행하고 있다. 이러한 이유로 프로세서가 과거에 비해 가격은 굉장한 속도로 하락하였으며, 성능은 매우 향상되었기 때문이다. 무엇보다 다중 처리 시스템의 장점은 다중 프로세서로 인하여 하나의 프로세서에 고장이 나더라도 다른 프로세서가 그 기능을 대체할 수 있다는 점이며, 이로 인하여 시스템의 안정성과 신뢰성이 보장된다는 점이다. 다중 처리 시스템은 다중 처리 운영방법에 따라 크게 강결합 시스템(Tightly Coupled System)과 약결합 시스템(Loosely Coupled System)으로 구분되며, 강결합 시스템과 약결합 시스템의 차이점을 살펴보면 다음과 같다.

✓ 강결합 시스템과 약결합 시스템의 차이점

① 강결합 시스템(Tightly Coupled System)

- 강결합 시스템은 프로세서들이 해당 작업을 처리함에 있어 매우 밀접하게 동기화되어 있는 시스템 구조 방식으로써
- 동기화에 중점을 둔다.

② 약결합 시스템(Loosely Coupled System)

- 약결합 시스템은 프로세서 간의 동기화 문제가 그다지 엄격하지 않으며, 2개 또는 그 이상의 프로세서들이 서로 결합하는 방식으로써
- 작업 처리량에 목적을 둔다.

Note

다중 처리 시스템(Multi-processing Systems)

- 여러 개의 프로세서를 두어 여러 작업을 동시에 수행하는 시스템
- 여러 개의 프로세서가 공동 기억장치를 통하여 메모리를 공유하며, 다중 처리기의 단일 운영체제에서의 제어가 가능한 시스템

따라서 다중프로세서 시스템에 대한 장점·단점을 살펴보면 다음과 같다.

|장점·단점|

- CPU를 여러 개 사용함으로써 작업 처리속도가 향상되고, 신뢰성이 보장된다.
- 하나의 프로세가 고장날 때 다른 프로세서가 작업처리를 대신할 수 있다.
- 여러 프로세서들과 주기억장치 간에 작업처리가 공유될 수 있도록 적절한 프로세서 스케줄링 기법이 필요하다.
- 프로세서 자원들 간의 경쟁을 제어하기 위한 적절한 스케줄링 기법이 필요하다.

1.6.8 분산 처리 시스템

분산처리 시스템(Distributed Processing Systems)의 중요한 특징 중의 하나는 통신 네트워크를 통하여 지역적으로 분산된 작업들을 처리한다는 점이다. 다시 말해서 컴퓨터 통신 네트워크가 활성화됨에 따라 분산처리 시스템은 발전하게 되었으며, 원거리에 흩어져 있는 컴퓨터와 데이터 통신이 가능해졌음을 의미한다. 따라서 분산처리 시스템은 통신 네트워크를 통하여 지역적으로 흩어진 여러 컴퓨터들에게 작업처리를 분산처리 하도록 하는 시스템을 말한다. 분산처리 시스템의 목적은 기능적으로 흩어진 여러 컴퓨터 노드들의 상호협동을 통해서 신뢰성을 보장하고 시스템의 처리 속도를 향상시키는데 있다. 즉 분산처리 시스템은 연산속도와 신뢰성을 향상시키고 컴퓨터 자원을 보다 효율적으로 이용하기 위하여 도입되었으며, 분산처리 시스템의 구조를 살펴보면 그림1.9와 같다.

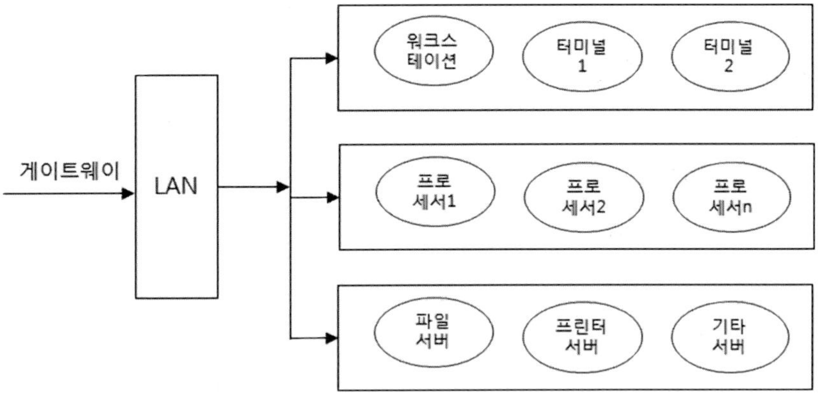

그림1.9 분산 처리 시스템 구조

일반적으로 분산처리 시스템이 요구하는 기능은 크게 자원공유기능, 연산속도 향상기능, 신뢰성 확보 기능, 통신 보장 기능이며, 각각의 기능을 살펴보면 다음과 같다.

(1) 자원 공유

다수의 노드가 네트워크에 연결되어 있을 경우 한 노드의 사용자는 다른 노드의 자원을 사용할 수 있다. 일반적으로 분산 시스템에서의 자원 공유는 다른 노드에 있는 파일의 공유, 분산 데이터베이스 접근, 파일 인쇄, 특정 하드웨어의 사용, 다른 동작 등의 과정을 통해서 수행된다.

(2) 연산속도 향상

분산처리 시스템에서는 여러 연산을 병행적으로 수행할 수 있으며, 이러한 병행 기능을 통하여 연산속도가 향상된다. 또한 분산처리 시스템에서는 병행 수행을 통해서 여러 노드의 연산 분담이 가능하며, 특정노드에 작업의 부하가 증가될 때 부하가 적은 다른 노드로 연산을 이동시킴으로써 부하를 줄일 수 있다.

(3) 신뢰성 확보

분산처리 시스템에서 한 노드에 고장이 날 때 나머지 노드에 영향을 주지 않고 계속 연산을 수행할 수 있다는 장점을 가진다. 따라서 하드웨어와 자료를 적절하게 공유함으로써 한 노드의 고장이 전체 시스템에 영향을 미치지 않도록 할 수 있으며, 이로 인하여 분산처리 시스템의 신뢰성이 보장된다.

(4) 통신 보장

분산처리 시스템 환경 하에서의 연산처리는 통신 네트워크를 통해서 수행되며, 통신이 보장되지 않으며 분산처리 기능이 수행될 수 없음을 의미한다. 따라서 분산처리 시스템 환경 하에서 다수의 노드가 통신 네트워크로 연결되어 있으면 각각의 프로세서 간에 정보전송이 수행될 수 있으며, 상호 간에 데이터 전송이 가능하다. 또한 분산처리 시스템에서는 통신 프로토콜을 사용하여 상호 간에 데이터 접근 및 공유를 수행할 수 있는 장점이 제공된다.

Note

분산처리 시스템(Distributed processing System)

분산처리 시스템(**Distributed processing System**)은 하나의 대형 컴퓨터에서 수행하던 기능을 지역적으로 분산된 여러 개의 미니컴퓨터에 분산시킨 후 통신망을 통하여 작업을 분산적으로 처리하는 시스템

1.7 운영체제의 계층 구조

운영체제를 계층적으로 구성하는 목적은 운영제제를 보다 쉽게 설계하고 개발하기 위한 것이며, 또한 운영체제 개발에 있어서 오류가 발생할 때 오류의 수정을 보다 쉽게 하

기 위한 것이다. UNIX 운영체제의 경우 운영체제는 전형적인 계층 구조로 되어 있으며, root 디렉토리에서 사용자 디렉토리에 이르기 까지 각 디렉토리들이 부모노드와 자식노드 관계로 구성되어 있다. UNIX 운영체제에서 보듯이 일반적인 운영체제 구조는 계층 구조로 되어 있으며, 운영체제 계층 구조는 상호 관계를 가지는 프로그램 모듈들의 집합으로 구성되어 있다. 그림1.10은 일반적인 운영체제의 계층 구조이며, 각각의 계층 구조의 역할을 살펴보면 다음과 같다.

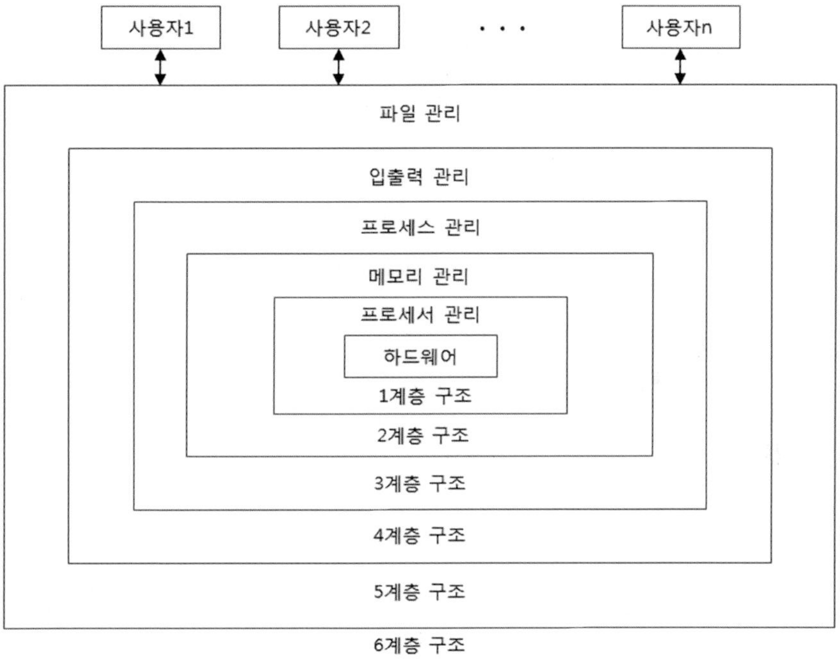

그림1.10 운영체제의 계층 구조

- 1계층 구조: 동기화 및 프로세서 스케줄링을 위한 프로세서 관리를 담당한다.
- 2계층 구조: 메모리 할당 및 회수 기능을 수행하는 메모리 관리를 담당한다.
- 3계층 구조: 프로세스 관리를 담당하는 구조로써 프로세스 생성, 제거, 프로세스 간

메시지 전달, 프로세스 시작과 정지 등의 작업을 담당한다.

- 4계층 구조: I/O 등의 주변 장치를 담당하는 구조로써 주변 장치의 상태를 파악하여 관리하는 일과 입출력 장치의 스케줄링을 하고 입출력에 대한 전반적인 작업을 관리한다.
- 5계층 구조: 파일의 생성과 소멸, 파일의 개 폐, 파일의 유지 및 관리 등을 담당한다.
- 6계층 구조: 사용자 계층 구조로서 사용자의 응용 프로그램 등을 관리한다.

1.8 운영 제어 프로그램

운영체제 기능에 따른 운영제어 프로그램은 크게 제어 프로그램과 처리 프로그램으로 분류되며, 제어 프로그램에는 감시 프로그램, 데이터 관리 프로그램, 작업 제어 프로그램으로 분류된다. 그리고 처리 프로그램에는 언어번역 프로그램, 서비스 프로그램, 문제 프로그램으로 분류되며, 문제 프로그램은 주로 응용 프로그램들을 다룬다.

이들 프로그램들 중 감시 프로그램, 데이터 관리 프로그램, 작업 제어 프로그램, 언어번역 프로그램, 서비스 프로그램들을 시스템 프로그램이라 하며, 각각을 살펴보면 다음과 같다.

(1) 제어 프로그램(Control Program)

제어 프로그램은 다음과 같은 기능을 수행한다.

- 감시 프로그램

  감시 프로그램(Supervisor Program)은 운영체제에서 가장 중심적인 프로그램으로서 시스템의 모든 동작 상태를 관리 감독하는 기능을 수행하는 프로그램이다.

• 데이터 관리 프로그램

데이터 관리 프로그램(Data Management Program)은 주기억장치와 보조기억 장치 간의 자료 전송, 파일의 조작 및 처리, 입출력 자료와 프로그램 간의 논리적 연결 등의 기능을 수행하는 프로그램으로써 시스템에서 취급하는 파일과 데이터를 표준적인 방법으로 처리하고 관리하는 프로그램이다.

• 작업 제어 프로그램

작업 제어 프로그램(Job Control Program)은 어떤 업무를 처리하고 다른 업무로의 이행을 자동적으로 수행하기 위한 준비 및 그 처리 완료를 담당하는 기능을 수행하는 프로그램으로써 작업의 연속 처리를 위한 스케줄링 및 시스템 자원 할당 등의 기능을 수행한다.

(2) 처리 프로그램

처리 프로그램(Processing Program)은 다음과 같은 기능을 수행한다.

• 언어번역 프로그램

언어번역 프로그램(Language Translator Program)은 프로그래머가 프로그래밍언어로 작성한 프로그램을 입력받아 기계어로 번역해 주는 소프트웨어로서 컴파일러(Compiler), 어셈블러(Assembler), 인터프리터(Interpreter) 등의 언어 번역기가 사용되고 있다.

• 서비스 프로그램

서비스 프로그램(Service Program)은 사용빈도가 높은 프로그램들을 시스템 제공자가 미리 작성하여 사용자에게 제공해 주는 프로그램으로써 시스템 서비스 프로그램과 사용자 서비스 프로그램 등으로 구성된다. 서비스 프로그램에는 연결에디터

(Linkage Editor) 프로그램과 라이브러리언(Librarian) 프로그램 등이 있으며, 사용자 서비스 프로그램에는 정렬/병합(Sort/Merge) 프로그램과 유틸리티(Utility) 프로그램 등이 있다.

- 문제 프로그램

  문제 프로그램(Problem Program)은 사용자 자신이 업무상 필요에 따라 작성한 프로그램을 말한다.

1.9 시스템 프로그램

시스템 프로그램(System Program)이란 컴퓨터 시스템에서 사용자가 필요로 하는 작업을 처리할 수 있도록 지원해 주는 소프트웨어를 말하며, 시스템 프로그래밍이란 이러한 프로그램을 작성하는 작업을 말한다. 시스템 프로그램은 어셈블러, 매크로, 로더 등이 있다.

> Note
>
> **시스템 프로그램**(System Program)
>
> 컴퓨터 시스템에서 사용자가 필요로 하는 작업을 처리할 수 있도록 지원해 주는 소프트웨어

✓ 시스템 프로그램의 종류

- 어셈블러(Assembler)
- 매크로(Macro)
- 로더(Loader)

응용 프로그램(Application program)은 시스템 프로그램의 도움을 받아서 사용자가 원하는 실제 프로그램을 작성하는 프로그램으로써 응용 프로그램에는 통계 패키지, 워드 프로세서, 각종 업무 처리 프로그램 등이 있으며, 운영체제에서 적용되는 소프트웨어 구조를 살펴보면 그림1.11과 같다.

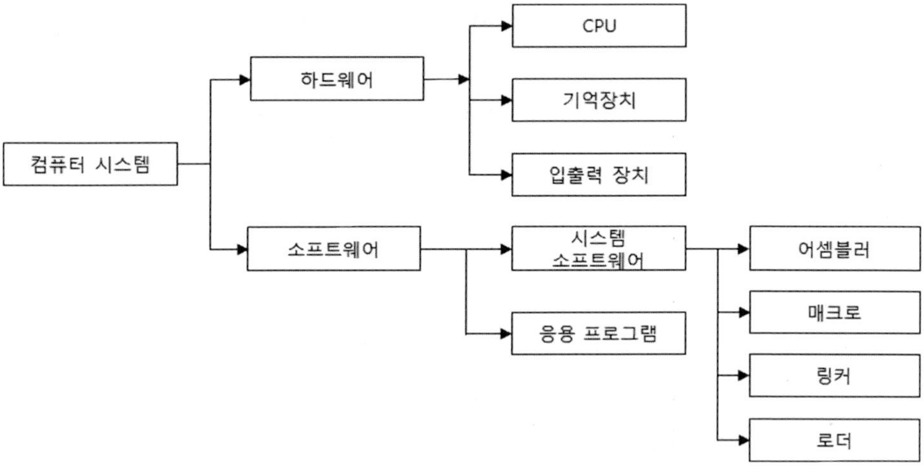

그림1.11 운영체제에서 적용되는 소프트웨어 구조

(1) 어셈블러

어셈블러(Assembler)란 어셈블리어(Assembly Language)로 작성된 프로그램을 컴퓨터 기계어로 번역해 주는 번역기를 말하며, 어셈블리어란 기호, 숫자들로 표현된 명령어 코드들을 기호화한 프로그래밍언어를 말한다. 어셈블리어 명령어 구조는 크게 기계 명령, 어셈블러 명령, 매크로 명령어로 구성되어 있으며, 각각의 구조를 살펴보면 다음과 같다.

Note

어셈블러(Assembler)

어셈블리어(**Assembly Language**)로 작성된 프로그램을 컴퓨터 기계어로 번역해 주는 번역기

① 어셈블리어의 명령어 구조

- 기계 명령어

  기계 명령어(Machine Instruction)란 기계어로 작성된 명령어 하나하나에 대하여 기호화 시킨 명령어를 말한다.

- 어셈블러 명령어

  어셈블러 명령어(Assembler Instruction)란 어셈블러가 원시 프로그램을 번역할 때 어셈블러에게 번역시에 도움이 되는 정보를 전달하기 위해 사용되는 명령어를 말한다.

- 매크로 명령어

  매크로 명령어(Macro Instruction)란 사용자의 편의를 위해서 제공되는 명령어로서 시스템에서 제공되며, 또는 사용자가 정의하여 사용하는 언어를 말한다.

② 어셈블리어의 구성

어셈블리어는 크게 이름 필드, 명령어 코드 필드, 오퍼랜드 필드, 그리고 주석 필드로 구성되며, 각각의 필드를 살펴보면 다음과 같다.

- 이름 필드

  이름 필드(Name Field)는 프로그래머가 프로그래밍을 할 때에 필요한 기호를 적는

부분으로써 이 필드는 데이터의 정의 및 반복 부분을 표시하게 되며, 매크로 등의 기능을 표시할 때 주로 사용된다.

• 명령어 코드 필드

명령어 코드 필드(Instruction Code Field)는 실제 명령어 필드부분으로서 기호로 치환된 기계어 동작을 표시하는 필드를 말한다.

• 오퍼랜드 필드

오퍼랜드 필드(Operand Field)는 명령어 코드 필드에 의해서 수행될 데이터와 해당 번지 등을 기술하는 필드를 말한다.

• 주석 필드

주석 필드(Comment Field)는 프로그래머나 프로그램 코드를 읽는 사용자들에게 해당 부분에 대한 설명을 기술하는 필드로써 즉 특정 코드를 이해할 수 있도록 보충 설명을 기술해 주는 필드를 말한다. 주석 필드에서 주석문은 어셈블리어 코드를 만났을 때 실제 코드를 번역하지 않고 단지 참고만 수행한다.

(2) 매크로

매크로(Macro)란 몇 개의 어셈블리 언어로서 수행되어야 하는 작업의 이름을 프로그래머가 지정해 주는 기능으로써 어셈블 과정에서 매크로 프로세서에 의해 확장이 수행된다. 이때 매크로 확장은 대응하는 어셈블리 언어의 명령어로서 대체되며 주로 사용자가 작성하기 어려운 I/O 명령문들을 매크로로 작성하며, 매크로가 수행하는 기능을 살펴보면 다음과 같다.

> Note
>
> **매크로**(Macro)
>
> 몇 개의 어셈블리 언어로서 수행되어야 하는 작업의 이름을 프로그래머가 지정해 주는 기능

① 매크로의 특징 및 서브루틴과의 차이점

(가) 매크로 사용의 특징

- 반복적으로 코딩을 작성하는 수고로움을 덜어준다.
- 프로그램을 간단명료하게 작성해 준다.
- 매크로를 실제 처리하는 명령어들로 대체함으로써 작업속도가 떨어지는 문제점이 발생할 가능성이 있다.

(나) 매크로 명령과 서브루틴의 차이점

- 매크로 : 프로그램 번역시에 호출한 위치에 매크로에 해당하는 코드가 실제로 삽입된다.
- 서브루틴 : 실행 시 호출부분에서 프로그램 제어가 서부루틴을 수행하는 부분으로 이동했다가 서브루틴 프로그램이 종료되면 다시 주프로그램으로 복귀하는 프로그램이다.

② 매크로 프로세서

(가) 기본 수행 작업

- 매크로 정의 인식
- 매크로 정의 저장
- 매크로 호출 인식
- 매크로 호출 확장과 인수 치환

(나) 매크로 프로세서의 기능

- 중간파일(확장된 원시 프로그램의 파일)을 생성하지 않아도 된다.
- 매크로 프로세서와 어셈블러의 비슷한 기능을 하나로 합칠 수 있다.
- 매크로를 사용하면서 어셈블러의 모든 기능을 이용할 수 있다.

(3) 링커

링커(Linker)는 링키지 에디터(Linkage Editor)라고도 하며, 서브프로그램과 주프로그램을 연결해 주는 시스템 프로그램을 말한다. 일반적으로 링커는 다른 곳에서 작성된 프로그램 루틴이나 컴파일 또는 어셈블러된 루틴들을 모아서 실행 가능한 하나의 루틴으로 연결해 주는 기능을 수행한다.

Note

링커(Linker)

링커는 링키지 에디터(**Linkage Editor**)라고도 하며, 서브프로그램과 주프로그램을 연결해 주는 시스템 프로그램

(4) 로더

로더(Loader)란 컴파일러에 의해서 로딩된 모듈들을 주기억장치에 적재시키는 시스템 프로그램으로써 컴퓨터 내부로 정보를 가져오거나 또는 외부 기억장치로부터 정보들을 주기억장치의 내부로 적재시킬 때 사용되는 프로그램을 말한다. 따라서 로더는 로딩된 모듈 또는 컴파일된 데이터 모듈 정보가 기억장치의 어느 부분에 기억(적재)되어 있는가를 추적하는 기능을 수행한다.

Note

로더(Loader)

컴파일러에 의해서 로딩된 모듈들을 주기억장치에 적재시키는 시스템 프로그램

로더가 수행하는 기능으로는 주기억장소 할당, 링킹, 재배치, 로딩 기능 등이 있으며, 각각을 살펴보면 다음과 같다.

① 로더의 기능

- 주기억장치 할당(Allocation)
  주기억장치 할당이란 프로그램이 들어갈 기억장소를 배정하는 것을 말한다.

- 링킹(Linking)
  링킹이란 외부 프로그램과 연결을 수행시키는 기능을 말한다.

- 재배치(Relocation)
  재배치란 실제 기억장소에 대응되도록 프로그램 주소를 재배치 하는 과정을 말한다.

- 로딩(Loading)
  로딩이란 프로그램과 데이터를 기억장소에 기억시키는 기능을 말한다.

링커와 로더와의 관계를 살펴보면 그림1.12와 같으며, 로더는 크게 절대 로더와 재배치 로더로 구분된다.

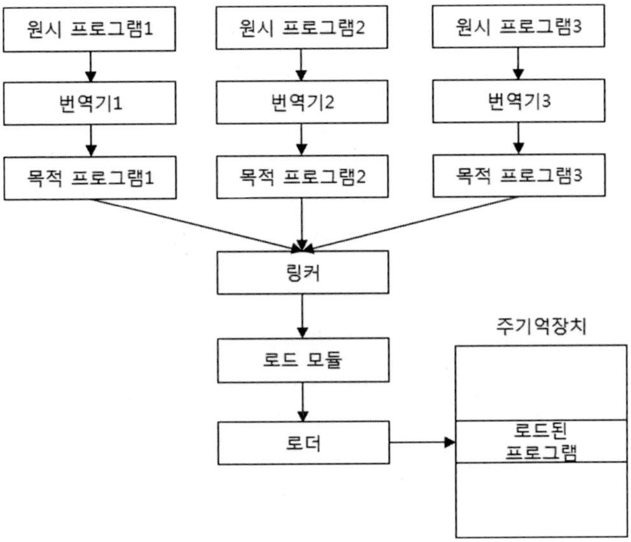

그림1.12 링커와 로더의 관계

② 로더의 종류

- **절대 로더**

  절대로더(Absolute Loader)란 기계어 코드 프로그램에서 정한 정확한 번지에 명령문과 데이터를 기억시키는 기능을 말한다.

- **재배치 로더**

  재배치 로더(Relocating Loader)란 로드가 수행될 때 주기억장치 내의 사용가능 공간에 따라 주기억 장치 어느 곳에 프로그램을 기억시킬 것인가를 수행하는 기능을 말한다.

③ 로딩 기법

로딩 기법은 크게 동적 로딩 기법과 동적 링킹기법으로 구분되며, 각각을 살펴보면 다음과 같다.

- **동적 로딩**

  동적 로딩(Dynamic Loading) 기법이란 프로그램의 모든 페이지나 세그먼트들을 주기억 장치 내에 모두 적재하는 기법이 아니라 필요한 부분만을 주기억 장치에 적재하여 실행하고 나머지는 보조기억장치에 보관해 두었다가 필요에 따라 적재를 수행하는 기법을 말한다.

- **동적 링킹**

  동적 링킹(Dynamic Linking)이란 외부 호출에 대하여 로딩과 링킹을 실행시간까지 연기시켜 시스템의 부담을 줄이기 위한 기법을 말한다.

연습문제

1. 운영체제란 무엇인가 간단히 설명하시오.

2. 운영체제의 주목적은 무엇인지 설명하시오.

3. 운영체제의 사용자 계층과 하드웨어 계층과의 관계를 설명하시오.

4. 운영체제의 대표적인 자원유형에는 어떠한 것이 있는지 설명하시오.

5. 운영체제의 주요한 관리 기능은 무엇인지 설명하시오.

6. 운영체제의 발전 과정을 간단히 설명하시오.

7. 일괄처리 시스템이란 무엇인가?

8. 실시간 처리 시스템이란 무엇인가?

9. 일괄처리 시스템과 실시간 처리 시스템의 차이점을 설명하시오.

10. 오프라인 시스템과 온라인 시스템의 차이점을 설명하시오.

11. 대화식 시스템이란 무엇이며, 장점 · 단점을 설명하시오.

12. 시분할 시스템이란 무엇이며, 사용목적에 대해서 설명하시오.

13. 다중프로그램 시스템의 목적은 무엇이며, 장점은 무엇인가?

14. 다중처리 시스템이란 무엇인가.

15. 분산처리 시스템이란 무엇이며, 4가지 기능에 대해서 설명하시오.

16. 다중 처리 시스템에서의 강결합 시스템과 약결합 시스템의 차이점을 설명하시오.

17. 운영체제는 메모리 관리, CPU와 자원의 관리, 교착 상태 처리, 병행성 제어 등과 같은 여러 가지 작업을 수행해야 한다. 이러한 문제점들을 직접적으로 발생시킬 수 있는 기법은 무엇인가?

18. 초기의 운영체제에서 주로 사용되었던 기법 중의 하나로써 온라인 처리처럼 자료나 정보 단위들이 발생할 때마다 즉각적으로 처리하는 것이 아니라, 정보를 축적하여 두었다가 한꺼번에 작업을 처리하는 기법을 무엇이라 하는가?

19. 한 개의 주기억 장치에 여러 개의 사용자 프로그램을 동시에 적재하여 CPU가 이들을 번갈아 가면서 작업을 처리하는 기법을 무엇이라 하는가?

20. 한 번에 하나 이상의 프로그램이나 작업을 수행할 수 있는 컴퓨터의 능력을 무엇이라 하는가?

21. 원시 프로그램을 기계어로 번역해 주는 번역기를 무엇이라 하는가?

22. 반복되는 일련의 내용을 한 번만 정의하고 필요한 곳에 매크로 이름을 적으면 번역하기 이전에 원래의 내용으로 치환하는 기능을 무엇이라 하는가?

Chapter 02. 입출력 관리

제2장 입출력 관리

2.1 기본 개념

앞 장에서 우리는 운영체제의 여러 자원 관리 방법을 살펴보았으며, 운영체제의 주요 기능 중의 하나를 살펴보면 입출력 장치를 제어하고 관리하는 입출력 관리 기능이다. 특히 운영체제는 입출력 장치에 입출력과 관련된 각종 명령어를 입력하고 인터럽트의 발생 원인을 찾아내어 입출력 과정에서 발생하는 오류를 체크하고 신속히 수정하는 일을 수행한다. 뿐만 아니라 운영체제는 단순하고 사용하기 편리한 형태로 입출력 장치와 시스템의 다른 부분과의 인터페이스 기능을 제공한다. 운영체제 관점에서 살펴볼 때 입출력 관리 기능 중의 중요한 기능은 입/출력 관리 정책에 따라 입출력 자원을 프로세스들에게 신속히 할당하도록 하는 할당 정책, 할당이 완료된 후 입출력 자원을 신속히 회수하여 다른 프로세스들에게 할당될 수 있도록 하는 회수정책, 그리고 가용 가능한 입출력 자원을 모든 프로세스들에게 할당 될 수 있도록 하는 분배 정책이다. 이러한 과정에서 입출력 자원을 할당 받을 수 없는 상태가 발생하면 자원 낭비가 발생하며, 이로 인하여 입출력 성능이 저하된다. 이러한 문제를 최소화하고, 입출력 자원 사용을 극대화하기 위한 전략이 입출력 관리 정책이다.

특히 입출력 관리 정책에 있어서 입출력 장치는 CPU와 상호작용을 통해서 입출력 명령어들을 처리하며, 입출력 명령어들을 처리하는 과정에서 입출력 처리속도와 CPU의 처리 속도의 차이가 발생한다. 일반적으로 입출력 처리 속도는 CPU 명령어 처리 속도에 비해서 매우 느리기 때문에 이들 간의 속도 차이 완화를 위한 전략이 필요하다.

입출력 처리 속도와 CPU의 연산처리 속도를 비교할 때, 입출력 연산은 기계적으로 입출력 명령을 처리하며, 현재의 입출력 환경에서 입출력 프로세서의 성능이 뛰어난다 해도 CPU의 연산 속도를 따라잡을 수 없다. 반면에 CPU의 연산은 초당 매우 빠른 속도로 연산을 수행하기 때문에 입출력에 비해 상대적으로 처리 속도가 빠를 수밖에 없다. 따라서 입출력 처리속도와 CPU의 연산 처리 속도와는 이론적인 차이가 발생할 수밖에 없다. 이러한 문제를 극복하기 위한 여러 정책 및 방법들이 제안되고 개발되어 왔으며, 입출력 연산 속도를 보다 이론적으로 극복하기 위한 한 가지 전략은 입출력 전송 단위의 블록화, 입출력 장치 특성의 일치, 그리고 가용 가능한 입출력 자원을 공유하는 자원 공유 기능이다.

(1) 전송 단위의 블록화

입출력 시스템에서 입출력 연산 속도 최적화를 위한 한 가지 방법은 입출력 주변장치와 기억장치간의 데이터 전송을 블록 단위로 블록화하여 전송하는 일이다. 이를 위해서는 다음과 같은 기능적 요소들이 요구된다.

- 입출력 오류의 발견 및 수정
- 컴퓨터 시스템과 주변장치 간의 인터페이스 수행
- 단말 사용자 또는 프로그래머가 하드웨어적인 부분과 관계없이 논리적으로 입출력을 수행할 수 있는 입출력 담당 기능

블록 단위 전송 과정에서 블록 전송은 데이터 부분과 제어 부분으로 구분되어 전송이 수행되며, 데이터 부분은 블록 단위 자체를 전송하는 기능을 담당한다. 그리고 제어부분은 블록 단위로 전송할 장치들을 선택하고 장치들 간의 속도차이나 코드 차이 등에 대한 제어 기능을 담당한다.

(2) 입출력 장치 특성의 일치

입출력 장치 특성의 일치란 입출력 장치의 논리적, 물리적 특성을 일치시키는 기능을 말하며, 물리적 특성과 논리적 특성 간의 기능을 일치시키기 위해서는 코드의 일치, 속도 차이의 일치, 블록 크기의 일치, 입출력 명령의 일치, 그리고 가상 입출력 장치를 구현하기 위한 구현 기능 등이 요구된다.

• 코드의 일치

코드의 일치 기능은 각 주변 장치 간에 서로 다른 형식의 코드를 사용가능한 코드로 일치시키는 기능이다.

• 속도 차이의 일치

속도 차이의 일치기능은 저속인 주변 장치 속도와 고속인 컴퓨터 시스템 간의 불일치되는 속도를 일치시키는 기능이다.

• 블록 크기의 일치

블록 크기의 일치는 운영체제 수준에서 취급하는 물리적 블록의 크기와 사용자 수준에서 사용되는 논리적 블록의 크기를 일치시키는 기능이다.

• 입출력 명령의 일치

입출력 명령의 일치는 일반사용자가 사용하는 논리적 입출력 명령을 운영체제의 파일 시스템이 담당하는 물리적 명령으로 사상(mapping)시키는 기능이다.

• 가상 입출력 장치의 구현 기능

가상 입출력 장치의 구현 기능은 버퍼링, 스풀링, 디스크 캐시 기능 등을 이용하여 컴퓨터 시스템과 주변장치 간의 효율적으로 데이터 입출력이 가능하도록 일치시키는 기능이다.

그림2.1은 컴퓨터 시스템과 입출력 주변장치 간의 효율적인 입출력이 수행되도록 하는 입출력 장치의 논리적, 물리적 일치 기능을 보여주고 있다.

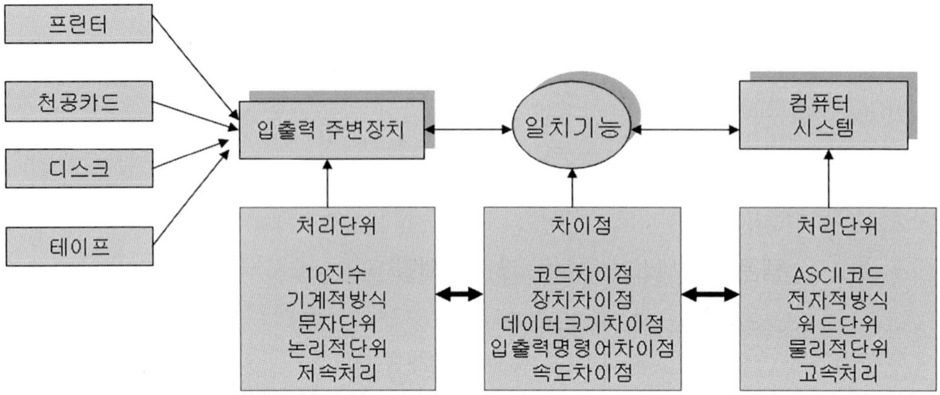

그림2.1 입출력 장치의 논리적, 물리적 일치기능

표2.1 논리적 특성과 물리적 특성과의 차이점

구분	시스템	I/O 입출력 장치
장치구성	전자적 방식으로 처리	기계적 방식으로 처리
동작 속도	고속단위로 처리	저속단위로 처리
데이터 구성단위	워드단위로 처리	문자단위로 처리
오류 발생률	낮다	높다
입출력 명령	물리적 입출력 명령	논리적 입출력 명령.

(3) 입출력 자원의 공유기능

입출력 자원의 공유기능은 여러 프로세스들이 특정 자원을 독점하지 않고 공유될 수 있도록 여러 프로세스 간에 제한된 자원을 할당하고 회수하는 기능이다.

따라서 운영체제에서 입출력장치가 수행하는 기본기능을 살펴보면 다음과 같다.

- 입출력시스템은 블록 단위로 데이터 전송을 수행한다.
- 입출력시스템은 컴퓨터 시스템의 본체, 디스크, 테이프 등의 2차 또는 보조기억장치와 외부 환경과의 인터페이스 기능을 수행한다.
- 입출력시스템은 하드웨어와 독립적으로 수행되어야 하며, 자원과도 독립적으로 수행되어야 한다.
- 입출력시스템은 프로세스가 입출력 자원을 할당받을 수 있도록 입출력 자원을 회수하는 기능을 제공해야 한다.

2.2 입출력 장치와 소프트웨어

2.2.1 입출력 장치

입출력 장치는 블록 장치와 문자장치로 구분되며, 블록장치란 자신의 주소를 가지고 있으면서 고정된 크기의 블록으로 정보를 저장하는 장치를 말한다. 그리고 문자장치란 어떤 블록 구조와도 상관없이 문자열 단위로 전송하거나 수신할 수 있는 장치를 말한다. 블록장치의 특성과 문자장치의 특성을 살펴보면 다음과 같다.

(1) 블록장치의 특성

- 블록장치의 크기는 128byte에서 4095byte까지 크기가 다양하다.
- 블록장치의 특징은 다른 블록들과 독립적으로 각 블록을 읽거나 쓸 수 있다.
- 대표적인 블록장치로는 자기 디스크가 있다.

(2) 문자장치의 특성

- 문자 장치는 디스크처럼 주소 지정이나 탐색 동작이 필요 없다.
- 대표적인 문자장치로는 터미널, 라인프린터, 종이테이프, 펀치카드, 네트워크 인터페이스, 마우스 등의 장치가 있다.

그리고 입출력 장치는 입출력 장치 제어기에 의해 입출력 과정이 제어되며 입출력 장치 제어기는 기계적인 요소와 전기적인 요소로 구성되며, 입출력 장치 제어기의 요소와 역할을 살펴보면 다음과 같다.

- 전기적인 요소: 보통 장치제어기 또는 어댑터라고 함.
- 기계적인 요소: 장치 그 자체를 말함.
- 장치 제어기의 역할: 직렬 비트 스트림을 바이트 블록으로 사상시켜 변환하는 일을 수행하며, 필요할 경우 입출력 오류가 발생할 때 이를 교정하는 기능을 수행.

2.2.2 입출력 소프트웨어

입출력 소프트웨어의 목적은 입출력 장치와의 독립성을 보장하고 입출력 과정에서 발생하는 오류를 신속히 처리하기 위한 것이다. 또한 입출력을 위한 동기화와 비동기화 전송을 보장하기 위한 것이며, 입출력 장치를 공유할 수 있도록 하는 기능과 입출력 장치를 전용으로 사용할 수 있도록 보장하기 위한 것이다.

입출력을 위한 입출력 소프트웨어 구조는 4계층 구조로 구성되어 있으며, 입출력 소프트웨어 계층 구조를 살펴보면 다음과 같다.

| 입출력 소프트웨어 계층 구조 |

① 1계층 구조: 인터럽트 핸들러(Interrupt handler) 구조

② 2계층 구조: 장치 구동기(device drivers) 구조

③ 3계층 구조: 장치 독립적인 운영체제 소프트웨어 구조

④ 4계층 구조: 사용자 수준의 입출력 소프트웨어 구조

2.3 입출력 관리 방법

앞에서 살펴보았듯이 입출력 장치와 CPU연산 사이에는 현저한 처리 속도 차이가 발생한다. 이들 간의 속도 차이를 극복하기 위한 다양한 전략과 알고리즘들이 개발되었으나, 현재까지 입출력 처리속도는 CPU의 처리속도를 따라 잡을 수 없다는 점이다. 즉 입출력 처리 속도는 기계적인 연산처리인데 반해서 CPU의 처리속도는 전자적인 연산처리이기 때문이다.

입출력 장치 처리 속도와 컴퓨터 시스템의 CPU와의 속도차이는 대략 10 ~100만 배에 이르고 있으며, 이들 간의 속도차이를 고려해야만 입출력 처리성능을 향상시킬 수가 있다. 입출력 관리에 있어서 효율적인 입출력 관리 전략은 입출력을 효과적으로 관리하고 제어하는 일이며, 입출력 관리 방법에는 CPU가 입출력을 직접 관리하고 제어하는 방법에 따라 크게 직접 입출력 제어방법과 간접 입출력 제어 방법으로 구분된다. 즉 직접 입출력 제어방법이란 CPU에 의해서 입출력이 직접 제어되고 관리되는 방법을 말하며, 간접 입출력 제어방법이란 CPU에 의해서 입출력이 직접 제어되는 방법이 아니라 입출력 전용 프로세서를 이용하여 입출력을 제어하는 방법이다. 직접 입출력 제어방법은 CPU에 의해 입출력이 영향을 받기 때문에 입출력 연산처리속도가 느리며, 반면에 간접 입출력 제어방법은 CPU의 영향을 받지 않기 때문에 입출력 연산처리 속도가 빠르다는 장점이 있다.

직접 입출력 제어방법에서 입력 데이터는 장치제어기를 통해서 CPU 레지스터로 반입(Fetch)되며, 연산을 마친 후 다시 CPU 레지스터에서 기억장치로 명령어들이 인출된다. 이 과정에서 입출력 연산이 수행되는 동안 CPU는 유휴시간을 겪게 되며, 이로 인하여 CPU의 처리율은 떨어지게 된다. 이러한 문제를 극복하기 위한 대안 전략이 바로 입출력 전용 프로세서를 이용하여 입출력을 제어하는 방법이다. 직접 입출력 제어방법과 간접 입출력 제어방법을 살펴보면 다음과 같다.

2.3.1 직접 입출력 제어방법

직접 입출력 방법이란 CPU가 직접 입출력을 제어하고 관리하는 방법으로서 초기의 컴퓨터나 마이크로컴퓨터에서 주로 사용된 방법이다. 이 방법은 CPU가 프로그램 연산을 수행하는 도중에 입출력 명령을 만나면 CPU가 직접 입출력을 수행하는 방법이다. 그림 2.2는 CPU가 입출력을 제어하는 전형적인 직접 입출력 제어방식이다.

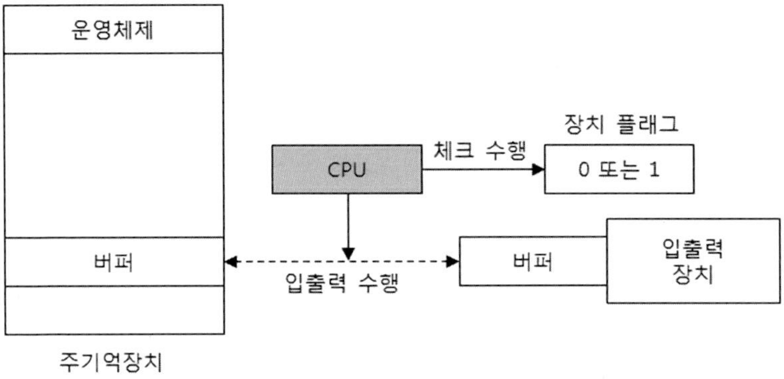

그림2.2 직접 입출력 제어방식

직접 입출력 제어방식의 대표적인 방법으로는 폴링(Polling)에 의한 입출력 제어방법이 있으며, 여기에서 폴링 기법이란 CPU가 입출력을 주기적으로 검사하는 기법을 말한다. 즉 주기억장치와 입출력 장치 제어기 사이의 입출력 데이터 전송을 CPU가 주기적으로 검사하는 기법이다. 따라서 폴링 기법은 CPU가 입출력 상태를 주기적으로 검사해야하기 때문에 CPU낭비가 심하며, 비효율적이다. 결과적으로 폴링 기법은 CPU사이클이 입출력 장치 제어기사이를 바쁘게 움직여야하기 때문에 CPU낭비가 심하게 발생되어 입출력 제어방법으로 효율적이지 못하다는 문제점을 가지고 있다.

Note

폴링(Polling) 기법

CPU가 입출력을 주기적으로 검사하는 기법

2.3.2 간접 입출력 제어방법

간접 입출력 제어방법이란 다중 프로그래밍을 구현하기 위하여 이용하는 방법으로써 CPU가 직접 입출력을 담당하지 않고 입출력만을 담당하는 입출력 전용프로세서를 통하여 입출력을 제어하고 관리하는 방법을 말한다. 간접 입출력 제어방법은 임의의 어떤 프로그램이 수행되는 도중에 입출력 명령을 만나게 될 때 CPU에게 입출력 명령의 종류, 장치 이름, 입출력 프로그램의 주소 등과 같은 입출력 정보를 전달하게 되며, 이때 CPU는 입출력 프로세서에게 입출력 명령을 내리고 입출력 프로세서로 하여금 입출력 완료 신호가 올 때까지 CPU 자신은 작업을 중단하지 않고 다른 프로그램을 수행한다. 이후 입출력 프로세서로부터 입출력 완료 신호를 인터럽트를 통해서 보고 받게 되면 CPU는 현재 수행 중이던 프로그램을 일시적으로 멈추고 입출력이 발생했던 최초의 프로그램으로 복귀하여 중단되었던 프로그램의 수행을 재개하게 된다. 일반적으로 간접 입출력 제어방법과 CPU와의 입출력 제어는 그림2.3과 같이 수행되며, 입출력 프로그램과 CPU와의 입출력 통신 절차는 다음과 같은 과정으로 수행된다.

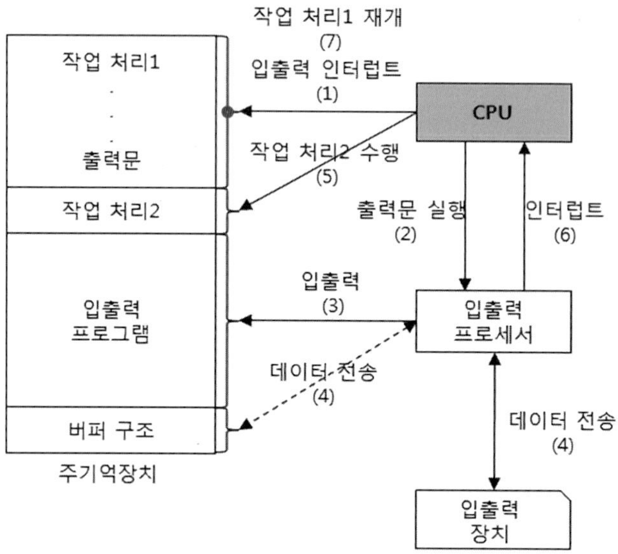

그림2.3 간접 입출력 제어방법

| 간접 입출력 제어 절차 |

간접 입출력 제어 절차란 CPU와 입출력 프로그램 간의 입출력이 수행되는 절차를 말하며, 입출력 처리 절차는 다음과 같다.

- **Step 1**: CPU는 작업처리1을 수행하는 도중에 출력문을 만난다. 이때 CPU에게 입출력 명령, 입출력 프로그램의 주소, 주변장치 이름 등이 전달된다.
- **Step 2**: CPU는 입출력 프로세서에게 출력 명령을 내린다.
- **Step 3**: 입출력 프로세서는 독자적으로 입출력 프로그램을 실행한다.
- **Step 4**: 데이터가 버퍼 구조와 입출력 장치 간에 전달된다.
- **Step 5**: CPU는 입출력 프로세서에게 출력 명령을 내린 후 곧 바로 작업처리2를 실행한다.
- **Step 6**: 입출력 프로세서는 입출력을 완료한 후 CPU에게 인터럽트를 통하여 입출력

이 끝났음을 알려준다.

- Step 7: 입출력 작업이 완료된 후에는 처음부터 입출력을 재개하기 위하여 CPU는 작업처리1부터 다시 시작한다.

이와 같은 과정을 통해 간접 입출력 과정이 수행되며, 간접 입출력 제어방법에는 크게 DMA에 의한 입출력 제어 방법, 버퍼링(Buffering)에 의한 입출력 제어방법, 채널(Channel)에 의한 입출력 제어방법, 그리고 인터럽트(Interrupt)에 의한 입출력 제어방법 등이 있다. 이들 입출력 제어 방법을 살펴보면 다음과 같다.

✓ 간접 입출력 제어방법

- DMA에 의한 입출력 제어 방법
- 버퍼링(Buffering)에 의한 입출력 제어방법
- 채널(Channel)에 의한 입출력 제어방법
- 인터럽트(Interrupt)에 의한 입출력 제어방법

(1) DMA에 의한 입출력 제어방법

DMA(Direct Memory Access)에 의한 간접 입출력 제어방법이란 입출력 장치로부터 입출력 데이터를 직접 기억장치로 전송하여 입출력을 제어하는 방법을 말한다. 일반적으로 운영체제가 명령어 처리를 실행하면 반복적인 명령어 실행과정을 통하여 명령어들을 바이트 또는 워드 단위로 제어기 버퍼에 저장한다. 이때 CPU는 제어기 버퍼로부터 한 번에 한 바이트씩 명령어들을 읽고 실행하며, 이 과정에서 CPU 연산이 수행된다. CPU가 제어기 버퍼를 직접 관여하게 되면 CPU의 연산 처리 능력은 떨어지게 되며, DMA는 CPU의 연산을 자유롭게 보장하기 위하여 도입된 방법이다.

따라서 DMA에 의한 간접 입출력 제어 방법은 입출력 장치로부터 데이터를 직접 기억장치로 반입시키는 방법이다.

DMA에 의한 간접 입출력 제어방법과 직접 입출력 제어방법과의 기본적인 차이점은

DMA방법에서는 CPU의 레지스터를 이용하지 않고 CPU의 사이클을 훔쳐 입출력을 제어하고 실행한다. 즉 DMA에 의한 간접 입출력 제어방법에 있어서 입출력 제어는 기억장치 버스를 통해서 수행되며, 결과적으로 기억장치 버스를 통해서 입출력이 수행되므로 데이터 전송이 빠르게 실행된다. 반면에 직접 입출력 제어방법은 CPU가 직접 입출력을 수행하기 때문에 데이터 전송속도가 느린 단점이 있다.

DMA에 의한 입출력 제어방법은 하나의 입출력 제어기를 이용하여 입출력 오류를 제어하며, DMA에 의한 입출력 제어구조를 살펴보면 그림2.4와 같다.

| DMA에 의한 입출력 제어구조 |

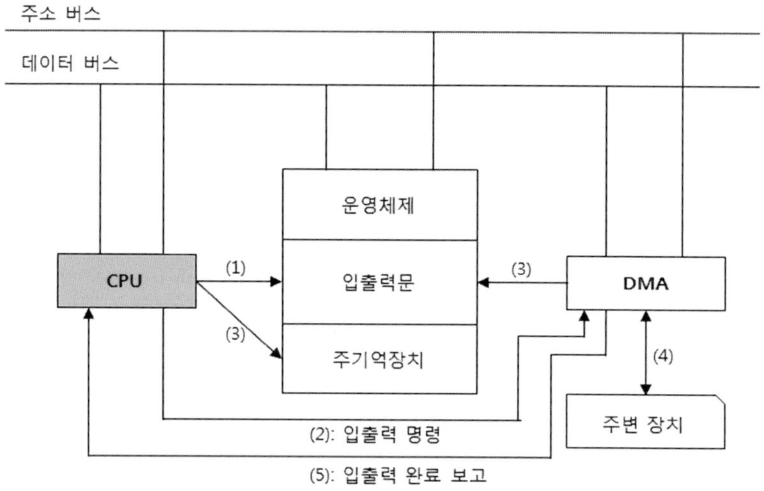

그림2.4 DMA에 의한 입출력 제어방법

DMA에 의한 입출력 제어구조를 통하여 입출력 제어가 수행되는 과정을 살펴보면 다음과 같다.

- Step 1: 프로그램 수행 도중 CPU가 입출력 명령문을 만난다.
- Step 2: CPU는 DMA에게 입출력 명령을 수행하도록 명령을 내린다. 이때 기억장치 내의 데이터의 위치, 개수, I/O 명령의 종류 등이 함께 전달된다.
- Step 3: CPU와 별개로 DMA는 기억장치의 데이터를 직접 입출력한다. 이때 CPU는 입출력 명령을 내린 후 다른 프로그램을 수행한다.
- Step 4: 주기억장치와 주변장치 사이에 실제의 데이터를 전송한다.
- Step 5: DMA가 입출력을 완성한 후에는 입출력이 끝났음을 인터럽트를 통하여 CPU에게 보고한다.
- Step 6: 위와 같은 작업을 반복함으로서 입출력을 수행하고 완료한다.

Note

DMA(Direct Memory Access)**에 의한 간접 입출력 제어방법**

입출력 장치로부터 입출력 데이터를 직접 기억장치로 전송하여 입출력을 제어하는 방법

DMA 기법의 특징

DMA 기법에서는 CPU 레지스터를 이용하지 않고 CPU의 사이클을 스틸하여 입출력을 수행한다.

DMA 기법에서의 사이클 스틸링 기법

DMA에서의 사이클 스틸링 기법이란 CPU와 DMA가 각각 연산과 입출력을 위해 동시에 기억장치를 접근하는 경우 CPU는 기억 장치 참조 사이클을 멈추게 하고, 최우선적으로 기억장치 참조 사이클을 수행하여 입출력을 수행하는 기법을 말한다.

(2) 버퍼링에 의한 입출력 제어방법

버퍼링(Buffering)은 입출력 장치와 CPU사이의 완충 역할을 하며, 입출력 처리 속도를

보다 빠르게 하기 위하여 사용된다. 버퍼는 처리할 데이터를 일시적으로 기억장치에 저장하는 기능을 수행하며, 컴퓨터 시스템에서 처리할 데이터의 속도차이를 극복하기 위하여 사용된다. 즉 버퍼링은 한 작업의 계산과 함께 입출력을 동시에 수행하는 방법으로써 데이터를 입력 한 후 CPU가 이를 연산하려는 순간 입력장치로 하여금 바로 다음 입력을 시작하게 하여 입출력을 연속으로 수행하는 방법이다. 입출력 제어 방법에 버퍼링을 적용하면 CPU와 저속의 입출력 장치의 처리 속도를 조절할 수 있으며, 컴퓨터 시스템의 전체 처리 능력을 향상시킬 수 있다. 이러한 이유로 현재 많은 컴퓨터 시스템에 버퍼링 방법이 적용되고 있다.

Note

버퍼(Buffer)

입출력 장치와 CPU사이의 완충 역할을 하며, 입출력 처리 속도를 보다 빠르게 하기 위하여 사용하는 완충장치

버퍼링(Buffering)

버퍼링이란 한 작업의 계산과 함께 입출력을 동시에 수행하는 방법을 말하며, 즉 데이터를 입력 한 후 CPU가 이를 연산하려는 순간 입력장치는 바로 다음 입력을 시작하게 하여 입출력을 연속적으로 수행하게 하는 방법을 말함

일반적으로 입출력 제어방법에서 버퍼링 방법을 사용하는 이유는 빠른 CPU의 처리속도와 느린 입출력 처리속도를 보완하기 위해 사용된다. 만일 CPU가 문자나 데이터를 하나씩 읽어서 채널에게 입출력 시작 명령을 수행한다면 입출력 처리속도는 매우 느릴 것이며, 또한 작업량 처리는 크게 증가할 것이다. 그러나 입출력을 실행할 데이터가 미리 주기억장치의 버퍼에 저장된다면 CPU는 명령어 처리를 기다릴 필요 없이 버퍼에 저장된 데이터를 바로 실행하게 되어 입출력 처리 속도가 빨라지게 될 것이다.

버퍼링은 입출력 처리속도 향상에 상당한 영향을 미쳤으며, 초기 컴퓨터 시스템에서 버퍼링의 구조를 살펴보면 그림2.5와 같다.

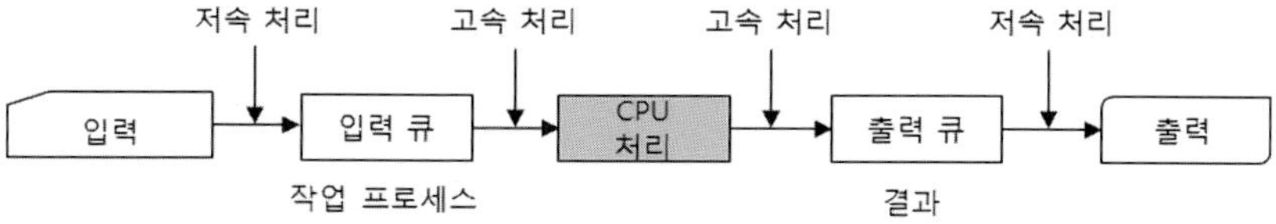

그림2.5 초기 버퍼링의 기본 구조

입출력을 위한 버퍼링의 종류에는 크게 단일 버퍼링(Single Buffering), 이중 버퍼링(Dual Buffering), 원형 버퍼링(Circular Buffering)으로 구분되며, 단일 버퍼링이란 하나의 버퍼를 사용하여 입출력을 수행하는 방법을 말하며, 이중 버퍼링이란 두 개의 버퍼링 구조를 이용하는 입출력을 수행하는 방법을 말한다. 그리고 원형 버퍼링이란 다중 버퍼링이라고도 하며 여러 개의 버퍼링 구조를 환형 형태로 구성하여 입출력을 수행하는 방법을 말한다.

✓ 버퍼링의 종류

① 단일 버퍼링(Single Buffering)

② 이중 버퍼링(Dual Buffering)

③ 원형 버퍼링(Circular Buffering)

① 단일 버퍼링

단일 버퍼링(Single buffering)이란 한 개의 버퍼 구조를 사용하여 입출력을 수행하는 방법으로써 입출력 작업 처리가 수행되는 동안 CPU는 채널을 기다리거나 다른 프로그램을 실행하도록 하는 방법이다. 만일 CPU와 채널이 버퍼를 동시에 사용할 수 없다면, 입출력 처리는 중단되게 된다. 입출력 중단을 해결하기 위해서는 버퍼와 CPU 상호 간의 입출력 통신 알고리즘이 필요하며, 단일 버퍼링 구조에서 버퍼와 CPU 상호 간의 입출력 통신과정은 그림2.6과 같다.

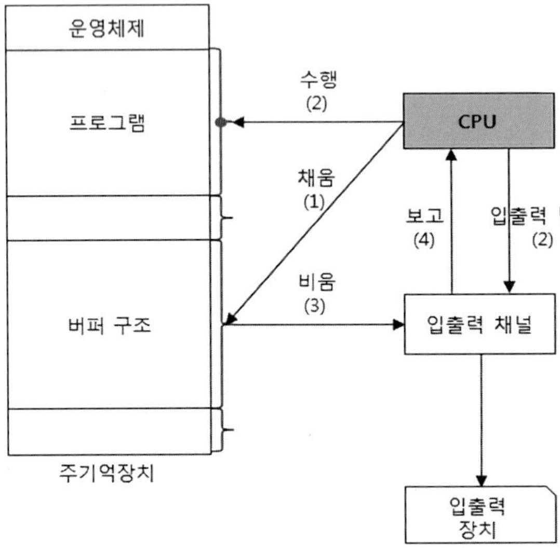

그림2.6 단일 버퍼링 구조

- Step 1 : CPU는 버퍼에 출력할 데이터를 채운다. 이때 채널은 버퍼가 채워질 때까지 기다린다.
- Step 2 : 버퍼가 다 채워지면 채널에게 입출력을 명령하고 CPU 자신은 다음 작업을 위해 기다리거나 다른 일을 수행한다.
- Step 3 : 채널은 CPU와 독립적으로 버퍼를 비운다.
- Step 4 : 채널은 버퍼를 다 비운 후에 결과를 CPU에게 보고한다.

위의 과정에서 보듯이 CPU는 입출력 통신을 통하여 버퍼가 채워져 있을 때 만 입출력을 수행하게 되며, 버퍼에 입출력 데이터가 채워져 있지 않으면 CPU는 버퍼에 입출력 데이터가 채워진 후 입출력을 수행하게 된다. 단일 버퍼링이 수행하는 특징을 간단히 살펴보면 다음과 같다.

- 주기억 장치의 일부를 버퍼로 사용한다.
- CPU와 I/O 장치 간에 속도 차이를 극복하기 위해 사용된다.

Note

단일 버퍼링

한 개의 버퍼 구조를 사용하여 입출력을 수행하는 방법

Quiz

Q. 버퍼가 채워지거나 비워지는 동안 CPU는 다른 작업을 못하는 문제가 발생한다. 이유는 무엇일까?

A. 버퍼가 하나이기 때문에

② 이중 버퍼링

이중 버퍼링(Dual buffering)은 2개의 버퍼를 이용하여 입출력과 CPU의 처리 성능을 향상시키기 위한 기법이다. 이중 버퍼링은 단일 버퍼링의 단점을 보완하기 위한 기법으로써 단일 버퍼링에 비해서 입출력 처리 속도가 빠르다는 장점을 가지고 있다. 이중 버퍼링에서의 데이터 처리과정은 버퍼1과 버퍼2에 저장된 데이터를 번갈아 가면서 처리하게 된다. 즉 버퍼1에 데이터가 저장되는 동안 CPU는 버퍼2에 저장된 데이터를 처리하게 되며, 버퍼2를 다 처리한 후에는 버퍼 1에 저장된 데이터를 처리하게 된다. CPU가 버퍼1을 채우고 채널이 버퍼2를 비우는 동작과 CPU가 버퍼2를 채우고 채널이 버퍼1을 비우는 동작은 시간상으로 중복하여 동시에 발생할 수 있다. 만일 CPU가 버퍼1을 채우고 채널이 버퍼2를 비우는 동작이 균형 있게 수행된다면 버퍼링에 의한 속도 차이는 발생하지 않지만 버퍼1과 버퍼2의 어느 한쪽이라도 불일치된다면 속도 차이가 발생하게 되며 이로 인하여 이중 버퍼링에 의한 입출력 성능은 저하된다.

이중 버퍼링의 장점은 CPU가 더 이상 입출력에 관여하지 않고 다른 버퍼를 채우거나 또 다른 일을 할 수 있기 때문에 CPU의 효율을 증가시킬 수 있다는 점이다. 이중 버퍼링에 의한 입출력 제어를 효율적으로 수행하기 위해서는 버퍼1, 버퍼2와 CPU 그리고 채널 상호 간의 입출력 통신 알고리즘이 필요하며, 이중 버퍼링에 의한 입출력 통신과정을 살펴보면 그림2.7과 같다.

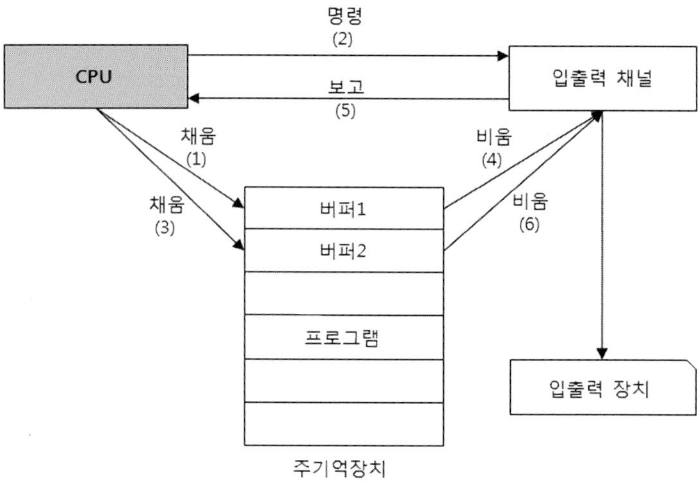

그림2.7 이중 버퍼링에 의한 입출력 통신과정

- **Step 1**: CPU가 버퍼1을 채운다.
- **Step 2**: 버퍼1을 다 채우면 CPU는 채널에게 입출력을 명령한다.
- **Step 3**: 동시에 CPU는 곧바로 버퍼2를 채운다.
- **Step 4**: 채널은 버퍼1을 비운다.
- **Step 5**: 채널은 버퍼1을 비운 사실을 CPU에게 인터럽트를 통하여 보고한다.
- **Step 6**: CPU는 다시 버퍼1을 채우고 채널에 입출력을 명령한다. 버퍼1이 채워지는 동안 채널은 버퍼2를 비운다.

Note

이중 버퍼링

2개의 버퍼를 이용하여 입출력과 CPU의 처리 성능을 향상시키기 위한 방법

Quiz

Q. 이중 버퍼링의 장점과 단점은?

A. 2중 버퍼링의 장점은 입출력 작업과 처리 작업을 동시에 수행할 수 있다는 점이며, 단점은 기억 장치를 낭비할 수 있다는 점.

③ 원형 버퍼링

원형 버퍼링(Circular Buffering)은 다중 버퍼링이라고도 원형 큐(Circular Queue)를 사용하여 입출력 처리를 수행한다. 즉 원형 버퍼링이란 여러 개의 버퍼를 원형으로 구성하여 입출력을 수행하는 방법으로써 원형 큐에 의한 원형 버퍼링 구조를 살펴보면 그림2.8과 같다.

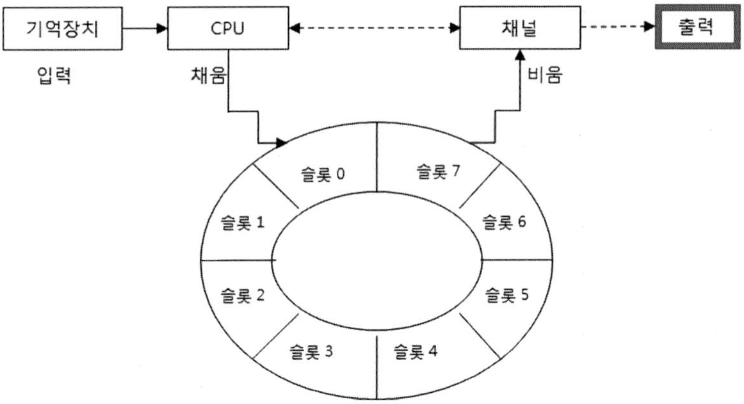

그림2.8 원형 큐에 의한 원형 버퍼링 구조

그림2.8에서와 같이 원형 버퍼링에서는 CPU와 채널이 동시에 버퍼를 채우고, 또한 비울 수 있다. 이러한 과정은 서로 독립적으로 수행되며, 원형 버퍼링의 경우에는 여러 개의 버퍼 슬롯을 사용하기 때문에 기억장소를 낭비하는 문제가 발생한다.

일반적으로 버퍼 슬롯의 수가 많으면 기억장소가 낭비되며, 반대로 버퍼 슬롯의 수가 적으면 버퍼를 기다려야 하는 Trade-off관계가 발생한다. 이처럼 버퍼 슬롯의 수를 결정하는 일은 입출력 성능에 중요한 영향을 미친다. 원형 버퍼링에서 버퍼 슬롯의 수는 CPU 바운드와 채널 바운드의 프로세스에 의해서 결정되며, CPU 바운드와 채널 바운드의 버퍼 슬롯 수의 결정 방법은 다음과 같다.

- CPU 바운드에 의한 버퍼 슬롯 수의 결정: 이 방법은 CPU에 의한 연산이 많고 입출력 횟수가 적어서 비교적 버퍼 사용 비율이 낮은 연산 위주의 프로세스에 의해서 버퍼 수가 결정되는 방법이다.
- 채널 바운드에 의한 버퍼 슬롯 수의 결정: 이 방법은 CPU에 의한 연산이 적고 입출력 횟수가 많아서 버퍼 사용 비율이 비교적 높은 입출력 위주의 프로세스에 의해서 버퍼 수가 결정되는 방법이다.

Note

원형 버퍼링

원형 버퍼링은 다중 버퍼링이라고도 원형 큐(Circular Queue)를 사용하여 입출력 처리를 수행하는 버퍼링 기법

④ 버퍼링과 스풀링과의 관계

이 절에서는 입출력 제어 과정에서 버퍼링과 스풀링과의 관계가 어떠한 관계를 가지고 있는지에 대해서 간단히 살펴보며, 버퍼링과 스풀링과의 차이점이 무엇인지 대해서 간단히 살펴보도록 한다. 스풀링(SPOOLing)이란 주변 장치와 컴퓨터 처리 장치 간에 데이

터를 전송할 때 처리 지연을 단축하기 위해 사용하는 보조 기억 장치를 말하며, 스풀링은 디스크의 일부를 버퍼 공간으로 사용하는 반면에 버퍼링은 주기억장치 일부를 버퍼로 사용한다. 스풀(SPOOL)은 Simultaneous Peripheral Operation Online의 약자로써 우리의 컴퓨터 환경에서 비교적 많이 이용되고 있다. 예를 들어 여러분들이 여러 친구들과 과제물을 출력한다고 가정하자. 이때 출력 대상자들은 많은데 비해서 출력할 출력장치 즉 프린터가 제한되어 있다면 출력에 따른 대기시간이 길어질 것이다. 이러한 문제를 해결하기 위하여 컴퓨터 시스템에 스풀을 설치하여 사용한다면 여러 친구들이 과제물을 차례로 출력할 수 있을 것이다. 아마도 이러한 경험을 해본 친구들이 많이 있을 것으로 생각된다. 이처럼 스풀은 입출력 처리 방법에서 유용하게 사용되는 입출력 처리 방법 중의 하나이며, 스풀 공간으로 디스크를 사용하는 이유는 입출력 장치와 CPU의 속도차이를 극복하기 위한 것이다. 또한 스풀을 사용하게 되면 입력장치로부터 입력된 레코드나 블록을 디스크 상에 출력 파일로 저장함으로써 나중에 출력을 용이하게 할 수 있는 장점을 가진다.

Note

스풀링(SPOOLing)

주변 장치와 컴퓨터 처리 장치 간에 데이터를 전송할 때 처리 지연을 단축하기 위해 사용하는 보조 기억 장치

입출력 방법에 있어서 버퍼링과 스풀링과의 차이점을 살펴보면 표2.2와 같다.

표2.2 버퍼링과 스풀링의 차이점

차이점	
버퍼링	스풀링
하드웨어적 구현	소프트웨어적 구현
한 작업에 대한 입출력과 계산 중복 가능	여러 작업에 대한 입출력과 계산 중복 가능
스택 또는 큐 방식 입출력 수행	큐 방식 입출력 방식
단일 사용자 방식	다중 사용자 방식
버퍼의 위치는 주기억장치	스풀의 위치는 디스크

| 스풀링 방법의 개념적 정의 |

스풀링방법은 다중 프로그래밍 환경에서 다수의 프로세스들이 입출력 장치를 서로 요구하거나 입출력 장치의 수가 제한되어 있을 때 이들 장치에 대한 공유를 가능하게 하여 각 프로세스에게 가상기억장치인 디스크를 제공해 주는 개념이다.

Note

스택(Stack)

- 스택은 후입선출(LIFO)방법이라 하며, 가장 나중에 들어온 데이터를 가장 먼저 처리하는 데이터 처리방법
- LIFO는 Last-In First-Out의 약자

큐(Queue)

- 큐는 선입선출방법(FIFO)이라 하며, 가장 먼저 들어온 데이터를 가장 먼저 처리하는 데이터 처리방법
- FIFO는 First-In First-Out의 약자

(3) 채널에 의한 입출력 제어방법

채널(Channel)에 의한 입출력 제어방법은 CPU가 입출력을 직접 제어하는 방법이 아니라 입출력을 전담하는 입출력 전용 프로세서에 의해서 입출력을 제어하는 방법을 말한다. 이 방법은 입출력 제어방법에서 비교적 효율적인 입출력 방식이며, 입출력은 입출력 전용프로세인 채널에 의해서 수행된다. 입출력 채널의 프로세서는 PPU(Peripheral Processing Units)라 하며, PPU는 CPU와 비슷한 성능을 가지고 있는 입출력 전용 프로세서이다. 일반적으로 시스템 내에는 여러 개의 채널이 존재할 수 있으며, 주변장치의 특성에 따라 컴퓨터 시스템에는 최대 8개의 채널을 사용할 수 있다.

채널에 의한 입출력 제어방법에 있어서 CPU는 다른 프로그램을 독립적으로 수행할 수 있기 때문에 CPU의 효율을 향상시킬 수 있으며, 다중 프로그래밍을 가능하게 할 수 있다. 채널은 CPU와의 상호작용을 통해서 입출력을 수행하며, 채널에 의한 입출력 제어과정을 살펴보면 그림2.9와 같다.

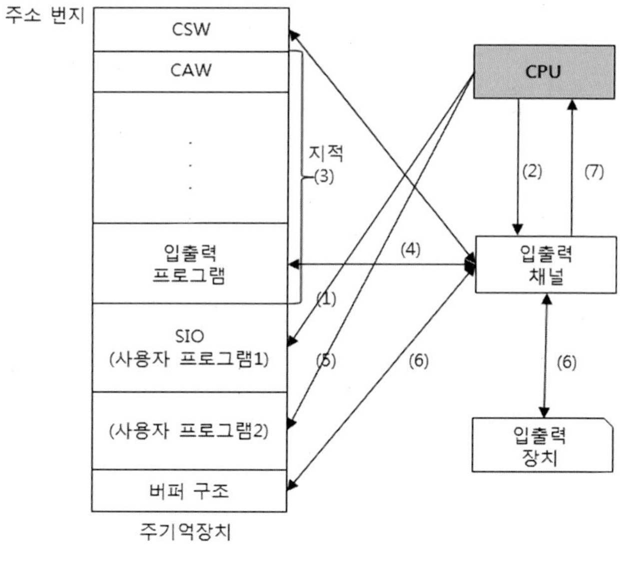

그림2.9 채널에 의한 입출력 제어

- **Step 1** : 사용자 프로그램1을 실행하던 중 사용자 프로그램1의 SIO 명령을 만난다.
- **Step 2** : CPU가 채널에 SIO 명령을 내린다. 이때 CAW의 내용이 부여된다.
- **Step 3** : CAW는 실행 될 입출력 프로그램을 체크한다.
- **Step 4** : 채널은 CAW에 의해 체크된 입출력 프로그램을 수행한다.
- **Step 5** : CPU는 채널이 작업을 끝마칠 동안 사용자 프로그램2를 수행한다.
- **Step 6** : 기억장치와 주변장치 사이에 데이터 입출력이 수행된다.
- **Step 7** : 입출력이 완료되면 채널은 인터럽트를 통하여 입출력 완료를 CPU에게 보고 한다.
- **Step 8** : CPU는 입출력 상태를 체크하고 다음 동작을 수행한다.

① 채널의 종류

입출력 채널은 크게 선택채널, 멀티플랙서 채널, 블록 멀티플랙서 채널로 구분되며, 각각을 살펴보면 다음과 같다.

- 선택 채널(Select Channel): 선택 채널은 한 순간에 하나의 주변장치만을 선택하여 처리하는 입출력 채널로써, 주로 디스크나 드럼과 같이 고속의 장치들을 연결하여 입출력을 수행하는 채널이다.

- 멀티플랙서 채널(Multiplexor Channel): 멀티플랙서 채널은 동시에 여러 장치들을 연결하여 처리하는 입출력 채널로써 주로 터미널, 카드 판독기, 프린터와 같은 저속의 장치들을 연결하여 사용하는 채널이다.

- 블록 멀티플랙서 채널(Block Multiplexor Channel): 블록 멀티플랙서 채널은 주로 블록 단위로 입출력하는 테이프와 같은 장치와 연결하여 처리하고 여러 주변장치들을 동시에 공유하여 입출력을 처리하는 채널이다.

> **Note**
>
> **채널(Channel)에 의한 입출력 제어방법**
>
> CPU가 입출력을 직접 제어하는 방법이 아니라 입출력을 전담하는 입출력 전용 프로세서에 의해서 입출력을 제어하는 방법
>
> **PPU(Peripheral Processing Units)**
>
> CPU와 비슷한 성능을 가지고 있는 입출력 전용 프로세서

② 채널의 구조

입출력 명령을 위한 채널 구조는 명령 코드 필드, 데이터 주소 필드, 플래그 주소 필드, 카운트 필드 등의 8Byte 구조로 구성되어 있으며, 채널구조에는 일반적으로 모든 구조에서 사용되는 범용 레지스터는 없다. 채널구조에서 범용 레지스터 역할은 명령어 주소 레지스터, 데이터 카운트 등에 의해서 수행되며, 명령어 코드 수행은 CCW(Channel Command Word)에 의해서 수행된다. 다음 그림은 채널 명령어 처리 구조를 보여주고 있으며, 각각의 명령어 처리 필드는 그림2.10과 같다.

✓ 채널 명령어 구조

명령 코드	데이터 주소	플래그		카운트
0 7	8 31	32 36	37 47	48 63

그림2.10 채널 명령어 구조

- 명령코드 필드는 read, write 등의 데이터 전송, page, skip, rewind 등의 장치제어, go to 등의 분기명령을 처리한다.

• 데이터 주소 필드는 입출력이 수행될 데이터의 기억장치 내의 주소를 표시한다.
• 플래그 비트 필드는 특수한 용도로 사용되는 필드이다.
• 카운트 필드는 블록 또는 바이트의 수 등의 데이터의 개수를 표시한다.

③ CSW의 구조

CSW(Channel Status Word)는 CPU 구조의 PSW(Program Status Word)와 유사한 구조이며, CSW 구조는 채널의 현재 상태를 표시하는 역할을 수행한다. CSW는 채널구조처럼 8Byte로 구성되어 있으며, 각각을 살펴보면 그림2.11과 같다.

보호키	다음 CCW 주소	상태 비트	잔여 카운트
0 7	8 31	32 47	48 63

그림2.11 채널 상태어의 구조

• 보호키 필드는 채널을 보호하기 위한 필드이다.
• 다음 CCW의 주소 필드는 다음에 수행 될 명령어의 주소를 나타낸다.
• 상태 비트 필드는 예를 들어 수행 중, 입출력의 종료, 입출력 오류 발생 등의 상태를 나타내는 필드이다.
• 잔여 카운트 필드는 아직 수행되지 않는 CCW의 수를 나타내는 필드이다.

(4) 인터럽트에 의한 입출력 제어방법

인터럽트(Interrupt)는 입출력 처리를 적절하게 제어하는 데 사용되며, 다중 프로그래밍 환경에서 CPU와 채널 간의 상호배타적인 입출력 동작과 처리를 위해 사용된다. 입출력 제어 과정에서 인터럽트가 적절하게 활용되면 입출력 처리 기능을 향상시킬 수 있지만 지나치게 인터럽트가 발생되면 문맥교환(Context-Switching)으로 인하여 오히려 입출력 처리 성능이 떨어지는 문제가 발생한다.

인터럽트는 입출력을 실행하는 기본적인 기능을 수행하며, 인터럽트는 운영체제에서 다양한 용도로 활용되고 있다. 인터럽트는 운영체제 환경에서 시스템의 각종 응급상태를 적절히 통제하는데 사용되며, 폴링과 인터럽트의 차이를 살펴보면 다음과 같다.

① 폴링과 인터럽트

폴링과 인터럽트의 간단한 비교는 CPU가 입출력을 관여하느냐 관여하지 않느냐에 따라 폴링과 인터럽트로 구분하며, 입출력 제어과정에서 폴링방법과 인터럽트 방법과의 차이점을 살펴보면 다음과 같다.

- 폴링 방법: CPU가 각각의 주변장치들을 연속적으로 순회하면서 각 주변장치마다 인터럽트 요구가 있는가, 없는가를 수시로 체크하는 방법이다. 폴링 방법은 주변장치에서 발생된 상황에 대해서 발생된 일을 보관하가나 보존할 필요가 없다.

- 인터럽트 방법: 단순히 주변장치에서 CPU로 들어오는 보고만을 취하여 입출력을 처리하는 방법이다. 인터럽트 방법은 인터럽트 발생 상황을 CPU에게 알려주어야 하며, 주변장치에서 발생된 상태를 보관하고 있어야 한다.

폴링방법은 그림2.12와 같으며, 그림2.12에서 보듯이 CPU가 주변장치 상태를 주기적으로 체크하고 있기 때문에 다른 작업을 수행하지 못하는 문제를 겪게 된다. 이러한 문제는 결과적으로 시간낭비의 문제를 발생시킨다. 즉 CPU에 의해서 주변장치가 주기적으로 감시되기 때문에 CPU의 시간이 낭비되고, 처리율이 떨어지게 된다.

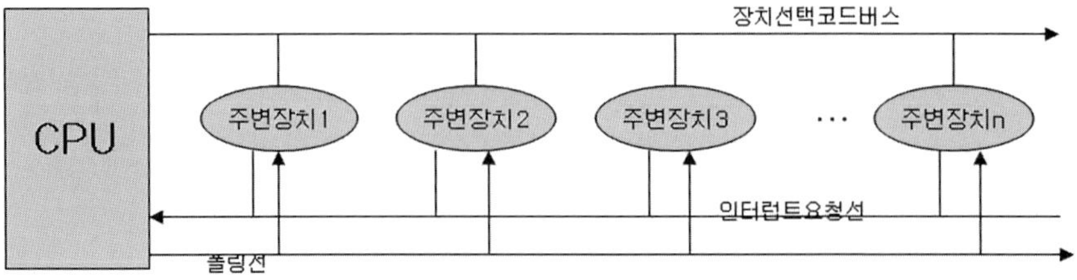

그림2.12 폴링 수행방법

반면에 인터럽트는 CPU가 각 주변장치 상태를 일일이 검사할 필요가 없으며, 입출력 요구가 있을 때만 CPU가 입출력을 제어하게 된다. 즉 인터럽트가 발생하면 CPU는 인터럽트 서비스 루틴을 통해서 입출력 인터럽트를 처리하게 되며, 인터럽트를 처리한 후에는 원래의 상태로 복귀한다. 따라서 주변장치가 입출력 데이터 전송을 위한 준비가 되면 CPU에게 인터럽트를 요청한다. CPU가 인터럽트를 감지하면 수행 중이던 작업은 일시적으로 중단되며, 데이터 전송을 위하여 인터럽트 서비스 루틴으로 분기하여 데이터 전송을 수행한다.

Note

인터럽트(Interrupt)

인터럽트란 입출력을 수행하는 도중에 예기치 않는 상태가 발생하여 입출력 상태를 일시적으로 중단시키는 상태

인터럽트에 의한 입출력 제어방법

다중 프로그래밍 환경에서 CPU와 채널 간의 상호배타적인 입출력 동작과 처리를 제어하기 위한 입출력 제어방법

② 인터럽트의 종류

인터럽트는 컴퓨터 시스템에서 정상적인 프로그램 작업을 수행하는 도중에 예기치 않은 긴급 상황으로 인하여 수행 중이던 작업을 일시 중단하거나 비정상적인 종료를 수행하는 기능이다. 인터럽트가 발생하면 인터럽트 발생 원인을 운영체제에게 신속히 보고해야 하며, 일반적으로 발생하는 인터럽트의 유형에는 외부 인터럽트, 입출력 인터럽트, 슈퍼바이저 호출 인터럽트, 프로그램 검사 인터럽트, 기계검사 인터럽트, 재시작 인터럽트 등이 있다.

- 외부 인터럽트: 외부 인터럽트 발생은 CPU의 하드웨어 신호와 프로그램의 외적인 상황에 의해서 발생되며, 입출력 장치, 타이밍 장치, 전원 등 외적인 요인으로 인하여 인터럽트가 발생한다. 또한 외부 인터럽트는 시스템 타이머에 의해서 CPU 사용시간이 만료될 때, 조작자가 콘솔 상에서 인터럽트 키를 눌렀을 때, 그리고 다중 처리 시스템에서 다른 CPU로부터 신호가 도착할 때 주로 발생한다.

- 입출력 인터럽트: 입출력 인터럽트 발생원인은 하드웨어가 주어진 입출력 동작을 완료하였거나 입출력 도중 오류 등이 발생하였을 때 발생되며, 입출력 인터럽트의 유형에는 CPU 요청에 의한 인터럽트, 불법 입출력 명령에 의한 인터럽트, 입출력 시작 명령에 의한 인터럽트, 입출력 테스트 명령 및 입출력 정지 명령 등에 의한 인터럽트가 있다.

- 슈퍼바이저 호출 인터럽트: 슈퍼바이저 호출은 소프트웨어 인터럽트라고도 하며, 슈퍼바이저 호출 인터럽트 발생원인은 프로그래머의 호출 명령에 의해서 주로 발생한다. 또한 사용자 프로그램이 수행되는 과정에서 입출력 수행을 하거나, 기억장치 할당, 조작자의 의도적인 인터럽트 개입요구, 그리고 실행 중의 프로그램이 SVC명령을 수행할 때 주로 발생한다.

- 프로그램 검사 인터럽트: 프로그램 검사 인터럽트는 CPU의 하드웨어 신호에 의하여 발생되고, 프로그램 자체 내에서 발생하는 문제들에 의해 주로 발생하며, 이 인터럽트는 프로그램과 동기적인 인터럽트로서 내부 인터럽트라고 한다. 프로그램 상의 불법적인 명령이나 데이터의 잘못 사용으로 인하여 발생되는 인터럽트를 트랩(trap)이라고 한다. 프로그램 검사 인터럽트의 유형에는 임의의 수를 0으로 나누는 경우, 보호된 기억장소의 침범, 불법적인 명령의 수행, 스택의 오버플로우 또는 언더플로우와 같은 오류로 인하여 발생하는 인터럽트 등이 있다.

- 기계검사 인터럽트: 기계 검사 인터럽트는 컴퓨터 자체 내의 기계적인 고장이나 오류로 인하여 발생되는 인터럽트이다.

- 재시작 인터럽트: 재시작 인터럽트는 컴퓨터 조작자가 콘솔 사에서 재시작 버튼이나 CTRL+ALT+DEL 키를 누를 때 발생되는 인터럽트이다.

③ 인터럽트 구조 및 처리

인터럽트가 발생하면 인터럽트 발생 원인을 운영체제에 신속히 보고해야 하며, 보고를 받은 운영체제는 인터럽트 서비스 루틴으로 하여금 인터럽트를 해결하도록 요청한다. 운영체제는 인터럽트 발생 원인에 따라 인터럽트 서비스 루틴으로 하여금 최소한의 조치를 취하도록 명령하며, 이때 인터럽트 서비스 루틴은 운영체제의 명령을 받아 인터럽트를 신속히 해결한다. 일반적으로 인터럽트가 발생되면 운영체제의 커널에 의해 인터럽트 신호가 전송되며, 이 과정에서 프로그램 카운터의 내용과 CPU에 의해 수행된 현재까지의 모든 프로그램 상태 정보가 저장되게 된다. 그리고 난 후 저장된 상태정보를 인터럽트 서비스 루틴에 수행시키고 인터럽트 처리를 완료한다. 인터럽트 처리가 완료되면 운영체제는 원래의 프로그램 작업으로 되돌아가 이전의 작업을 계속해서 처리하게 된다. 인터럽트가 발생되었을 때 이러한 인터럽트 서비스 처리 과정을 살펴보면 그림 2.13과 같다.

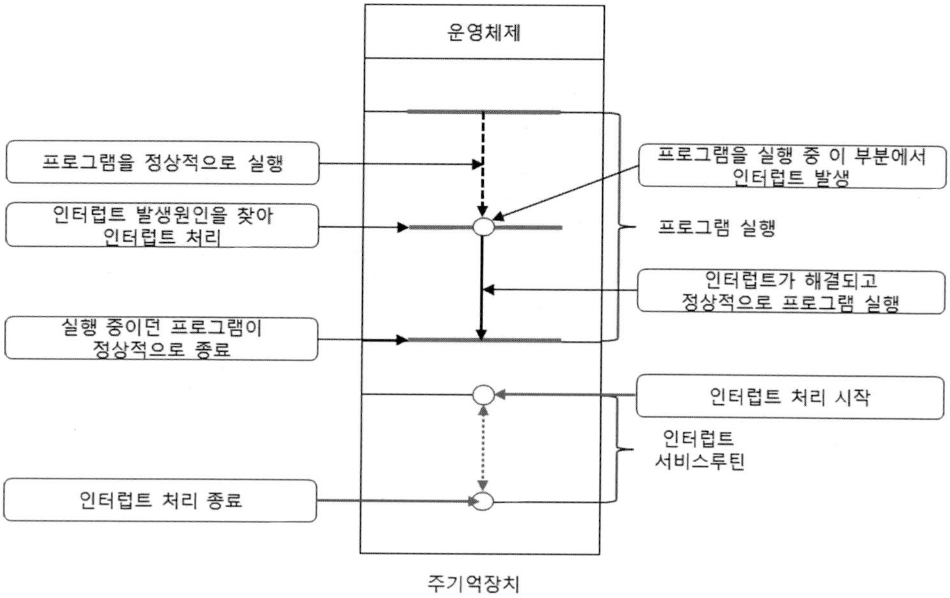

그림2.13 인터럽트 발생 및 처리 구조

✓ 단계별 인터럽트 처리 과정

- CPU가 프로그램을 실행하는 도중 인터럽트가 발생되면 운영체제의 커널은 현재까지의 프로그램 수행 상태에 관한 모든 정보를 주기억장치의 스택과 같은 일정 구역에 저장한다. 이러한 과정을 인터럽트 처리 과정이라 한다.
- 인터럽트 벡터에서 서비스 루틴의 주소를 찾아 해당 인터럽트에 대처하기 위한 인터럽트 서비스 루틴으로 제어를 이동시켜서 인터럽트를 해결한다. 이러한 과정을 인터럽트 서비스 처리 과정이라 한다.
- 인터럽트 서비스 루틴 수행이 완료되면 인터럽트가 발생했던 원래의 위치로 복귀하여 인터럽트 발생 상태를 복귀하고 나머지 프로그램을 계속 수행한다. 이러한 과정을 인터럽트 완료 상태라 한다.

> **Note**
>
> **문맥교환**(Context-Switching)
>
> 문맥교환이란 인터럽트가 발생된 지점에서 인터럽트 상태를 인터럽트 서비스 루틴으로 처리권을 넘겨주는 과정 또는 인터럽트 서비스 루틴에 의해 인터럽트 처리를 수행한 후 그 결과를 인터럽트가 발생된 지점으로 제어권을 넘기는 과정

2.4 트랩

트랩(Trap)은 인터럽트와 매우 유사한 기능으로서 소프트웨어적으로 발생하는 인터럽트이다. 일반적으로 트랩의 발생원인은 명령에 이상이 있을 때 주로 발생되며, 트랩의 발생 원인을 살펴보면 다음과 같다.

- 부정확한 데이터로 인하여 명령어가 정확하게 실행 될 수 없을 때 발생하며, 즉 연산 오버플로우가 발생하거나 또는 분모를 0으로 나누는 경우에 트랩이 주로 발생한다.
- 보호 장치에 의해 보호되거나 금지된 동작을 실행하려고 할 때 발생하며, 즉 기억 장치 보호 구역 침범, 사용자 모드에서 특권 명령을 실행할 때 발생한다.
- 실행할 명령이 없는 경우에 발생하며, 즉 할당되지 않은 동작 코드, 기억 장치 범위를 벗어난 주소, 사용되고 있는 컴퓨터 환경에 없는 옵션형 장치들에 대한 명령을 실행할 때 발생한다.

> **Note**
>
> 트랩(Trap)
>
> 인터럽트와 매우 유사한 기능으로서 소프트웨어적으로 발생하는 인터럽트

연습문제

1. 운영체제 관점에서 살펴볼 때 입출력 관리 기능 중의 중요한 기능은 무엇인가?

2. 입출력 처리 속도와 CPU의 연산처리 속도의 차이점은 무엇인가?

3. 입출력 장치 특성의 일치란 무엇이며, 일치 구성요소는 무엇인지 설명하시오.

4. 입출력 장치의 논리적 특성과 물리적 특성의 차이점을 설명하시오.

5. 입출력 장치에서 블록장치의 특성과 문자장치의 특성의 차이점을 설명하시오.

6. 출력 소프트웨어 계층 구조는 어떻게 구성되어 있는지 설명하시오.

7. 직접 입출력 방법과 간접 입출력 방법의 차이점을 설명하시오.

8. 직접 입출력 방법의 폴링 기법이란 무엇인가?

9. 간접 입출력 방법의 종류를 간단히 설명하시오.

10. 간접 입출력 방법에 있어서 입출력 프로그램과 CPU와의 입출력 통신과정을 설명하시오.

11. DMA에 의한 간접 입출력 제어방법에 있어서 입출력 통신은 어떻게 수행되는지 설명하시오.

12. 단일 버퍼링과 이중 버퍼링의 차이점을 설명하시오.

13. 단일 버퍼링에 의한 간접 입출력 통신과정을 설명하시오.

14. 이중 버퍼링에 의한 입출력 통신과정을 설명하시오.

15. 버퍼링을 사용할 때 입출력 처리 장점은 무엇인가?

16. 폴링과 인터럽트의 차이점을 설명하시오.

17. 입출력을 수행하던 중 인터럽트가 발생할 때 이를 해결하기 위한 방법은 무엇이며, 이를 절차적으로 해결하기 위한 알고리즘을 제시하시오.

18. 채널에 의한 입출력 제어과정을 설명하시오.

19. 채널의 구조를 설명하고, 채널의 종류에는 어떠한 것이 있는지 설명하시오.

20. 인터럽트란 무엇이며, 인터럽트 발생원인은 무엇인지 설명하시오.

21. 트랩이란 무엇이며, 트랩의 발생원인은 무엇인지 설명하시오.

Chapter 03. 프로세스 관리와 스케줄링

3.1 프로세스

프로세스(Process)란 용어는 1960년대 멀틱스(Multics)란 운영체제에서 처음 등장하였으며, IBM 운영체제에 사용되어 현재에 이르고 있다. 운영체제 관점에서 프로세스는 중요한 기능을 수행하며, 또한 중요한 의미를 가진다. 예컨대 초기의 컴퓨터 시스템 환경에서는 하나의 프로그램이 하나씩 순차적으로 허용되고 실행되었다. 그러나 오늘날의 컴퓨팅 시스템 환경에서는 고성능의 프로세서 기술의 발달, 병렬 컴퓨팅 기술 등의 발달로 인하여 주기억장치에 여러 개의 프로그램들이 동시에 적재되어 병행 처리되는 구조로 진화되었다. 이러한 진화 발전은 컴퓨터 환경에서 다중 작업을 가능토록 하였으며, 프로그램 실행을 보다 견고하게 해주는 기반을 마련하였다. 이처럼 다중 작업과 병행처리가 가능하도록 지원해주는 작업 단위가 프로세스이다. 프로세스는 현대의 시분할 시스템에서의 하나의 작업 처리단위가 되고 있으며, 프로세스란 용어는 현재 다양한 형태로 정의되어 사용되고 있다. 현재까지 사용되고 있는 프로세스에 대한 용어를 정의하면 다음과 같다.

- 실행중인 프로그램 단위
- 실행 가능한 태스크(Task) 또는 작업(Job) 단위
- PCB(Process Contro Block)를 가진 프로그램 단위
- 프로그램 카운터(Program Counter)를 가진 프로그램 단위
- 실행중인 프로시저(Procedure) 단위

프로세스에 대한 용어는 다양하게 정의되어 사용되고 있으며, 프로세스는 CPU가 실행하는 작업단위이기 때문에 우리는 프로세스를 **"실행 가능한 프로그램 작업 단위"**로 정의하여 사용하고자 한다.

Note

프로세스란

실행 가능한 프로그램 작업 단위

프로세스 관점에서 볼 때 운영체제 환경에서 적용되고 있는 일괄처리 작업, 시분할 사용자 작업 단위, 그리고 스풀링 같은 시스템 태스크도 하나의 프로세스로 간주할 수 있으며, 그리고 CPU가 실행하는 작업 단위 또한 하나의 프로세스가 된다. 한편, CPU에서 실행되는 작업 단위관점에서 볼 때 프로세스와 프로그램의 개념은 서로 다르다. 예를 들어 디스크 상의 코드, 정적 데이터 등과 같은 프로그램이 메모리에 적재되면 이 프로그램은 프로세스가 된다. 따라서 CPU 실행관점에서 볼 때 프로그램과 프로세스 간의 개념적 차이점을 살펴보면 다음과 같다.

✓ 프로그램과 프로세스 간의 개념적 차이

- 프로그램: 컴파일된 코드, 초기화 전역변수, 문자열, 문자 상수 등 정적 데이터를 포함하고 있는 정적 개체

- 프로세스: 메모리에 적재된 프로그램이 프로그램카운터 또는 레지스터와 같은 자원을 사용한 동적인 개체. 즉 디스크 상의 코드, 정적 데이터 등과 같은 프로그램이 메모리에 적재된 동적 개체

메모리에 적재된 동적인 개체정보는 프로세스 단위가 되며, 이러한 동적 개체 정보가 CPU에 할당되어 실행 작업 단위가 된다. CPU에 할당된 프로세스는 실제적으로 실행을 수행하는 작업단위기 때문에 때때로 프로세스는 작업 또는 태스크라는 용어로 사용되기도 한다. 이처럼 프로세스는 작업을 실행하는 중요한 역할을 수행하며, 운영체제의 자원 관리관점에서 프로세스의 관리 기능을 살펴보면 다음과 같다.

- 프로세스를 스케줄링하는 기능을 수행한다.
- 프로세스를 중지하고 재수행하는 기능을 수행한다.
- 프로세스를 동기화하는 기능을 수행한다.
- 프로세스와 프로세스 간의 통신 수행기능을 제공한다.
- 사용자 프로세스와 시스템 프로세스를 생성하고 삭제하는 기능을 수행한다.
- 교착상태(Deadlock)를 처리하는 기능을 수행한다.

✓ 사용자 프로세스와 시스템 프로세스 간의 개념적 차이

- 사용자 프로세스: 사용자 코드를 수행하는 프로세스, 즉 주소공간을 가지고 실행하는 프로그램
- 시스템 프로세스: 운영체제 프로세스라 하며, 시스템 코드를 수행하는 프로세스

3.2 프로세스 상태 관리

3.2.1 프로세스 상태 전환

프로세스 관리 목적은 CPU의 처리율, 즉 프로세서의 처리 성능을 향상시키기 위한 것이다. CPU의 처리율을 극대화하기 위해서는 CPU에 할당될 프로세스들을 스케줄링해야 하며, 스케줄링을 위해서 프로세스들은 실행을 위한 준비상태를 유지해야 한다. 준비상태는 프로세스가 실행되지 않는 상태를 말하며, 입출력 장치로부터 프로세스가 생성되면 준비 큐에 비실행 상태의 초기화 상태가 유지된다. 준비 큐에 있는 비실행 상태의 프로세스들은 CPU에 할당된 프로세스들이 정상적으로 완료되거나 할당된 시간초과로 인하여 비정상적으로 종료되면 준비 큐에 있는 비실행 프로세스들 중의 하나의 프로세스가 실행상태로 전환되게 된다. 준비 큐에 있는 비실행 프로세스들이 실행상태로 전환되는 과정을 살펴보면 그림3.1과 같다.

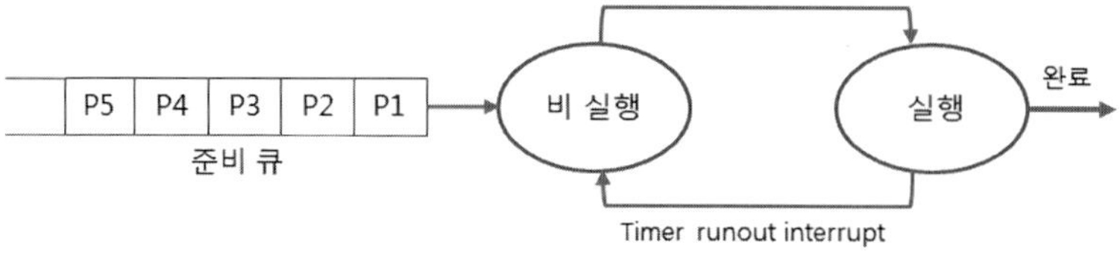

그림3.1 간단한 상태전환

그림3.1에서 보듯이 준비 큐에 있는 프로세스들이 실행상태로 전환되어 정상적으로 실행을 완료하면 CPU의 효율은 향상된다. 그러나 비실행 상태의 프로세스가 인터럽트 등에 의해 비정상적으로 종료되면 프로세스가 정상적으로 실행을 완료할 수 있도록 프로세스들을 스케줄링해야 한다.

비실행상태의 프로세스들이 실행상태로 전환되기 위해서는 준비상태, 실행상태, 보류상태 등과 같은 여러 상태 전환 과정을 거치게 되며, 이러한 상태 전환 과정을 그림으로 표현한 것을 프로세스 상태 전이도(Process State Transition Diagram 또는 Process State Transition Graph)라 한다.

프로세스 상태 전이도는 프로세스들이 비 실행상태인지 또는 실행상태인지, 프로세스들이 정상적으로 종료되었는지 또는 비정상적으로 종료되었는지를 쉽게 파악할 수 있도록 해주며, 프로세스 상태 전이도를 살펴보면 그림3.2와 같다.

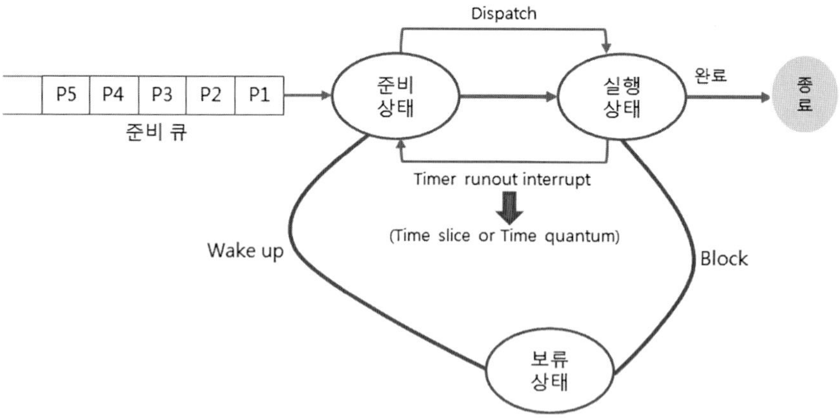

그림3.2 프로세스 상태 전이도

그림3.2에서 살펴보듯이 프로세스 상태 전이도는 준비상태(Ready State), 실행상태(Running State), 보류상태(Block State) 과정을 거치면서 프로세스가 CPU에 할당되고 프로세스 종료를 수행한다. 프로세스 상태 전이도에 따른 준비상태(Ready State), 실행상태(Running State), 보류상태(Block State)를 살펴보면 다음과 같다.

- 준비상태(Ready State): 준비상태는 준비 큐에 대기 중인 프로세스를 실행상태 즉 CPU에 할당되기를 기다리는 상태이다. 준비상태는 CPU를 할당받을 수 있는 상태로써 CPU가 준비 큐에 대기 중인 프로세스 자신을 처리해 주길 기다린다. 이 과정에서 일반적으로 준비 큐는 우선순위에 따라 프로세스 큐를 구성하며, 이처럼 우선순위에 따라 준비 큐에 프로세스들이 구성되기 때문에 준비 큐를 우선순위 큐(Priority Queue)라 하기도 한다. 또한 준비 큐의 작업 단위는 프로세스 큐이기 때문에 준비 큐를 프로세스 큐(Process Queue) 또는 작업 큐(Job Queue)라고도 한다. 따라서 준비 큐는 우선순위 큐(Priority Queue), 프로세스 큐(Process Queue), 그리고 작업 큐(Job Queue)가 됨을 알 수 있다.

Note

준비 큐(Ready Queue)

준비 상태에서 실행상태를 할당받기 위해 대기 중인 프로세스들의 작업 리스트

- 실행상태(Running State): 실행상태는 프로세스가 CPU를 할당하고 있는 상태, 즉 프로세스가 CPU를 점유하여 사용하고 있는 상태를 말한다. 실행상태는 준비상태로부터 하나의 프로세스를 할당받아 실행하게 되며, 실행상태는 모든 프로세스들을 공평하게 실행하기 위하여 시간 할당량(Time Slice 또는 Time Quantum)을 부여한다. 만일 실행 프로세스가 할당된 시간을 초과하게 되면 시간할당 초과로 인한 인터럽트가 발생한다. 인터럽트가 발생한 프로세스는 정상적으로 입출력 완료를 수행할 수

없기 때문에 이 프로세스는 준비 큐의 맨 마지막으로 피드백 되게 된다. 이러한 피드백 과정을 프로세스 라운드-로빈(Round-Robin)이라 한다. 따라서 라운드 로빈된 프로세스는 우선순위가 가장 낮은 프로세스로서 정상적인 실행상태가 되기 위해 대기해야 하는 문제가 발생한다. 그림3.3은 프로세스가 실행상태에서 시간할당 초과로 인하여 라운드-로빈이 수행되는 과정을 보여주고 있다.

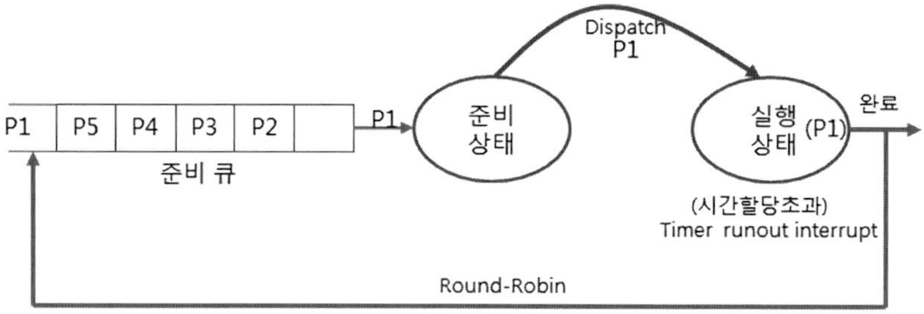

그림3.3 시간할당초과로 인한 라운드-로빈 과정

- 보류상태(Block State): 보류상태란 프로세스가 CPU를 차지하고 실행하다가 입출력 상태를 정상적으로 완료한 상태를 말한다. 이 상태는 하나의 프로세스의 실행을 완료하였기 때문에 새로운 프로세스 실행을 위해 다시 준비상태로 전환되게 된다.

이러한 프로세스 상태 전이과정을 거쳐 프로세스들은 작업 처리를 연속적으로 수행하게 되며, 프로세스 상태 관리의 중요한 기능 중의 하나가 바로 프로세스 상태 전이도에 의한 프로세스 상태를 추적하고 관리하는 기능이다.

> **Note**
>
> **프로세스 상태 전이도**(Process State Transition Diagram 또는 Process State Transition Graph)
>
> 프로세스 상태들이 전환되는 과정을 그림으로 표시한 것.

3.2.2 프로세스 상태 구조

프로세스 상태에서 실행 가능한 하나의 프로세스가 시스템 내에 존재하면, 그 프로세스는 프로세스 상태 전이과정을 거쳐서 실행을 완료한다. 이러한 실행과정은 앞 프로세스 상태 전이도에 보듯이 준비상태, 실행상태, 보류상태 과정을 거치게 된다. 이 과정에서 프로세스들은 CPU 할당, 라운드-로빈으로 인한 문맥교환, 입출력 완료 등의 작업이 수행되며, 이러한 작업을 수행하는 요소들을 프로세스 상태 전이 요소라 한다. 프로세스 상태 전이도에서 상태 전환을 담당하는 요소들을 살펴보면 다음과 같다.

- CPU 스케줄러(CPU Scheduler): CPU 스케줄러는 준비상태에 있는 여러 프로세스들 중 실행될 프로세스 하나를 선정하여 CPU를 할당하는 일을 수행한다.

- 디스패치(Dispatch): 디스패치는 준비 큐에 있는 하나의 프로세스가 CPU에 할당하는 과정을 말하며, 이때 준비상태에 있는 프로세스는 실행상태로 전환되게 된다.

- 타임 슬라이스(Time slice) 또는 시간 할당량(Time quantum): 실행상태에 있는 프로세스들이 주어진 시간동안 CPU를 차지하여 실행하는 시간을 말한다. 이때 타임 슬라이스 또는 시간할당량을 초과하게 되면 시간초과 인터럽트(Timer Run-out Interrupt)가 발생 된다.

Quiz

Q. 타임 슬라이스(Time slice) 또는 시간 할당량(Time quantum)을 지정하는 이유는 무엇인가?

A. 특정 프로세스가 CPU를 계속하여 독점하여 사용하는 것을 방지하고, 시분할과 다중프로그래밍을 원활하게 보장하기 위하여 지정한다.

- 문맥교환(Context Switching): 문맥교환이란 준비상태에 있는 프로세스가 CPU에 할당되어 실행되던 중 할당된 시간이 초과되어 프로세스 실행을 중단하고 다시 준비상태로 라운드-로빈되는 과정을 말한다.

- 스풀러(SPOOLER): 스풀러란 제출된 프로세스들을 스풀 공간인 디스크에 수록하여 준비 큐를 만들어 주는 상태를 말한다.

- 작업 스케줄러(Job Scheduler): 작업 스케줄러란 보류 상태의 작업등 중에서 실행될 프로세스 작업을 선정하여 보류상태에서 준비상태로 전환시키는 작업관리 상태를 말한다.

- 프로세스 스케줄러(Process Scheduler): 프로세스 스케줄러란 준비상태에 있는 프로세스 중 실행될 프로세스를 선정하여 CPU를 할당하는 상태를 말한다.

- 트래픽 제어기(Traffic Controller): 트래픽 제어기란 준비상태에서부터 대기상태까지 모든 프로세스의 상태를 추적하고 파악하여 상태전환을 관리하고 제어하는 제어기를 말한다.

프로세스 상태 구조에서 프로세스 상태전이가 수행되는 과정을 요약하면 다음과 같다.

- 디스패치 상태: 준비상태 → 실행상태
  디스패치 상태과정은 준비상태의 프로세스들 중에서 우선순위가 가장 높은 프로세스를 선정하여 CPU를 할당함으로서 실행상태로 전환된다. 이때 CPU의 할당시간이 지정되게 된다.

• 할당시간초과상태: 실행상태 → 준비상태

할당시간 초과 상태 과정은 CPU에서 할당된 프로세스가 시간을 초과하였을 때 다른 프로세스 할당을 위해서 다시 준비상태로 전환되는 상태 구조이다.

• 대기(block)상태: 실행상태 → 대기상태

대기상태란 실행중인 프로세스가 입출력 명령을 만나면 인터럽트가 발생하여 입출력 전용 프로세서에게(예를 들어, 채널) CPU를 양도하고 자신은 스스로 대기상태로 전환되는 상태구조를 말한다.

• 깨움(wake up): 대기상태 → 준비상태

깨움 상태란 입출력 완료를 기다리다가 입출력 완료 신호가 들어오면 대기 중인 프로세스가 준비상태로 전환되는 상태를 말한다.

3.3 프로세스 제어블록

프로세스 제어블록이란 프로세스들에 대한 정보를 보관하고 있는 일종의 프로세스 데이터베이스이다. 프로세스는 프로그램 자체와 PCB(Process Control Block)로 이루어져 있으며, PCB는 운영체제에 있어서 프로세스에 대한 정보를 제공해 주는 역할을 수행한다.

Note

PCB(Process Control Block)

프로세스들에 대한 정보를 보관하고 있는 일종의 프로세스 저장소

PCB는 데이터 블록 또는 레코드와 같은 특정 프로세스 정보를 저장하는 프로세스 저장

소로서 태스크 제어 블록(Task Control Block)이라고 하며, 일반적으로 프로세스가 생성될 때 메모리에 PCB가 생성된다. 만일 프로세스 실행을 종료하면 해당 PCB는 삭제된다. PCB의 내용은 프로세스의 상태 변화가 일어날 경우 트래픽 제어기에 의하여 그 내용이 변경되며, PCB의 정보 구조는 그림3.4와 같다.

포인터	프로세스의 상태
프로세스 번호	
프로그램 카운터	
레지스터	
기억장치 경계 레지스터	
개방된 파일 리스트	
그 외 기타	

그림3.4 PCB 정보 구조

- 프로세스의 현재 상태: 보류, 실행, 준비, 대기 정지 등의 상태를 나타낸다.
- 프로세스의 식별자(Identifier): 프로세스에 대한 정보를 식별하는 기능을 수행한다.
- 프로그램 카운터: 프로그램 카운터는 프로세스가 다음에 실행할 명령어의 주소를 가리킨다. 이 정보는 나중에 프로세스가 올바로 수행되도록 하기 위하여 인터럽트 발생할 때 프로세스 정보를 저장하는 기능을 수행한다.
- 프로세스의 우선순위: 프로세스 스케줄링 시 실행될 프로세스들에 대한 우선순위를 결정하는 기능을 수행한다.
- 포인터: 포인터는 프로세스가 적재된 기억장치의 주소를 가르키거나 또는 프로세스에 할당된 자원을 지정하는 기능을 수행한다.
- CPU의 각종 레지스터 상태를 가리키는 포인터: CPU 레지스터는 컴퓨터에 따라 다양한 구조와 종류를 가지고 있으며 누산기, 인덱스 레지스터, 스택레지스터, 범용

레지스터들 외에도 상태 코드 정보를 가지고 있다.

- 기억장치 관리정보: 기억장치 관리정보는 경계 레지스터나 페이지 테이블들의 정보를 가지고 있다.
- 계정 정보: 계정정보는 CPU가 사용된 시간 량, 시간의 범위, 계정번호, 작업 또는 프로세스 번호 등과 같은 정보를 가지고 있다.
- 입출력 정보: 입출력정보는 입출력 요구들, 입출력 장치들과 개방된 파일 목록 등을 포함하고 있다.
- 그 외 PCB정보는 부모 프로세스, 자식 프로세스, 프로세스 번호 등의 정보를 가지고 있다.

PCB정보들은 링크 포인터를 이용하여 PCB정보가 추적되고 연결되며, FIFO 큐, 스택, 우선순위 큐, 트리구조, 그리고 연결 리스트 등의 PCB정보가 서로 연결되고 관리된다.

3.4 스레드

3.4.1 기본 개념

스레드(Thread)는 CPU가 독립적으로 처리하는 하나의 작업 단위로써 프로세스나 태스크보다 더 작은 작업단위이다. 스레드는 다중 프로그래밍 시스템 환경에서 CPU로 전송되어 하나의 프로그램 단위로 실행되며, 일반적으로 CPU에서 실행되는 코어 개수와 스레드 개수는 동일하게 취급된다. 예를 들어 4코어 4스레드 CPU의 경우 이것은 한번에 4개의 코어에서 4가지 스레드를 동시에 처리할 수 있음을 의미한다. 즉 우리는 컴퓨터를 사용하다가 게임도 하고, 인터넷 쇼핑도 하고, 유튜브 실행도 하는 등 다중 작업을 동시에 하기도 한다. 이때 게임을 하는 도중에 우리는 게임 동영상이 실행되고, 배경음악이 나오고, 인터넷 쇼핑을 할 수 있는데 이러한 전체 작업을 프로세스라 하며, 전체 작업들 중에서 실행하고 있는 작업 단위 즉, 게임 동영상 실행, 배경 음악, 인터넷 쇼핑 등 하나의 작업 단위를 스레드라 한다. 스레드의 사용목적은 프로세스 스케줄링의 부담을 최소화하여 시스템의 성능을 극대화하기 위한 것이다.

프로세스 관점에서 스레드는 독립된 제어 흐름을 가지고 있으며, 자신만의 스택(Stack)과 레지스터(Register)를 가지고 있다. 그리고 스레드는 그룹 내에 속하는 다른 프로세스와 코드, 주소 공간, 자원 등을 공유하며, 하나의 스레드가 생성되면 스레드는 여러 상태로 존재할 수 있다. 스레드는 스레드 관리 알고리즘에 의해서 스레드 상태가 관리되며, 스레드 관리 알고리즘이 수행하는 관리 기능은 다음과 같다.

✓ 스레드의 관리기능

- 스레드의 생성과 소멸
- 스레드 자원 할당
- 스레드 스케줄링과 문맥교환 관리

스레드는 프로세스에서 실행 개념만을 분리한 것으로써 실제로 실행의 기본단위가 된다. 하나의 프로세스 내에는 다수의 스레드가 존재할 수 있으며, 대부분의 기존 프로그램들은 하나의 프로세스가 하나의 스레드를 가지고 있는 형태로 구성된다. 하나의 CPU에서 스레드가 실행되는 관점과 병행되는 관점에서 스레드와 프로세스 간의 차이점을 살펴보면 표3.1과 같다.

표3.1 실행되는 관점과 병행되는 관점에서 스레드와 프로세스 간의 차이점

구분 항목	스레드	프로세스
실행 관점	실행점이 여러 개 이유: 하나의 CPU상의 실행 중인 프로세스에는 여러 개의 스레드가 존재하기 때문에	실행점이 하나 이유: 하나의 CPU상에는 하나의 프로세스만이 실행되기 때문에
병행 관점	스레드의 병행실행이 가능	스레드의 병행실행이 불가능

Note

스레드란

CPU가 독립적으로 처리하는 하나의 작업 단위

스레드의 사용목적

프로세스 스케줄링의 부담을 최소화하여 시스템의 성능을 극대화하기 위하여 사용

Quiz

Q. 컴퓨터 시스템에서 자기 자신 PC의 스레드 개수를 어떻게 확인할 수 있는가?

A. Ctrl + Shift + Esc 버튼을 누르거나 또는 작업 표시줄에서 마우스 오른쪽 버튼을 눌러 작업 관리자를 선택하여 성능 탭 'CPU 사용 현황'에서 확인한다.

3.4.2 스레드 종류

실행관점에서 볼 때 스레드는 단일 스레드(Single Thread) 형 프로세스와 다중 스레드(Multi-Thread) 형 프로세스로 구분되며, 단일 스레드 형 프로세스는 프로세스에 하나의 레지스터와 하나의 스택 구조를 가지고 있으면서 기억장치 상의 Heap 영역, 정적 영역, 그리고 코드 영역을 공유하고 있는 프로세스로써 단일 스레드 형 프로세스 구조는 그림 3.5와 같다.

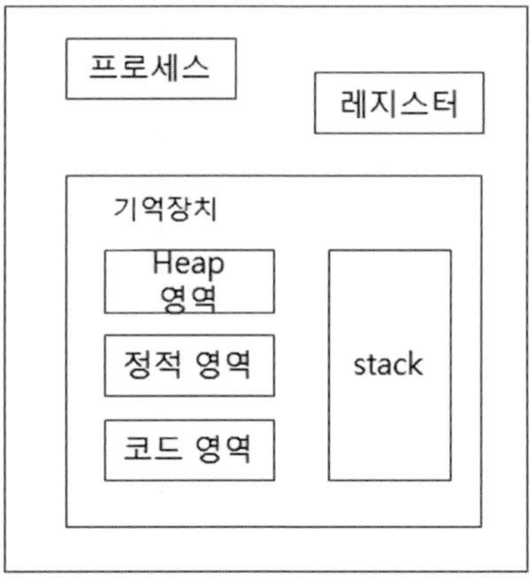

그림3.5 단일 스레드 형 프로세스

다중 스레드는 여러 개의 스레드를 이용하여 하나의 프로그램을 동시에 처리하는 스레드이다. 다중 스레드는 단일 스레드와 달리 각각의 스레드가 Heap 영역, 정적 영역, 그리고 코드 영역을 공유하지만 그림3.6에서와 같이 레지스터와 스택은 각각 자기의 레지스터와 스택을

사용한다.

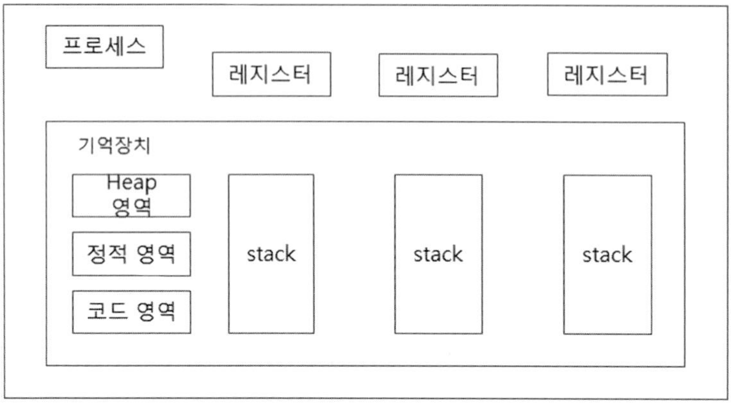

그림3.6 다중 스레드 형 프로세스

다중 스레드(Multi-Thread)는 하나의 프로그램 처리를 위하여 여러 개의 실행 단위를 이용하여 처리하며, 이러한 처리 방법은 다중 처리 시스템(Multi-processing System)방법과 유사하다. 그러나 다중 스레드 처리 방법은 다중 처리 방법과는 달리 하나의 프로세스 자체에 여러 개의 실행 단위들이 존재하여 작업의 수행에 필요한 자원들을 공유하기 때문에 자원 낭비를 최소화 할 수 있는 장점을 가진다. 하나의 프로그램을 다중 스레드 방법으로 수행하면 각 스레드는 서로 독립적으로 실행이 가능하기 때문에 단일 프로세스 시스템은 물론 다중 프로세스 시스템에서도 다중처리를 수행할 수 있는 장점을 가진다.

3.4.3 스레드 상태구조

앞 프로세스 상태 전이과정을 살펴보았듯이, 스레드도 그림3.7과 같은 스레드 상태 변이과정을 거쳐 스레드의 실행을 추적하고 관리할 수 있다. 하나의 스레드는 스레드 상태 전이 과정을 거쳐서 스레드 상태가 변하며, 각각의 스레드는 스레드 자신이 어디에 있는지를 파악하기 위하여 카운터와 스택 정보를 가진다. 스레드는 프로세스 상태처럼 CPU를 공유할 수 있으며, 스레드는 fork( )함수를 이용하여 자식 스레드를 생성한다.

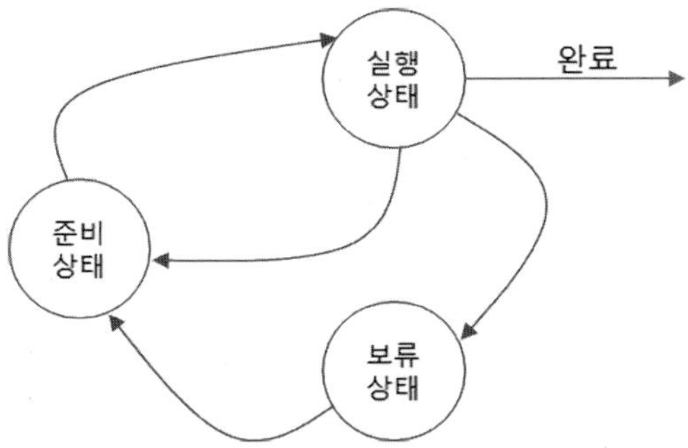

그림3.7 스레드 상태전이

스레드 상태구조에서 하나의 스레드가 대기상태가 되면 프로세스 상태 전이과정에서처럼 실행상태로 할당되어 스레드를 실행하게 된다. 스레드의 상태 전이 과정은 프로세스 상태 전이과정과 유사하며, 준비상태, 실행상태, 보류상태, 그리고 입출력 완료상태 과정을 거친다.

✓ 스레드 상태 전이 과정

- 준비상태: 스레드가 CPU를 할당받을 수 있는 상태
- 실행상태: CPU가 스레드를 할당받아 실행하는 상태
- 보류상태: 하나의 스레드를 완료하고 다른 스레드를 실행하기 위해 대기 중인 상태
- 완료상태: 스레드가 하나의 작업을 완전히 종료한 상태

3.4.4 스레드 모델

운영체제에서 스레드 모델에는 사용자 수준 스레드 모델(다대일 모델), 커널 수준 스레드 모델(일대일 모델), 그리고 혼합형 스레드 모델(다대다 모델)로 구분된다. 이들 모델은 운영체제 환경에서 스레드를 구현하기 위해 사용되며, 각각의 모델을 살펴보면 다음과 같다.

✓ 스레드 모델

- 사용자 수준 스레드 모델(다대일 모델: N:1모델)
- 커널 수준 스레드 모델(일대일 모델: 1:1 모델)
- 혼합형 스레드 모델(다대다 모델: N:N 모델)

(1) 사용자 수준 스레드 모델(다대일 모델)

사용자 수준 스레드는 사용자 영역의 스레드 라이브러리에 의해서 구현되며, 스레드와 관련된 모든 행위는 사용자 영역에서 수행되기 때문에 커널이 스레드의 존재를 알 필요가 없다. 사용자 영역의 스레드 라이브러리는 스레드의 생성과 종료, 스레드 간의 메시지 전송, 스레드의 스케줄링과 문맥 등의 정보를 보관하고 있다. 사용자 수준 스레드 모델은 그림3.8과 같이 다수의 스레드가 하나의 커널 스레드와 사상(Mapping)되어 사용자 스레드가 병렬로 수행되기 때문에 다대일 모델(Many-to-One Model)이라 하며, 이 모델은 다중 처리 코어의 장점을 살리지 못하기 때문에 현재 거의 사용되지 않고 있다.

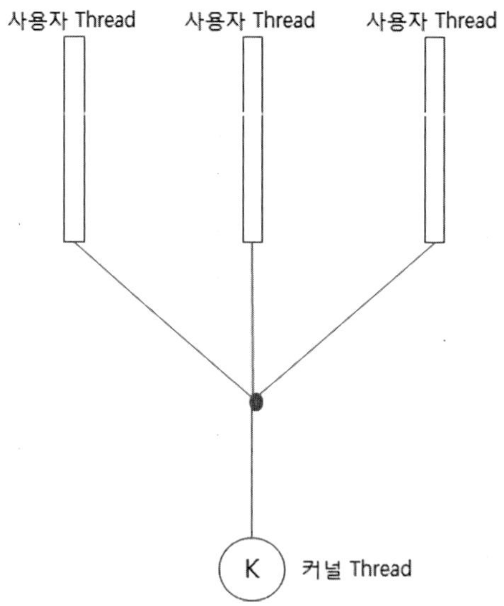

그림3.8 사용자 수준 스레드 모델(다대일 모델)

(2) 커널 수준 스레드 모델(일대일 모델)

커널 수준 스레드 모델은 사용자 수준의 모델을 개선하기 위해 제안된 모델로서 스레드와 관련된 정보는 커널이 관리한다. 커널 수준 스레드는 하나의 프로세스에서 다수의 스레드가 CPU를 할당받아 병렬적으로 수행되기 때문에 하나의 스레드가 봉쇄되어도 다른 스레드가 그 기능을 대신함으로써 사용자 수준 스레드 모델보다 부분적인 병렬성이 보장된다.

커널 수준 스레드 모델은 그림3.9와 같이 사용자 스레드와 커널 스레드가 1:1로 사상되어 수행되기 때문에 일대일 모델이라 하며, 이 모델은 사용자 수준 스레드를 생성할 때 그에 따른 커널 스레드를 함께 생성해야 된다는 문제점을 가진다.

이 모델은 주로 Windows 계열의 운영체제들과 Linux 운영체제에서 스레드를 구현하기 위해서 사용되고 있다.

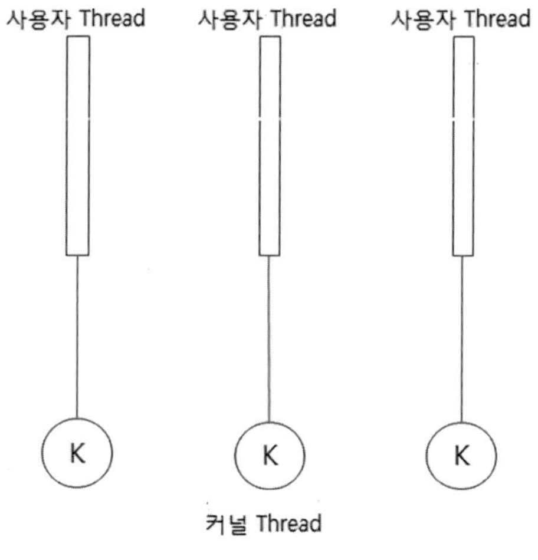

그림3.9 커널 수준 스레드모델

(3) 혼합형 스레드 모델(다대다 모델)

혼합형 스레드 모델은 사용자 수준의 스레드 모델과 커널 수준의 스레드 모델을 혼합한 모델로서 이 모델은 사용자 수준의 스레드 모델에서 한 번에 하나의 스레드만이 커널에 의해서 스케줄링 되는 문제를 보완한 모델이다. 또한 이 모델은 커널 수준 스레드 모델에서의 부분적인 병렬성을 극복하기 위해서 도입된 모델이다. 혼합형 모델은 그림3.10과 같이 사용자 스레드와 커널 스레드가 N:N으로 사상되어 수행되기 때문에 다대다 모델이라 한다.

이 모델은 필요한 만큼 많은 사용자 수준의 스레드들 생성할 수 있으며, 또한 그에 대응하는 만큼의 커널을 생성할 수 있다. 이와 같은 기능으로 인해 혼합형 스레드 모델은 사용자 스레드들을 다중 커널에 사상시켜 스레드들을 병렬로 처리할 수 있는 장점이 있다.

이 모델은 과거 Windows NT/2000 운영체제들과 Unix Solaris 9 이전 버전에서 구현되어 사용되었으나 Unix Solaris 9부터는 커널 수준 스레드 모델을 적용하여 스레드를 구현하고 있다.

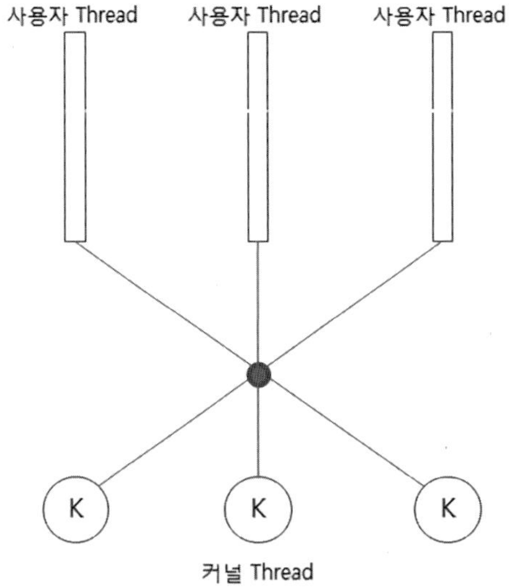

그림3.10 혼합형 스레드 모델

3.5 CPU 스케줄링

3.5.1 기본개념

우리는 앞 절의 프로세스 상태 전이과정에서 준비 큐의 프로세스들이 CPU를 할당받아 실행되는 과정을 살펴보았다. 이 과정에서 준비 큐의 하나의 프로세스가 CPU를 할당받아 실행될 때 이 프로세스가 CPU를 독점 사용하거나 또는 예기치 않는 문제로 인하여 프로세스 실행이 중단되거나 그리고 프로세스의 작업크기가 굉장히 크거나 하면 준비 큐에 대기 중인 프로세스들은 CPU자원을 효율적으로 사용할 수 없는 문제를 겪게 되며, 또한 대기 중인 프로세스들은 무한 대기문제를 겪게 된다. 이러한 문제가 발생되면, CPU 즉 프로세서는 자원 낭비뿐만 아니라 CPU의 처리율이 떨어지는 문제가 발생한다.

이러한 문제를 해결하기 위한 방법을 CPU 스케줄링이라 한다. 스케줄링의 작업 단위는 프로세스이며, 프로세스들은 CPU에 의해 할당되어 실행되기 때문에 프로세스 작업과정을 CPU스케줄링 또는 프로세스 스케줄링이라 한다. 따라서 CPU스케줄링은 준비 큐의 하나의 프로세스가 CPU에 언제 할당되는지를 결정해 주는 역할을 수행한다. 일반적으로 CPU스케줄링은 프로세스 스케줄러에 의해서 관리되며, 프로세스 스케줄러에 의해서 관리되는 스케줄링의 종류를 좀 더 구체적으로 살펴보면 다음과 같다.

✓ 작업처리 형태에 따라

- 작업 스케줄링
- 프로세스 스케줄링

✓ CPU점유 형태에 따라

- 선점 스케줄링
- 비 선점 스케줄링

✓ 알고리즘 형태에 따라

- FCFS(First-In First-Out) 스케줄링
- 우선순위 스케줄링
- 기한부 스케줄링
- 라운드 로빈(Round Robin) 스케줄링
- SJF(Shortest Job First) 스케줄링
- SRT(Shortest Remaining Time) 스케줄링
- HRN(Highest Response ratio Next) 스케줄링
- 다단계 큐(Multi-Level Queue) 스케줄링
- 다단계 피드백 큐(Multi-Level Feedback Queue) 스케줄링

> **Note**
>
> **CPU스케줄링**
>
> 준비 큐의 하나의 프로세스가 CPU에 언제 할당되는지를 결정해 주는 작업과정
>
> **프로세스 스케줄러**
>
> 프로세스를 관리해 주는 프로세스 관리기

3.5.2 스케줄링의 목적과 성능기준

(1) 스케줄링의 목적

프로세스 스케줄링 과정에서 CPU 자원을 독점 사용하는 것을 방지하고, 스케줄링의 효율을 향상시키기 위해서는 스케줄링 요소들을 고려해야 하며, 스케줄링 목적을 달성하기 위해 고려해야할 사항들을 살펴보면 다음과 같다.

- 공평한 스케줄링 즉 공평성: 공평성이란 스케줄링 과정에서 모든 프로세스들을 공

평하게 취급하는 것을 말하며, 어느 프로세스에게도 무한대기 문제가 발생하지 않도록 하기 위한 것이다.

- 처리량의 극대화: 처리량의 극대화는 프로세스 스케줄링 과정에서 단위 시간당 프로세스 처리량을 극대화하는 것을 말한다.
- 우선순위: 우선순위란 준비 큐의 프로세스들에게 우선순위를 적용하여 높은 우선순위를 가진 프로세스를 가장 먼저 실행하도록 하는 것이다.
- 응답 시간 최소화: 응답 시간 최소화란 대화식 사용자들에 대한 응답시간을 최대한 빠르게 하도록 하는 것이다.
- 반환시간 예측 가능성: 반환시간 예측 가능성이란 하나의 주어진 프로세스 작업이 시스템 내의 부하에 관계없이 거의 같은 비용, 시간 내에 수행되도록 하는 것이다.
- 자원 사용의 균형성: 자원 사용의 균형성이란 스케줄링 과정에서 시스템 내의 사용 가능한 자원들을 균형 있게 사용하도록 하는 것이다. 이러한 목적은 시스템 내의 자원들의 유휴상태를 최소화하여 프로세스들에게 좀 더 나은 프로세스 작업을 수행하도록 하기 위한 것이다.
- 무한대기 배제: 무한대기 배제란 프로세스 스케줄링과정에서 특정 프로세스가 CPU 자원을 무한적으로 독점 사용하지 않도록 방지하는 것이다. 무한대기 문제가 발생하면 시스템은 교착상태(Deadlock)가 발생하여 최악의 경우에는 시스템이 불능상태에 빠질 수 있기 때문에 스케줄링 과정에서 고려되어야 할 중요한 요소 중의 하나이다.

이러한 항목 외에도 스케줄링 목적을 달성하기 위해서는 고려해야 할 요소들이 많이 있다.

(2) 스케줄링의 성능기준

스케줄링의 목적을 달성하기 위해서는 스케줄링의 성능 기준에 달려있으며, 스케줄링의 성능을 좌우하는 기준을 살펴보면 다음과 같다.

• CPU 이용률(Utilization): CPU이용률이란 단위 시간당 CPU가 프로세스를 처리하는 양을 말한다. 일반적으로 CPU이용률이 높을수록 프로세스 처리량은 증가하게 되며, 또한 시스템 성능이 향상된다. 개념적으로 CPU이용률은 0에서 100 퍼센트까지이지만 실제 시스템에서는 부하가 적은 시스템의 경우에는 40 퍼센트의 이용률을 가지며, 부하가 큰 시스템의 경우에는 90 퍼센트의 이용률을 가진다.

Note

CPU 이용률(Utilization)

단위 시간당 CPU가 프로세스를 처리하는 양

• 처리율(Throughput): 처리율이란 CPU 이용률과 관계되는 의미로써 이것은 단위 시간당 완료된 프로세스의 개수를 말한다. 프로세스 크기가 큰 경우 시간당 한 개의 프로세스만 처리될 수 있으며, 프로세스 크기가 작은 경우에는 초당 여러 개의 프로세스가 처리 될 수 있다.

Note

처리율(Throughput)

단위 시간당 완료된 프로세스의 개수

• 반환시간(Turn Around Time): 반환시간이란 작업을 실행하는데 얼마나 많은 시간이 걸리는가? 즉 프로세스 작업을 제출한 후 작업을 처리하는 데까지 걸리는 시간을 말한다. 반환시간은 총 처리시간에 의해 결정되며, 총 처리시간은 메모리에 들어가기 위해 대기하며 소모한 시간, CPU의 실행시간, 그리고 입출력 시간을 합한 것이다.

Note

반환시간(Turn Around Time)

프로세스 작업을 제출한 후 작업을 처리하는 데까지 걸리는 시간

- 대기시간(Waiting Time): 대기시간이란 하나의 프로세스가 준비 큐에서 CPU를 할당받기 위해 기다리는 시간을 말한다. CPU 스케줄링의 성능은 프로세스가 실행되거나 입출력을 수행하는데 걸리는 시간의 양에 의해 영향을 받지 않지만, 그러나 프로세스가 준비 큐에서 대기하는 시간의 양에 의해서 영향을 받을 수 있다.

Note

대기시간(Waiting Time)

하나의 프로세스가 준비 큐에서 CPU를 할당받기 위해 기다리는 시간

- 응답시간(Response Time): 응답시간이란 대화식 시스템에서 하나의 작업처리를 요청 한 후 그 작업의 반응이 나올 때까지 걸리는 시간을 말한다. 따라서 응답시간은 응답이 시작되는데 까지 걸리는 시간일 뿐, 그 응답이 출력하는데 까지 걸리는 시간을 의미하는 것은 아니다. 일반적으로 응답시간은 출력 장치의 속도에 의해 영향을 받게 된다.

Note

응답시간(Response Time)

대화식 시스템에서 하나의 작업처리를 요청 한 후 그 작업의 반응이 나올 때까지 걸리는 시간

스케줄링 성능기준에서 CPU 이용률과 처리율이 향상될수록 스케줄링의 성능은 향상되며, 이와 반대로 반환시간, 대기시간, 그리고 응답시간이 길수록 스케줄링 성능은 떨어지게 된다. 따라서 이러한 성능 요소를 고려하여 스케줄링 알고리즘을 작성하는 것이 바람직할 것으로 본다.

3.5.3 선점 스케줄링과 비선점 스케줄링

CPU 스케줄링 과정에서 스케줄링은 CPU의 점유형태에 따라 선점 스케줄링(Preemptive Scheduling)과 비선점 스케줄링(Non-Preemptive Scheduling)으로 구분되며, 각각을 살펴보면 다음과 같다.

(1) 선점 스케줄링

선점 스케줄링 기법이란 하나의 프로세스가 CPU를 차지하고 있을 때 다른 프로세스가 현재 수행 중인 프로세스를 중단시키고 자신의 프로세스가 CPU를 차지하는 스케줄링 기법을 말한다. 이 기법은 보통 우선순위가 높은 프로세스가 빠른 처리를 요구하는 시스템에서 적용되며, 장점 · 단점을 살펴보면 다음과 같다.

|장점·단점|

- 장점 - 우선순위가 높은 프로세스가 먼저 수행될 때 유리하다.
  - 빠른 응답시간을 요구하는 시분할 시스템에 유용하다.
- 단점 - 선점으로 인해 많은 오버헤드가 발생할 수 있다.

Note

선점 스케줄링(Preemptive Scheduling)

하나의 프로세스가 CPU를 차지하고 있을 때 다른 프로세스가 현재 수행 중인 프로세스를 중단시키고 자신의 프로세스가 CPU를 차지하는 스케줄링 기법

(2) 비선점 스케줄링

비선점 스케줄링 기법이란 하나의 프로세스가 CPU를 차지하고 있을 때 다른 프로세스에게 CPU를 빼앗기지 않는 스케줄링 기법을 말한다. 이 기법은 프로세스 작업이 짧은 작업이든, 또는 긴 작업이든 관계없이 모든 프로세스 작업들에게 공평한 시간 할당량(Time Slice 또는 Time Quantum)을 부여함으로써 프로세스 작업을 공평하게 처리한다.

이 기법은 CPU에게 시간 할당량을 공평하게 부여하여 응답시간을 쉽게 예측할 수 있으나, 프로세스 작업이 긴 경우에는 대기시간이 길어지는 문제가 있으며, 비선점 스케줄링의 장점·단점을 살펴보면 다음과 같다.

|장점·단점|

• 장점 - 시간 할당량에 따라 모든 프로세스들이 공평하게 처리된다.
- 시간 할당량으로 인하여 응답시간 예측이 가능하다.

• 단점 - 긴 프로세스 작업으로 인하여 대기 시간이 길어질 수 있다.

> **Note**
>
> **비선점 스케줄링**(Non-Preemptive Scheduling)
>
> 하나의 프로세스가 CPU를 차지하고 있을 때 다른 프로세스에게 CPU를 빼앗기지 않는 스케줄링 기법

3.5.4 스케줄링 알고리즘

스케줄링 알고리즘은 스케줄링 과정에서 스케줄링의 성능을 결정하는 중요한 방법이다. 스케줄링의 성능에 영향을 미치는 알고리즘을 살펴보면 다음과 같다.

✓ 스케줄링 알고리즘

• FCFS(First-In First-Out) 스케줄링

- 우선순위 스케줄링
- 기한부 스케줄링
- SJF(Shortest Job First) 스케줄링
- SRT(Shortest Remaining Time) 스케줄링
- 라운드 로빈(Round Robin) 스케줄링
- HRN(Highest Response ratio Next) 스케줄링
- 다단계 큐(Multi-Level Queue) 스케줄링
- 다단계 피드백 큐(Multi-Level Feedback Queue) 스케줄링

(1) FCFS 스케줄링

FCFS(First-In First-Out)스케줄링이란 준비 큐에 도착한 순서에 따라 프로세스를 서비스하는 기법으로써 즉 준비 큐에 가장 먼저 들어온 프로세스를 가장 먼저 서비스하는 스케줄링 기법이다. 이 기법은 가장 간단한 스케줄링 기법으로써 FIFO(First-In First-Out) 스케줄링기법이라고도 한다.

FCFS스케줄링 기법은 비선점 스케줄링으로 인하여 빠른 응답시간을 보장하지 않기 때문에 대화식 시스템에는 적합하지 않으며, FCFS의 스케줄링의 특징과 스케줄링의 예를 살펴보면 다음과 같다.

| 특징 |

- CPU선점 형태는 비선점 스케줄링이다.
- 비선점 스케줄링으로 인해 일단 하나의 프로세스가 CPU를 차지하면 끝날 때 까지 수행된다.
- 비선점 스케줄링으로 인해 대기시간이 길어진다.
- 대화식 사용자들에게 적합하지 않다.

Note

FCFS스케줄링

준비 큐에 가장 먼저 들어온 프로세스를 가장 먼저 서비스하는 스케줄링 기법

예제 3-1 FCFS 스케줄링

표3.2와 같이 CPU시간 즉 Burst 시간을 갖는 P1, P2, P3의 3개의 프로세스들이 있을 때 평균 대기시간과 평균 반환시간을 구하는 방법은 다음과 같다.

표3.2 FCFS 스케줄링

프로세스	Burst 시간(ms)	대기시간	반환시간
P1	21	0	21
P2	3	21	24
P3	6	24	30

예제 설명) 평균대기 시간과 평균반환시간을 구하기 위하여 먼저 각 프로세스들에 대한 대기시간과 반환시간을 구한다. 대기시간과 반환시간을 구하기 위하여 간트 차트(Gantt Chart)를 작성하며, 작성된 간트 차트는 다음과 같다.

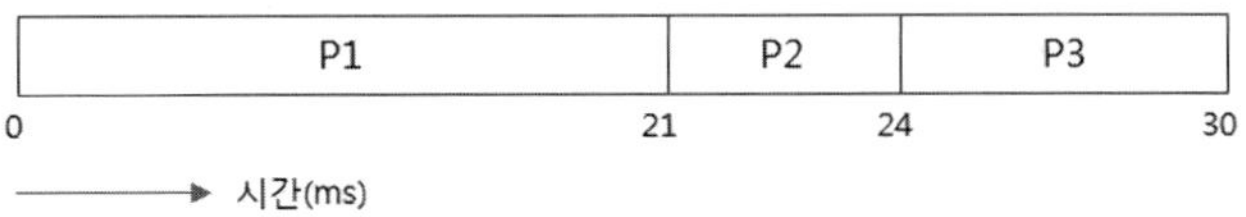

간트 차트에서 보듯이 P1은 이미 준비 큐에 들어와 있기 때문에 대기시간은 0이며, P2의 대기시간은 21, 그리고 P3의 대기시간은 24이다. 그리고 반환시간은 프로세스 작업을 제출한 후 작업을 처리하는 데까지 걸리는 시간이기 때문에 P1의 반환기시간은 21이며, P2의 반환시간은 24, 그리고 P3의 반환시간은 30이다. 따

라서 평균 대기시간과 평균 반환시간은 다음과 같다.

평균 대기시간=(0+21+24)/3=15(ms)

평균 반환시간=(21+24+30)/3=25(ms)가 된다.

---

(2) 우선순위 스케줄링

우선순위 스케줄링(Priority Scheduling)이란 각 프로세스에게 우선순위를 부여하여 우선순위가 가장 높은 순으로 프로세스 작업을 처리하는 스케줄링 기법을 말한다.

우선순위 스케줄링 기법에서 우선순위 부여는 프로세스의 특성과 종류에 따라 우선순위가 다르게 부여되지만 일반적으로 일정 우선순위를 갖고 단일 큐에 도착하는 프로세스들에게 높은 우선순위를 부여하며, 우선순위 기법에는 정적 우선순위 방법과 동적 우선순위 방법으로 구분된다.

- **정적 우선순위 방법**: 이 방법은 구현이 쉽고 오버헤드가 적은 반면에 주위 환경에 쉽게 적응하지 못하고 우선순위가 쉽게 변경되지 않는 단점이 있다.

- **동적 우선순위 방법**: 이 방법은 정적 우선순위 방법에 비해 융통성이 있으며, 상황변화에 잘 적응한다. 이 방법은 융통성으로 인하여 시스템의 응답성이 좋은 반면에 구현하기가 복잡하고 오버헤드가 많다는 단점이 있다.

우선순위 스케줄링 기법에서 우선순위에 따라 프로세스가 수행되는 과정을 살펴보면 그림3.11과 같다.

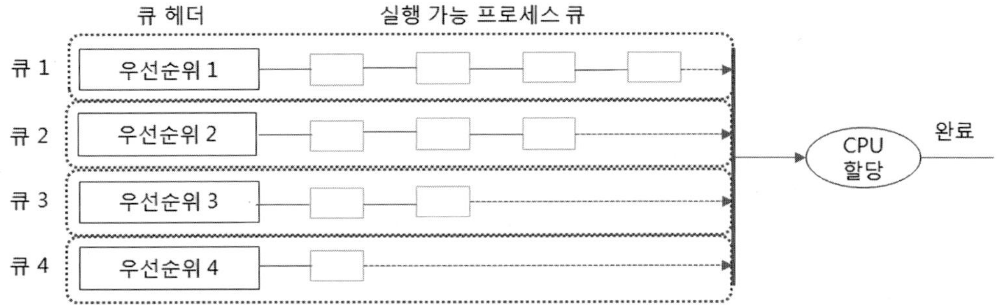

그림3.11 우선순위 스케줄링 큐 구조

그림3.11의 우선순위 스케줄링 큐 구조에서 우선순위에 따라 각 큐가 실행되는 과정을 살펴보면 다음과 같다.

- 큐1의 우선순위가 가장 높기 때문에 큐1의 프로세스들을 가장 먼저 처리한다. 이때 큐 1의 각 프로세스들은 라운드-로빈(Round-Robin)스케줄링 방식으로 작업을 수행한다.
- 큐1의 모든 프로세스들의 작업이 완료되면, 즉 큐1이 모두 비게 되면 우선순위2인 큐2가 실행된다. 큐2 역시 각 프로세스들을 라운드-로빈 스케줄링 방식으로 작업을 처리한다.
- 큐2의 모든 프로세스들의 작업이 완료되면, 즉 큐2가 모두 비게 되면 우선순위3인 큐3이 실행된다. 큐3 역시 각 프로세스들을 라운드-로빈 스케줄링 방식으로 작업을 처리한다.
- 큐3의 모든 프로세스들의 작업이 완료되면, 즉 큐3이 모두 비게 되면 우선순위가 가장 낮은 큐4가 실행되고 작업을 끝마치게 된다.

이처럼 우선순위 스케줄링은 각 프로세스에게 부여된 우선순위에 따라 작업이 처리되며, 우선순위 스케줄링의 특징과 스케줄링의 예를 살펴보면 다음과 같다.

✓ 특징

- CPU점유형태는 비선점 스케줄링이다.
- 각 프로세스에 우선순위를 부여한다.
- 프로세스들의 우선순위가 같을 때는 FCFS스케줄링 기법을 따른다.
- 우선순위문제로 기아(Starvation)상태 문제가 발생할 수 있다.

> **Note**
>
> **우선순위 스케줄링**(Priority Scheduling)
>
> 각 프로세스에게 우선순위를 부여하여 우선순위가 가장 높은 순으로 프로세스 작업을 처리하는 스케줄링 기법

예제 3-2 우선순위 스케줄

표3.3과 같이 CPU시간 즉 Burst 시간과 우선순위를 갖는 P1, P2, P3의 3개의 프로세스들이 있을 때 평균 대기시간을 구하는 방법은 다음과 같다.

표3.3 우선순위 스케줄링

프로세스	우선순위	Burst 시간(ms)	대기시간
P1	2	20	5
P2	1	5	0
P3	3	2	25

예제 설명) 평균대기 시간을 구하기 위하여 먼저 각 프로세스들에 대한 대기시간을 구한다. 대기시간을 구하기 위하여 간트 차트(Gantt Chart)를 작성하며, 작성된

간트 차트는 다음과 같다.

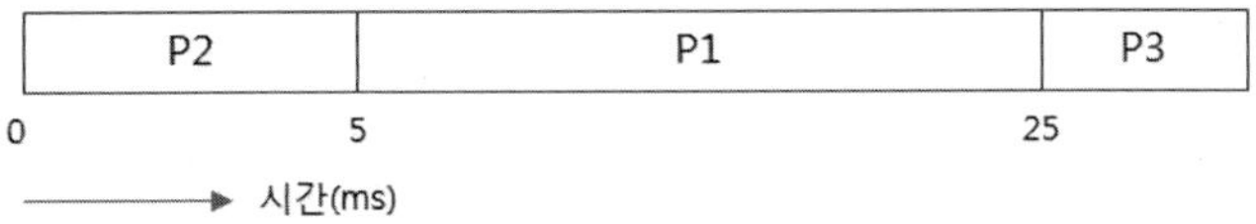

간트 차트에서 보듯이 P2는 이미 준비 큐에 들어와 있기 때문에 대기시간은 0이며, P1의 대기시간은 5, 그리고 P3의 대기시간은 25이다. 따라서 평균대기시간은 다음과 같다.

평균 대기시간=(5+0+25)/3=10(ms)가 된다.

---

(3) 기한부 스케줄링

기한부 스케줄링(Deadline scheduling)이란 프로세스 작업들이 주어진 기간 내에 완료되도록 스케줄링 하는 기법을 말한다. 이 기법에서는 프로세스 작업들이 주어진 기간 내에 작업을 끝 마쳐야 유용하며, 주어진 기간을 경과하여 작업을 완료하면 결과가 쓸모없게 된다.

기한부 스케줄링의 특징을 살펴보면 다음과 같다.

✓ 특징

- CPU 점유형태는 비선점 스케줄링이다.
- 사용자는 사전 작업에 요구되는 자원 정보를 시스템에 정확히 제시해야 한다.
- 주어진 시간 내에 작업을 끝마치기 위해서 자원상태를 정확하게 파악하고 스케줄링 해야 한다.
- 기한부 스케줄링으로 인하여 오버헤드가 발생한다.

Note

기한부 스케줄링

프로세스 작업들이 주어진 기간 내에 작업을 완료되도록 스케줄링 하는 기법케줄링 기법

(4) SJF 스케줄링

SJF(Shortest Job First) 스케줄링이란 준비 큐에 대기 중인 프로세스들 중에서 실행시간이 가장 짧은 프로세스를 가장 먼저 처리하는 스케줄링 기법을 말한다. 이 스케줄링 기법은 프로세스의 크기가 작을수록 더 좋은 서비스를 받기 때문에 오버헤드 측면에서 FCFS 스케줄링 기법보다 효율적이다.

SJF스케줄링은 CPU를 짧게 사용하는 프로세스들에게 CPU 사용의 우선권을 제공하는 스케줄링 기법으로써, 이 기법의 특징과 스케줄링의 예를 살펴보면 다음과 같다.

✓ 특징

- CPU 점유형태는 비선점 스케줄링이다.
- FCFS스케줄링 기법보다 평균 대기시간이 효율적이다.
- CPU 요구시간을 사용자에게 의존한다.
- 프로세스의 우선순위에 대한 프로토콜이 없다.
- 수행될 프로세스의 수 또는 프로세스의 크기가 어느 정도인지를 정확히 알 수 없다.
- 빠른 응답시간을 요구하는 대화식 시분할 시스템에는 비효율적이다.

Note

SJF스케줄링

준비 큐에 대기 중인 프로세스들 중에서 실행시간이 가장 짧은 프로세스를 가장 먼저 처리하는 스케줄링 기법

예제 3-3 SJF 스케줄링

표3.4와 같이 CPU시간 즉 Burst 시간을 갖는 P1, P2, P3, P4, P5의 5개의 프로세스들이 있을 때 평균 대기시간과 평균 반환시간을 구하는 방법은 다음과 같다.

표3.4 SJF 스케줄링

프로세스	Burst 시간(ms)	대기시간	반환시간
P1	6	8	14
P2	10	21	31
P3	3	0	3
P4	5	3	8
P5	7	14	21

예제 설명) 평균대기 시간과 평균반환시간을 구하기 위하여 먼저 각 프로세스들에 대한 대기시간과 반환시간을 구한다. 대기시간과 반환시간을 구하기 위하여 간트 차트(Gantt Chart)를 작성하며, 작성된 간트 차트는 다음과 같다.

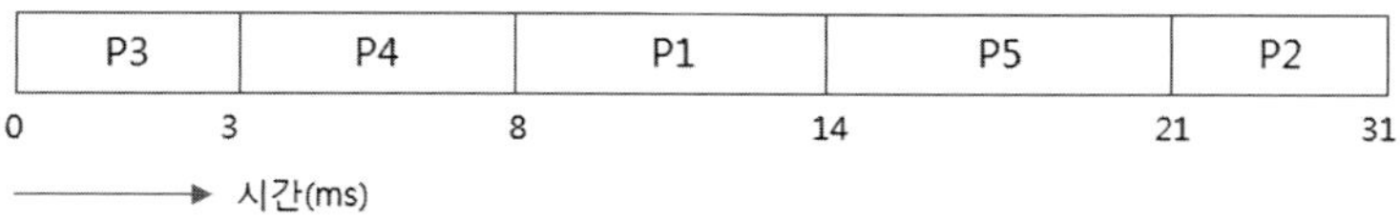

간트 차트에서 보듯이 P3는 이미 준비 큐에 들어와 있기 때문에 대기시간은 0이며, P4는 3, P1은 8, P5는 14, 그리고 P2는 21이다. 그리고 반환시간은 프로세스 작업을 제출한 후 작업을 처리하는 데까지 걸리는 시간이기 때문에 P3의 반환시간은 3이며, P4의 반환대기시간은 8, P1의 반환시간은 14, P5의 반환시간은 21, 그리고 P2의 반환시간은 31이다. 따라서 평균대기시간과 평균 반환시간은 다음과 같다.

평균 대기시간=(8+21+0+3+14)/5=9.2(ms)
평균 반환시간=(14+31+3+8+21)/5=15.4(ms)가 된다.

---

(5) SRT 스케줄링

SRT(Shortest Remaining Time) 스케줄링이란 현재 하나의 프로세스가 CPU를 차지하고 있다 하더라도 실행 중인 프로세스의 남은 나머지 시간과 준비 큐에 있는 프로세스의 CPU의 요구시간을 비교한 후 그 시간이 더 짧은 프로세스에게 CPU 사용권을 넘겨주는 스케줄링 기법을 말한다. 이 스케줄링 기법은 우선순위가 높거나 짧은 프로세스로 하여금 CPU의 사용권이 우선적으로 선점당하기 때문에 이 기법을 선점 SJF스케줄링 기법이라 하며, 또는 변형된 SJF스케줄링 기법이라 한다. 이 스케줄링 기법에서는 새로 도착한 프로세스를 포함하여 처리 시간이 가장 짧은 프로세스에게 우선권이 부여되며, 이 과정에서 실행 중인 프로세스가 선점 당하게 된다.

이론적으로는 SRT스케줄링 기법이 대기시간을 줄일 수 있는 장점을 가지지만 지나친 선점으로 인하여 문맥교환의 오버헤드가 발생하며, SRT스케줄링의 특징과 스케줄링의 예를 살펴보면 다음과 같다.

✓ 특징

- CPU 점유형태는 선점 스케줄링이다.

- SJF스케줄링 기법보다 문맥교환 오버헤드가 증가된다.
- 시분할 시스템에 유용하다.
- 작업 크기가 클 경우 SJF스케줄링 기법보다 대기시간이 길어질 수 있다.

Note

SRT스케줄링

현재 하나의 프로세스가 **CPU**를 차지하고 있다 하더라도 실행 중인 프로세스의 남은 나머지 시간과 준비 큐에 있는 프로세스의 **CPU**의 요구시간을 비교한 후 그 시간이 더 짧은 프로세스에게 **CPU**사용권을 넘겨주는 스케줄링 기법

예제 3-4 SRT 스케줄링

표3.5와 같이 도착시간과 CPU시간 즉 Burst 시간을 갖는 P1, P2, P3, P4의 4개의 프로세스들이 있을 때 평균 대기시간과 평균 반환시간을 구하는 방법은 다음과 같다.

표3.5 SRT 스케줄링

프로세스	도착시간	Burst 시간(ms)	대기시간	반환시간
P1	0	6	0	6
P2	1	8	15	24
P3	2	7	7	14
P4	3	3	3	6

예제 설명) 평균대기 시간과 평균반환시간을 구하기 위하여 먼저 각 프로세스들에 대한 대기시간과 반환시간을 구한다. 대기시간과 반환시간을 구하기 위하여 간

트 차트(Gantt Chart)를 작성하며, 작성된 간트 차트는 다음과 같다.

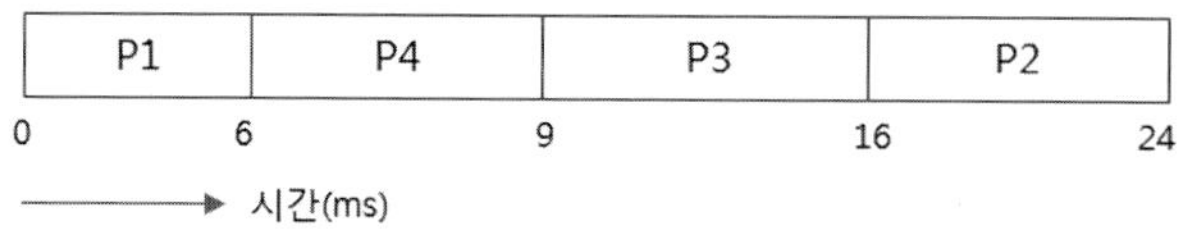

SRT스케줄링은 하나의 프로세스가 CPU를 할당받아 실행하던 중 Burst 시간이 짧은 프로세스에게 선점당하기 때문에 SJF스케줄링 기법과는 다르게 수행된다. 위의 Gantt 차트를 살펴보자. SRT 수행은 다음과 같이 진행된다.

- 프로세스 P1이 도착하여 CPU를 할당받아 실행하는 도중에 1초 후에 Burst 시간이 8ms인 프로세스 P2가 도착한다.
- P1의 남은 Burst 시간이 5ms이기 때문에 이 시간은 P2의 burst 시간보다 작으므로 P1이 계속 실행된다.
- 2ms 후에 Burst 시간이 7ms인 프로세스 P3가 도착한다. 하지만 P1의 남은 Burst 시간(4ms)이 P3의 Burst 시간보다 작기 때문에 이 역시 P1이 계속 실행된다.
- 3ms 후에 Burst 시간이 3ms인 프로세스 P4가 도착한다. 하지만 P1의 남은 Burst 시간(3ms)과 P4의 Burst 시간(3ms)이 같기 때문에 프로세스 P1이 마지막 3ms까지 실행을 완료 한 후 작업을 완료시킨다.
- 이제 큐에는 P1을 제외한 나머지 P2, P3, P4 3개의 프로세스들이 남아 있으며, 그 중에서 Burst 시간이 가장 짧은 P4를 먼저 실행하고, 이후 P3, P2순으로 실행을 수행하게 된다.

따라서 평균 대기시간과 평균 반환시간은 다음과 같다.

평균 대기시간=(0+15+7+3)/4=6.25

평균 반환시간=(6+23+14+6)/4=12.25가 된다.

(6) 라운드 로빈 스케줄링

라운드 로빈(Round Robin) 스케줄링 기법이란 준비 큐에 있는 하나의 프로세스가 CPU의 주어진 시간 할당량(Time Quantum 또는 Time Slice)을 초과하였을 때 그 프로세스의 실행을 중단하고 준비 큐의 처음부터 프로세스 실행을 다시 시작하는 스케줄링 기법을 말한다. 이 스케줄링 기법은 대화식 사용자를 위한 시분할 시스템으로서 준비 큐의 각 프로세스는 동일한 크기의 시간 할당량을 제공받아 스케줄링한다.

라운드 로빈 스케줄링에서는 시간 할당량으로 인한 문맥교환이 자주 발생하며, 하나의 프로세스가 CPU의 주어진 시간 할당량 내에서 처리되지 못하면 준비 큐의 다음 프로세스에게 실행이 넘어간다. 이 과정에서 문맥교환이 발생하며, 문맥교환이 발생되는 라운드 로빈은 그림3.12와 같이 수행된다.

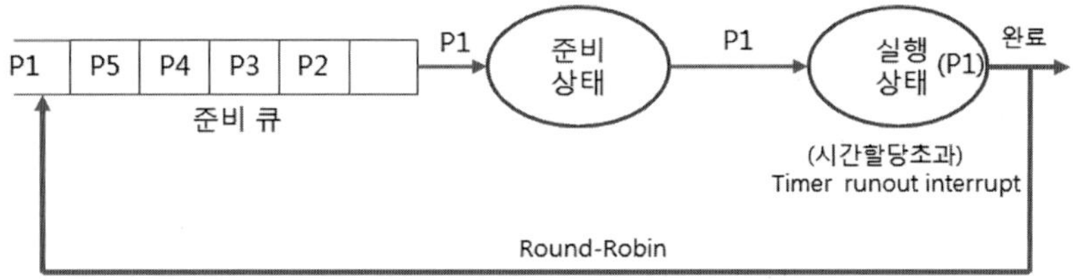

그림3.12 문맥교환이 발생하는 라운드 로빈

일반적으로 라운드 로빈 스케줄링의 시간 할당량의 크기는 보통 10에서 100ms이며, 시간 할당량의 크기는 컴퓨터 시스템의 성능에 영향을 미치게 된다. 라운드 로빈 스케줄링은 시간 할당량의 크기에 영향을 받기 때문에 극단적인 경우 시간할당량의 크기가 매우 크면 스케줄링 정책은 FCFS스케줄링과 같아지며, 이와 반대로 시간 할당량의 크기가 1마이크로처럼 매우 작으면 많은 문맥교환이 수행된다. 예를 들어 다음 그림3.13처럼 10시간의 프로세스 시간을 가진 하나의 프로세스가 있다고 가정하자. 그림3.13에서처럼 시간 할당량이 12시간이면 이 프로세스는 주어진 시간 내에 프로세스 실행을 끝마치게 될 것이다. 그러나 만일 시간 할당량이 6시간 단위라면 이 프로세스는 한 번의 문맥교환 과정을 거치게 될 것이다. 그리고 시간 할당량이 1시간 단위라면 문맥교환은 9번 발생할 것이며, 이러한 문맥교환은 시스템의 성능에 영향을 미치게 된다.

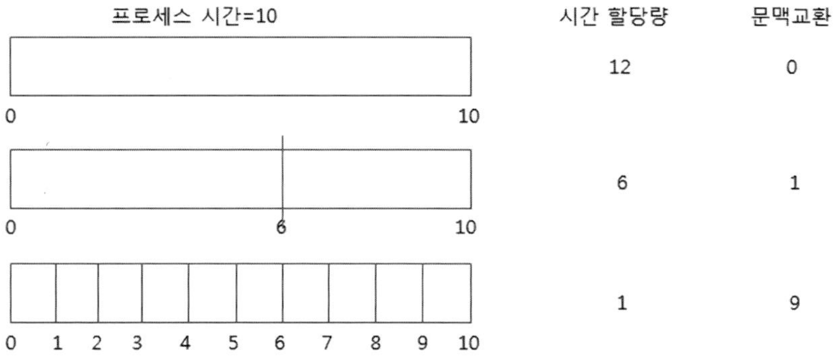

그림3.13 라운드 로빈 스케줄링에 의한 문맥교환

실제로 대부분의 현대 운영체제들은 10에서 100ms 범위의 시간 할당량을 가지고 있으며, 문맥교환을 수행하는데 걸리는 시간은 보통 10마이크로초로써 문맥교환이 시스템에 미치는 영향은 그다지 크지 않음을 알 수 있다.

이렇듯 라운드 로빈 스케줄링에서 시간 할당량에 따른 문맥교환이 시스템의 영향에 크게 영향을 미치지 못한다 하더라도 프로세스들을 스케줄링할 때 라운드 로빈 스케줄링의 기법은 중요한 의미를 갖는다. 따라서 라운드 로빈스케줄링의 특징과 스케줄링의 예를 살펴보면 다음과 같다.

✓ 특징

- CPU 점유형태는 선점 스케줄링이다.
- CPU시간 할당량이 크게 되면 FCFS스케줄링 기법과 동일해진다.
- CPU 시간 할당량으로 인하여 문맥교환이 자주 발생한다.
- 시분할 시스템에 유용하다.

Note

라운드 로빈 스케줄링 기법

준비 큐에 있는 하나의 프로세스가 CPU의 주어진 시간 할당량(Time Quantum 또는 Time Slice)을 초과하였을 때 그 프로세스 실행을 중단하고 준비 큐의 처음부터 프로세스 실행을 다시 시작하는 스케줄링 기법

예제 3-5 라운드 로빈 스케줄링

표3.6과 같이 CPU시간 즉 Burst 시간을 갖는 P1, P2, P3의 3개의 프로세스들이 있을 때 평균 대기시간과 평균 반환시간을 구하는 방법은 다음과 같다. 여기서 CPU의 시간 할당량은 10ms라 하자.

표3.6 라운드 로빈 스케줄링

프로세스	Burst 시간(ms)	대기시간	반환시간
P1	24	16	30
P2	3	10	13
P3	3	13	16

예제 설명) 평균대기 시간과 평균 반환시간을 구하기 위하여 먼저 각 프로세스들에 대한 대기시간과 반환시간을 구한다. 대기시간과 반환시간을 구하기 위한 간트 차트(Gantt Chart)는 다음과 같다.

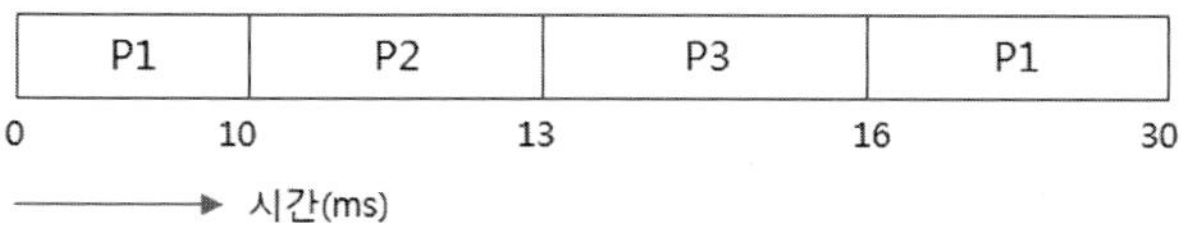

간트 차트에서 프로세스들이 라운드 로빈되는 과정을 살펴보면 다음과 같다.

- 간트 차트에서 보듯이 P1은 시간 할당량 동안 10ms 시간 내에 프로세스를 완료하지 못했기 때문에 10ms시간 동안만 프로세스를 실행하고, 프로세스 P2에게 사용권을 넘긴다.
- P2는 할당된 시간(10ms) 안에 프로세스를 완료했기 때문에 실행을 완료하고, 사용권을 프로세스 P3에게 넘긴다.
- P3 또한 할당된 시간(10ms) 안에 프로세스를 완료했기 때문에 실행을 완료하고, 사용권을 피드백된 프로세스 P1에게 넘긴다.
- 이후 남아 있는 프로세스 P1의 실행을 끝마친다.

따라서 라운드 로빈 스케줄링의 평균대기시간과 평균 반환시간은 다음과 같다.
평균 대기시간=(16+10+13)/3=10(ms)
평균 반환시간=(30+13+16)/3=19.67이 된다.

---

(7) HRN 스케줄링

HRN(Highest Response ratio Next) 스케줄링이란 CPU의 Burst 시간이 짧은 프로세스에게 우선권을 주어 대기시간이 긴 프로세스 작업과 대기시간이 짧은 프로세스 작업 간의 불평등을 개선하기 위한 스케줄링 기법을 말한다.

이 스케줄링 기법은 SJF 스케줄링의 단점을 보완하기 위한 기법으로써 프로세스들 간의 우선순위를 결정하기 위하여 다음과 같은 우선순위 식을 사용한다.

$$\text{우선순위} = \frac{\text{대기시간} + \text{Burst 시간}}{\text{Burst 시간}}$$

우선순위 식에 따라 프로세스들 간의 우선순위가 결정되며, HRN 스케줄링의 특징과 스케줄링 예를 살펴보면 다음과 같다.

✓ 특징

- CPU 점유형태는 비선점 스케줄링이다.
- 비선점 스케줄링으로 인하여 하나의 프로세스가 CPU를 차지하면 그 프로세스가 끝날 때 까지 실행된다.
- 긴 프로세스 작업과 짧은 프로세스 작업 간의 불평등을 어느 정도 완화시킨다.

> **Note**
>
> **HRN 스케줄링**
>
> CPU의 Burst 시간이 짧은 프로세스에게 우선권을 주어 대기시간이 긴 프로세스 작업과 대기시간이 짧은 프로세스 작업 간의 불평등을 개선하기 위한 스케줄링 기법

예제 3-6 HRN 스케줄링

표3.7과 같이 CPU시간 즉 Burst 시간을 갖는 P1, P2, P3, P4의 4개의 프로세스들이 있을 때 프로세스들의 우선순위 결정과 실행순서는 다음과 같다.

표3.7 HRN 스케줄링

프로세스	Burst 시간(ms)	대기시간
P1	3	12
P2	4	8
P3	8	8
P4	5	15

예제 설명) HRN 스케줄링의 우선순위는 우선순위 공식에 의해서 결정되며, 이 식에 의한 각 프로세스의 우선순위는 다음과 같다.

- P1의 우선순위: (12+3)/3=5
- P2의 우선순위: (8+4)/4=3
- P3의 우선순위: (8+8)/8=2
- P4의 우선순위: (15+5)/5=4가 된다.

따라서 프로세스 처리순서는 우선순위가 가장 높은 프로세스 P1이 가장 먼저 처리되고, 이후 P4, P2, P3순으로 프로세스들이 처리된다.

---

(8) 다단계 큐 스케줄링

다단계 큐(Multi-Level Queue) 스케줄링 기법은 준비 큐를 프로세스 작업들의 특성에 따라 여러 종류의 큐로 구분하여 스케줄링하는 기법으로써 각 준비 큐를 독자적으로 스케줄링하는 기법이다. 이 스케줄링 기법은 처리할 프로세스들을 각각의 준비 큐에 넣어 스케줄링하는 기법이기 때문에 대화형 작업 또는 일괄처리 작업 등과 같은 특성이 각각 다른 스케줄링 기법에 효율적이다.

일반적으로 다단계 큐 스케줄링 기법에서는 시스템 작업, 대화형 작업, 편집 작업, 일괄처리 작업, 그리고 학생 작업 등과 같이 작업 특성에 따라 시스템이 상위단계에서부터 하위단계까지 5단계의 큐로 구분되어 스케줄링 된다. 다단계 큐 스케줄링에서 각각의 큐에 구성된 프로세스들은 다른 작업 큐로 프로세스들이 이동할 수 없으며, 다단계 큐 스케줄링의 특징을 살펴보면 다음과 같다.

✓ 특징

- CPU 점유형태는 선점 스케줄링이다.
- 다단계 큐 스케줄링은 준비 큐를 여러 개의 작업 큐들로 분할한다.
- 각각의 작업 큐는 자신만의 독자적인 스케줄링 알고리즘을 가지고 작업을 처리한다.

- 작업 큐가 비어 있다하더라도 하나의 작업 큐에서 다른 작업 큐로 프로세스 이동을 할 수 없다.

> **Note**
>
> **다단계 큐 스케줄링 기법**
>
> 준비 큐를 프로세스 작업들의 특성에 따라 여러 종류의 큐로 구분하여 스케줄링하는 기법

(9) 다단계 피드백 큐 스케줄링

다단계 피드백 큐(Multi-Level Feedback Queue) 스케줄링 기법은 다단계 큐 스케줄링의 단점을 보완한 스케줄링 기법으로써 이 스케줄링 기법은 입출력 위주의 프로세스인가 또는 CPU 위주의 프로세스인가의 특성에 따라 CPU의 시간 할당량이 서로 다르게 부여된다. 다단계 큐 스케줄링 기법에서는 상위 준비 큐가 완전히 비어 있어야 하위 준비 큐에 있는 프로세스들이 작업을 실행할 수 있었으며, 이 경우 상위 준비 큐가 완전히 비어 있지 않으면 무한 대기현상이 발생하는 문제가 발생한다. 이러한 문제를 개선한 스케줄링 기법이 다단계 피드백 큐 스케줄링 기법이며, 다단계 피드백 큐 스케줄링 기법의 특징을 살펴보면 다음과 같다.

✓ 특징

- CPU 점유형태는 선점 스케줄링이다.
- 긴 작업보다 짧은 작업에 유리하다.
- 입출력 장치들을 효과적으로 이용하기 위하여 입출력 위주의 프로세스들에게 우선권을 부여한다.
- 프로세스가 하위단계의 큐로 이동할수록 시간 할당량이 점차 크게 설정된다.

연습문제

1. 프로세스에 대한 개념적 정의를 간단히 쓰시오.

2. 프로그램과 프로세스 간의 개념적 차이를 설명하시오.

3. 운영체제의 자원 관리관점에서 프로세스의 관리 기능은 무엇이지 설명하시오.

4. 프로세스 관리 목적은 무엇이지 설명하시오.

5. 준비 큐에 있는 비실행프로세스들이 실행상태로 전환되는 과정을 설명하시오.

6. 프로세스 상태 전이도란 무엇이며, 프로세스 상태 전이과정을 설명하시오.

7. 다음 프로세스 상태 전이도에서 각각의 전이 과정을 수행하는 (1), (2), (3), (4), (5), (6), (7), 그리고 (8)이 수행하는 기능은 무엇인지 설명하시오

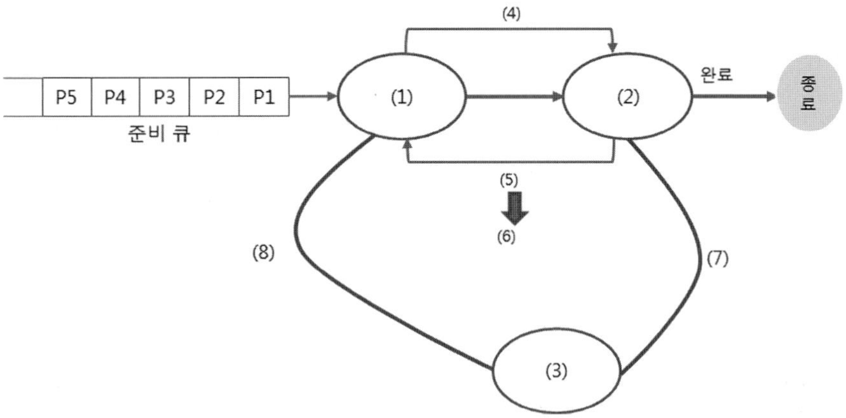

8. CPU의 시간 할당량(Time Slice 또는 Time Quantum)이란 무엇인지 설명하시오.

9. 프로세스가 실행상태에서 시간할당 초과로 인하여 라운드-로빈이 수행되는 과정을 설명하시오.

10. 프로세스 제어블록(PCB)란 무엇이지 설명하시오.

11. 스레드란 무엇이며, 왜 사용하는가?

12. 하나의 CPU에서 스레드가 실행되는 관점과 병행되는 관점에서 스레드와 프로세스 간의 차이점을 설명하시오.

13. 단일 스레드(Single Thread) 형 프로세스와 다중 스레드(Multi-Thread) 형 프로세스의 차이점을 설명하시오.

14. 스레드의 3가지 구현 모델에 대해서 설명하시오.

15. CPU의 스케줄링을 하는 목적은 무엇인가?

16. 스케줄링의 성능 기준에는 어떠한 것이 있으며, 성능 향상을 위한과 성능을 저하시키는 요인은 무엇이지 설명하시오.

17. CPU의 점유형태에 따른 선점 스케줄링(Preemptive Scheduling)과 비선점 스케줄링(Non-Preemptive Scheduling)의 차이점을 설명하시오.

18. FCFS 스케줄링, 우선순위 스케줄링, 그리고 SJF스케줄링의 차이점을 설명하시오.

19. 다단계 큐 스케줄링과 다단계 피드 백 큐 스케줄링의 차이점을 설명하시오.

20. 아래 표와 같이 CPU시간 즉 Burst 시간을 갖는 P1, P2, P3의 3개의 프로세스들이 있을 때 FCFS 스케줄링을 위한 Gantt 차트를 그리고, 대기시간, 반환시간, 평균 대기시간, 그리고 평균 반환시간을 구하시오.

FCFS 스케줄링

프로세스	Burst 시간(ms)	대기시간	반환시간
P1	21	?	?
P2	3	?	?
P3	6	?	?

21. 아래 표와 같이 CPU시간 즉 Burst 시간과 우선순위를 갖는 P1, P2, P3의 3개의 프로세스들이 있을 때 우선순위 스케줄링을 위한 Gantt 차트를 그리고 대기시간과 평균 대기시간을 구하시오.

우선순위 스케줄링

프로세스	우선순위	Burst 시간(ms)	대기시간
P1	2	20	?
P2	1	5	?
P3	3	2	?

22. 아래 표와 같이 CPU시간 즉 Burst 시간을 갖는 P1, P2, P3, P4, P5의 5개의 프로세스들이 있을 때 SJF 스케줄링을 위한 Gantt 차트를 그리고, 대기시간, 반환시간, 평균 대기시간, 그리고 평균 반환시간을 구하시오.

SJF 스케줄링

프로세스	Burst 시간(ms)	대기시간	반환시간
P1	6	?	?
P2	10	?	?
P3	3	?	?
P4	5	?	?
P5	7	?	?

23. 아래 표와 같이 도착시간과 CPU시간 즉 Burst 시간을 갖는 P1, P2, P3, P4의 4개의 프로세스들이 있을 때 SRT 스케줄링을 위한 Gantt 차트를 그리고, 대기시간, 반환시간, 평균 대기시간, 그리고 평균 반환시간을 구하시오.

SRT 스케줄링

프로세스	도착 시간	Burst 시간(ms)	대기시간	반환시간
P1	0	6	?	?
P2	1	8	?	?
P3	2	7	?	?
P4	3	3	?	?

24. 아래 표와 같이 CPU시간 즉 Burst 시간을 갖는 P1, P2, P3의 3개의 프로세스들이 있을 때 라운드-로빈 스케줄링을 위한 Gantt 차트를 그리고, 대기시간과 평균 반환시간을 구하시오. 여기서 CPU의 시간 할당량은 10ms라 한다.

라운드 로빈 스케줄링

프로세스	Burst 시간(ms)	대기시간	반환시간
P1	24	?	?
P2	3	?	?
P3	3	?	?

25. 아래 표와 같이 CPU시간 즉 Burst 시간을 갖는 P1, P2, P3, P4의 4개의 프로세스들이 있을 때 프로세스들의 우선순위 결정과 프로세스 실행순서를 정하시오.

HRN 스케줄링

프로세스	Burst 시간(ms)	대기시간
P1	3	12
P2	4	8
P3	8	8
P4	5	15

26. 프로세스 처리과정을 이해하는데 있어서 프로세스 상태 전이도(Process State Transition Diagram)는 매우 중요하다. 준비 Queue에는 P1(b_t=8ns), P2(b_t=3ns), P3(b_t=4ns), P4(b_t=5ns), P5(b_t=7ns)의 5개의 프로세스가 dispatching되기를 기다리고 있을 때 이들 프로세스들 중에서 P1, P2가 처리되는 과정을 프로세스 상태 전이도를 이용하여 기술하고(여기서 Time Quantum=5ns이고, b_t는 burst time임), 프로세스 P1이 Time Quantum을 위배했을 때 이를 해결하기 위한 방법을 Pseudo-code기반의 RR(Round Robin)알고리즘을 이용하여 해결하는 방법을 제시하시오.

Chapter 04. 프로세스 동기화

제4장 프로세스 동기화

4.1 프로세스

우리는 앞 3장의 프로세스 상태구조에서 프로세스들은 CPU자원을 할당받기 위해서 서로 경쟁하고 있음을 살펴보았다. 이 과정에서 두 개 이상의 프로세스들이 CPU를 차지하기 위해서 동시에 수행되면 충돌이 발생되거나, 때로는 무한 대기문제를 겪을 수 있다. 이러한 문제를 회피하기 위한 방법 중 하나가 프로세스 동기화이다.

동기화(Synchronization)란 상호 배제(Mutual Exclusion)의 한 형태로써 두 개 이상의 프로세스가 동시에 수행될 때 프로세스들에 대한 처리순서를 결정해 주는 과정을 말한다. 동기화를 위해서는 상호 배제 원칙을 따라야 하며, 이를 위반할 경우에는 프로세스간의 상호 경쟁으로 인하여 충돌이 발생할 수 있으며, 이로 인하여 자원을 효율적으로 사용할 수 없는 문제가 발생한다. 이러한 문제가 발생하지 않도록 프로세스 동기화가 필요하며, 이 과정에서 상호 배제 원칙이 적용된다.

상호 배제란 임계 구역(Critical Section 또는 Critical Region) 내에 접근하는 프로세스들에 대해서 한 순간에 하나의 프로세스만이 접근하도록 허용하는 것을 말하는 것으로써 즉, 어떤 프로세스가 공유 자원을 사용할 때 다른 프로세스가 이 공유자원을 사용할 수 없도록 배제시키는 방법을 말한다. 이 과정에서 프로세스들은 서로 배타적으로 프로세스들을 수행하게 되며, 서로 협력관계를 가지게 된다.

동기화는 한정된 자원을 공유하기 위하여 프로세스들이 서로 상호작용을 해야 하며, 만일 프로세스들이 동기화되지 않는다면 교착상태, 임계 구역 문제, 그리고 결과를 예측할 수 없는 여러 문제들이 발생할 수 있다.

따라서 동기화 과정에서 발생하는 문제를 최소화하고 프로세스들 간의 동기화를 보장하기 위해서는 다음과 같은 사항들을 고려해야 한다.

- 한 순간에 하나의 프로세스가 한정된 자원을 공유할 수 있도록 상호배타적으로 접근해야 한다.
- 한 자원을 공유해 실행하는 두 프로세스들 간의 동기화 문제가 고려되어야 한다.
- 메시지 전달을 위한 프로세스와 프로세스 간의 프로세스 통신방법 (Inter Process Communications)이 고려되어야 한다.
- 프로세스들 간의 교착상태가 발생되지 않도록 프로세스 스케줄링을 고려해야 한다.
- 프로그래밍 언어를 통한 병행처리(Concurrent Processing) 문제를 고려해야 한다.
- 프로세스 실행이 올바로 수행되었는지를 검증할 수 있어야 한다.

> **Note**
>
> **프로세스 동기화**(Process Synchronization)
> 상호 배제(Mutual Exclusion)의 한 형태로써 두 개 이상의 프로세스가 동시에 수행될 때 프로세스들에 대한 처리순서를 결정해 주는 과정
>
> **상호 배제**(Mutual Exclusion)
> 어떤 프로세스가 임계 구역(Critical Section)과 같은 공유자원을 사용할 때 다른 프로세스가 이 공유자원을 사용할 수 없도록 배제시키는 방법
>
> **임계 구역**(Critical Section)
> 공유변수 영역으로써 프로세스 동기화에서 두 개 이상의 프로세스가 동시에 접근해서는 안 되는 공유 자원

4.2 임계 구역

임계 구역이란 공유변수 영역으로써 프로세스 동기화에서 두 개 이상의 프로세스가 동

시에 접근해서는 안 되는 공유 자원을 말한다. 따라서 임의의 어떤 프로세스가 임계 구역에 진입하기 위해서는 지정된 시간만큼 대기를 해야 한다. 즉 어떤 프로세스가 임계 구역에 접근할 때에는 다른 프로세스가 임계 구역에 접근하지 못하도록 해야 하며, 그 프로세스가 작업을 마치고 사용 중인 임계 구역을 빠져나올 때에만 다른 프로세스가 임계 구역에 들어갈 수 있도록 허용해야 한다.

어떤 하나의 프로세스가 임계 영역에 있을 때에는 다른 프로세스는 임계 영역 내에 들어가지 못하며, 만일 임계 영역 내에 들어가고자 한다면 조건부 허락을 받아 임계 영역 내에 들어갈 수 있다. 조건부 임계 영역이란 임계 영역 내에 들어가려는 프로세스가 있을 경우 주어진 조건에 만족할 때에만 임계 영역 안으로 들어갈 수 있도록 허용하는 기법을 말한다. 일반적으로 임계 영역 내에 들어가고자 하는 프로세스가 여러 개 있을 때에는 먼저 들어간 프로세스가 임계 영역을 점유하도록 허용하며, 이때 상호 배제의 원칙에 따라 다른 프로세스는 임계 영역에 들어가지 못하도록 금지한다. 프로세스가 임계 구역에 들어 간 후에는 가능한 한 빨리 수행되어야 하며, 교착상태 등의 오버헤드 문제와 무한루프 상태가 되지 않도록 해야 한다.

프로세스가 임계 구역 내에 진입하고 탈출하는 과정을 살펴보면 그림4.1과 같다.

그림4.1 임계 영역 진입과 탈출과정

```
do {
  P1 entry section // 프로세스 P1 임계 영역 진입
    critical section; // 임계 영역
  P1 exit Section // 프로세스 P1 임계 영역 탈출
    remainder section; // 나머지 임계 영역
} while(TRUE)
```

4.3 상호 배제

상호 배제란 앞 절에서 살펴보았듯이 임계 구역(Critical Section) 내에 접근하는 프로세스들에 대해서 한 순간에 하나의 프로세스만이 접근하도록 허용하는 것을 말하는 것으로써 즉, 어떤 프로세스가 공유 자원을 사용할 때 다른 프로세스가 이 공유자원을 사용할 수 없도록 배제시키는 방법을 말한다. 상호 배제 기법은 두 개의 프로세스가 하나의 공유자원 즉 임계 영역을 동기화과정을 통해서 서로 번갈아 가면서 사용할 수 있도록 하는 개념으로서 프로세스들이 임계 영역을 동시에 사용하려고 할 때 프로세스들을 제어하기 위해 사용된다. 임계 구역과 상호 배제는 서로 연관성을 가지고 동시에 접근하려고 하는 프로세스들을 제어하게 되며, 상호 배제를 효과적으로 수행하기 위해서는 다음과 같은 4가지 조건을 고려해야 한다.

- 상호 배제 조건: 두 개 이상의 프로세스들이 동시에 임계 구역에 들어가서는 안 된다는 조건이다.
- 진행조건: 임계 구역에 진입하려는 프로세스를 다른 프로세스가 진입을 막아서는 안 된다는 조건이다.
- 한계 대기조건: 어떤 프로세스가 임계 구역에 진입하기 위해 무한정 대기해서는 안 된다는 조건이다.
- 프로세스들의 상대적인 속도에 대해서는 어떠한 가정도 하지 않는다는 조건이다.

이들 4가지 조건에 따라 상호 배제의 효율성이 좌우되며, 상호 배제를 위한 기법에는 크게 소프트웨어적 방법과 하드웨어적 방법으로 구분된다. 소프트웨어적 방법에는 두 개의 프로세스를 동기화하는 데커(Dekker)의 알고리즘과 피터슨(Peterson)의 알고리즘으로 구분되며, 그리고 N개 이상의 프로세스를 동기화 하는 램포트(Lamport)의 빵집 알고리즘으로 구분된다. 하드웨어적 방법으로는 Test And Set 방법과 Swap 명령어 처리방법 등이 있다. 이 밖에도 프로세스들의 동기화를 위한 세마포어(Semaphore) 기법과 모니터(Monitor) 기법 등이 있다.

✓ 상호 배제를 위한 소프트웨어적 방법

- 두 개의 프로세스를 동기화하는 상호 배제 기법: 데커(Dekker)의 알고리즘, 피터슨(Peterson)의 알고리즘
- N개 이상의 여러 개의 프로세스를 동기화 하는 상호 배제 기법: 램포트(Lamport)의 빵집 알고리즘

✓ 상호 배제를 위한 하드웨어적 방법

- Test And Set 방법
- Swap 명령어 처리방법

✓ 기타 프로세스 동기화 기법

- 세마포어 기법
- 모니터 기법

4.3.1 데커의 알고리즘

데커의 알고리즘은 두 개의 프로세스를 동기화하기 위한 상호 배제 기법중의 하나로써 두 개의 프로세스 P1과 P2가 공유변수를 공유하면서 상호 배제를 수행한다. 데커의 알고리즘에서는 프로세스 P1과 P2가 임계 영역에 진입하기 위해 다음과 같은 사항들을 고려하여 상호 배제를 수행한다.

- **P1**이 임계 구역에 진입할 때에는 **flag[1] = true**로 설정하고, **P2**가 임계 구역에 들어가려 하거나 이미 임계 구역에 들어와 있는지를 확인한다.
- **P2**가 임계 구역에 없고 **flag[2] = false**이면, 이때 **P1**이 임계 구역에 들어간다.
- **P1**이 임계 구역에서 빠져 나오면 **flag[1] = false**로 전환하고, **P2**에게 임계 영역을

넘겨주기 위해 P2로 전환한다.

이와 같은 과정을 수행하는 데커의 상호 배제 알고리즘을 살펴보면 다음과 같다. 여기서 임계 구역 내에 진입하는 두 개의 프로세스는 Pi와 Pj로 표현하며, 공유 변수의 초기 값은 Flag[0]=Flag[1]=False와 Turn=0 또는 1로 설정한다.

✓ 데커의 상호 배제 알고리즘

```
while (1) {
   . . .
   flag[i]:=true;
  while(flag[j]) {
    if(turn==j) {
      flag[i]:=false;
      while(turn==j);
     flag[i]:=true;
    }
  }
  critical section // 임계 영역
    . . .
  turn:=j;
  flag[i]:=false;
  remainder section // 나머지 영역
```

위의 데커의 알고리즘이 수행되는 과정을 살펴보면 다음과 같다.

- Pi가 임계 구역에 진입하려고 할 때 즉 flag[i]:=true;일 때, Pj가 임계 구역에 진입

하려고 하는지를 체크한다.

- 이때 flag[j]:=false;로 인해 Pj가 임계 구역에 없고, 진입도 시도하지 않으면 Pi가 임계 영역에 진입한다.
- turn변수가 j이면 Pj에게 우선권을 넘기고, 그렇지 않고 turn변수가 i이면 flag[j]가 false가 되기를 기다린다.
- 프로세스 Pi가 임계 영역 수행을 끝마친 후에는 flag[i]를 false로 전환하고, 프로세스 Pj에게 임계 영역을 넘겨주기 위해 turn변수를 j로 변환한다.
- 두 프로세스가 동시에 임계 영역에 진입하면서 자신의 flag를 True로 할 것인지, 아니면 false로 할 것인지를 체크한다.
- 상대방의 flag를 체크한 후 turn변수에 다라 if명령문 이하의 명령을 수행하거나 중단하게 된다. 따라서 turn변수 값이 i이면 프로세스 pi가 임계 영역에 진입하게 되고, turn변수 값이 j이면 프로세스 pj가 임계 영역에 진입하게 된다.

이와 같은 과정을 거치면서 데커의 알고리즘이 수행되며, 데커 알고리즘의 특징을 살펴보면 다음과 같다.

- 특별한 하드웨어 명령문이 사용되지 않는다.
- 임계 영역 바깥의 프로세스가 다른 프로세스들이 임계 영역에 진입하는 것을 막지 않는다.
- 임계 영역에 진입하고자 하는 프로세스들을 무한정 대기시키지 않는다.

4.3.2 피터슨의 알고리즘

피터슨의 알고리즘은 두 개의 프로세스를 동기화하기 위한 또 다른 형태의 상호 배제 기법중의 하나로써 두 개의 프로세스 P1과 P2가 공유변수를 공유하면서 상호 배제를 수행한다. 피터슨 알고리즘은 1981년 수학자 게리 피터슨에 의해 고안된 알고리즘으로서 이 알고리즘은 고전적인 알고리즘으로 현재는 거의 사용되지 않고 있다.

피터슨 알고리즘은 데커의 알고리즘과 유사하지만 데커 알고리즘과의 차이점은 다른 상대방 프로세스에게 진입기회를 양보한다는 점이다.

피터슨의 알고리즘은 turn변수와 flag[2]변수를 이용하여 임계 영역에서 누구의 차례인지를 체크하며, i번째 프로세스가 임계 영역에 들어갈 준비가 되었는지 여부를 체크한다. 따라서 이들의 변수가 수행하는 역할을 살펴보면 다음과 같다.

```
int turn; // 임계 영역에서 누구의 차례인지 체크한다.
bool flag[2]; //i번째 프로세스가 임계 영역에 들어갈 준비가 되었는지 여부를 체크한다.
```

이처럼 turn변수와 flag[2]변수를 이용하여 프로세스들 간의 상호 배제가 수행되며, 피터슨의 상호 배제가 수행되는 알고리즘을 살펴보면 다음과 같다.

✓ 피터슨의 상호 배제 알고리즘

```
while(1) {
    . . .
    flag[i]:=true;
    turn:=j;
    while(flag[j]&&turn==j);
    critical section // 임계 영역
      . . .
   flag[i]:=false;
   remainder section // 나머지 임계 영역
      . . .
}
```

위의 피터슨의 알고리즘이 수행되는 과정을 살펴보면 다음과 같다.

- 임계 영역에 들어가기 위하여 flag[i] = true로 하여 들어가도 좋은지를 물어본다.
- turn =j로 설정하고, flag[j] = false이기 때문에 만일 프로세스j가 임계 구역에 들어가지 않는다면 프로세스i가 임계 영역에 들어간다.
- 2개 프로세스가 동시에 임계 영역에 들어가려고 할 때에는 turn변수가 늦게 수행된 프로세스에게 임계 영역 기회를 양보한다.
- flag[0] = true, turn = 0이면 0번째 프로세스가 임계 영역에 들어가도록 허용한다.
- 실행을 끝마치고 임계 영역에서 빠져 나오면 flag[i] = true로 하여 다른 프로세스가 임계 영역에 들어갈 수 있도록 허용한다.

이와 같은 과정을 거치면서 피터슨의 알고리즘이 수행되며, 피터슨의 알고리즘의 특징을 살펴보면 다음과 같다.

- 두 개의 프로세스들 간의 상호 배제 원칙을 어느 정도 따르고 있다.
- 프로세스들 간의 상호 배제로 인하여 무한대기 문제가 해결된다.
- 임계 영역에 접근하는 프로세스가 없을 때 다른 프로세스의 접근이 가능하다.

4.3.3 램포트의 빵집 알고리즘

램포트(Lamport)의 빵집 알고리즘은 N개 이상의 여러 개의 프로세스를 동기화하기 위한 상호 배제 기법으로써 1974년 램포트에 의해 개발되었다. 이 알고리즘은 분산처리 시스템을 위해 제안되었으며, 사람들로 붐비는 빵집에서 번호표를 뽑아 빵을 사려고 기다리는 개념에서 출발되었다. 따라서 이 알고리즘은 준비 큐에 대기 중인 프로세스마다 우선순위를 부여하여 그 중에서 우선순위가 가장 높은 프로세스에게 우선권을 부여하여 CPU를 할당하도록 하는 기법이다. 즉 고객이 빵집에 들어갈 때 번호표를 미리 부여 받는데 번호가 가장 낮은 것이 우선순위가 가장 높으며, 반대로 번호가 높을수록 우선순위는 낮게 부여된다. 예를 들어 0, 1, 2, 3.4, 5의 순서에서 번호1이 가장 우선순위가 높으며, 번호5가 가장 우선순위가 낮다는 것을 의미한다. 그리고 번호0은 번호표를 받지 않는 것을 나타낸다. 이처럼 램포트 빵집 알고리즘은 우선순위가 높은 프로세스가 가장 먼저 서비스를 받도록 하는 알고리즘으로써 bool choosing[n]변수와 int number[n]변수를 이용하여 상호 배제 알고리즘이 수행되며, 고객의 우선순위 선정을 위한 변수 선언은 다음과 같다.

> bool choosing[n]; // 변수의 초기 값은 false이며, 번호표를 받기 전에는 true, 그리고 번호표를 받으면 false가 된다.
> int number[n]; //초기 값은 0이다.

- 가장 작은 수의 번호표를 가지고 있는 프로세스가 가장 먼저 임계 영역에 들어간다. 이때 반드시 들어온 순서대로 프로세스가 수행되는 것은 아니다.
- 프로세스 Pi가 임계 영역에 들어올 수 있는지 또는 없는지의 진입조건 판단은 모든 프로세스 j를 검사를 한 후에 수행된다. 즉 어떤 프로세스도 Pi의 번호표보다 작은 번호표를 가진 프로세스가 없다면 진입이 가능함을 의미한다.

이처럼 번호표에 따라 N개 이상의 여러 개의 프로세스들이 동기화되는 램포트의 상호 배제 알고리즘을 살펴보면 다음과 같다.

✓ 램포트의 빵집 알고리즘

```
while(1){
  . . .
   choosing[i]=true; // 번호표를 뽑기 전의 상태
   number[i]=max(number[0], number[1], … ,number[n-1]+1;
   choosing[i]=false; // 번호표를 뽑은 후의 상태
   for(j:=0;j<n;j++){
   // 모든 프로세스들에 대한 번호표를 비교한다.
```

```
        while(choosing[j]); // Pj가 번호표를 받을 때까지 기다린다.
        while(number!=j [j]&&(number[j], j<number[i], i));
    }
  // critical section // 임계 영역
     . . .
    number[i]=0;
  // remainder section // 나머지 임계 영역
```

위의 램포트의 빵집 알고리즘이 수행되는 과정을 살펴보면 다음과 같다.

- choosing[]의 초기 값은 false이다. 번호표를 뽑기 전에는 true상태이며, 번호표를 뽑은 후에는 false상태가 된다. 그리고 number[]는 0으로 초기화 된다.
- choosing변수는 번호표를 선정하는 과정을 나타내며, 번호표는 기존 프로세스가 가지고 있는 가장 큰 번호표보다 하나의 큰 값을 취하게 된다. 여기서 프로세스들은 비동기적으로 수행될 수 있기 때문에 동시에 도착한 두 개 이상의 프로세스가 같은 번호표를 받을 수도 있다. 이때에는 프로세스의 번호표를 서로 비교하여 프로세스번호가 작은 프로세스에게 보다 높은 우선권을 부여한다.
- while(choosing[j])에 의해 Pj가 번호표를 뽑고 있는 상태라면 번호표를 모두 뽑을 때까지 Pi는 대기하게 된다.
- while(number!=j [j]&&(number[j], j<number[i], i));의 명령문을 통하여 번호표를 뽑은 상태인지 아니면 번호표를 뽑지 않고 대기상태인지를 수행한다.

따라서 이 알고리즘은 상호 배제를 수행하기 위한 조건을 모두 만족하고 있다는 것을 알 수 있다.

4.3.4 Test And Set 방법

Test And Set 방법은 상호 배제를 위한 하드웨어적 기법으로써 하드웨어적 특징을 프로그래밍 작업에 반영한 기법이다. 이 기법은 단일 프로세서 시스템에서 발생하는 인터럽트로 인한 임계 영역 문제를 공유변수를 이용하여 효과적으로 해결하고 있다. Test And Set 방법에서는 lock변수를 이용하여 프로세스들에 대한 접근을 허용하며, Test And Set 방법의 알고리즘을 살펴보면 다음과 같다.

✓ Test And Set 방법의 알고리즘

```
bool TestAndSet(bool&target){
    bool t:=target;
    target:=true;
    return t;
}
while(1){
   . . .
   while(TestAndSet(lock));
   critical section // 임계 영역
   lock:=false;
   remainder section // 나머지 임계 영역
   . . .
}
```

4.3.5 세마포어 기법

세마포어(semaphore)는 동기화 문제를 해결하기 위한 기법으로써 1965년 다익스트라(Dijkstra)에 의해 고안되었다. 세마포어는 P와 V라는 두 개의 연산을 이용하여 동기화를 유지하고 상호 배제를 지원하며, 각 프로세스에 제어 신호를 전달하여 작업을 순서대로

수행한다. 세마포어는 상호 배제와 프로세스들에 대한 동기화를 효과적으로 수행하며, 프로세스들에 대한 동기화를 수행하기 위하여 하나의 대기 큐가 세마포어 S에 할당된다. 세마포어는 P와 V라는 연산과 wait와 signal 변수에 의해 연산이 수행되며, 세마포어 연산과 n개의 프로세스들의 상호 배제를 위한 세마포어 연산이 수행되는 과정을 살펴보면 다음과 같다.

✓ P와 S에 의한 세마포어 연산

- 세마포어 변수S에 대한 연산 P(S)의 수행과정

```
IF S > 0
  THEN S := S - 1
  ELSE (s를 기다림)
```

- 세마포어 변수S에 대한 V연산 V(S)의 수행과정

```
IF (하나 이상의 프로세스가 S를 대기 중)
  THEN (그 중 하나의 프로세스가 임계 영역 할당)
  ELSE S := S + 1
```

✓ 변수wait와 signal에 의한 세마포어 연산

- P(S)

```
s.wait():
 if(s.value>0)
  s.value--;
 else
  // 현재의 프로세스를 세마포어 리스트에서 대기한다.
```

• V(S)

```
s.signal():
 if(1개 이상의 프로세스가 세마포어 리스트에서 대기 중이면)
   그 중 1개의 프로세스만을 할당한다.
 else
   s.value++;
```

✓ n개의 프로세스들의 상호 배제를 위한 세마포어 연산

```
while()
  . . .
  P(Mutex); // Mutex는 공유변수이다
   critical section // 임계 영역
    . . .
  V(Mutex);
   remainder section // 나머지 임계 영역
   . . .
until false;
```

세마포어는 n개의 프로세스들에 대한 상호 배제를 위해서도 유용하게 적용되며, 세마포어의 특징을 살펴보면 다음과 같다.

- 각 프로세스에 제어 신호를 전달하여 순서대로 작업을 수행한다.
- P와 V라는 두 개의 연산을 이용하여 동기화를 유지하고 상호 배제를 수행한다.
- 이진 세마포어는 0과 1, 이진 세마포어가 아닐 경우에는 0과 양의 값을 갖는다.
- 여러 개의 프로세스가 동시에 연산 S값을 수정하지 못한다. 즉 하나의 프로세스가 연산 S값을 변경하면, 동시에 다른 프로세스가 S값을 변경할 수 없게 된다.

- S에 대한 연산은 도중에 인터럽트가 발생되어서는 안 된다.

4.3.6 모니터 기법

모니터(monitor)란 특정 공유 자원이나 한 그룹의 공유 자원을 할당하는데 필요한 데이터 및 프로시저를 포함하고 있는 병행 구조(concurrency construct)를 말하며, 이 기법은 자료 추상화(data abstraction)와 정보 은폐(information hiding)기법을 기초로 하고 있다. 모니터 기법은 세마포어, 메시지 전송방법보다 더 일반적인 동기화 개념이며, 구조적 관점에서 살펴볼 때 공유 데이터와 이 데이터를 처리하는 프로시주어의 결합으로 간주된다. 모니터 내의 공유 데이터는 모니터 내부에서만 액세스가 가능하며, 모니터 외부의 프로세스는 모니터 내부 데이터를 액세스 할 수 없다. 하나의 모니터는 프로세스들 간의 상호 배제를 수행하는 임계 영역과 함께 동기화가 수행되며, 상호 배제를 위한 모니터 기법의 특징을 살펴보면 다음과 같다.

- 모니터 기법은 특정 공유자원을 프로세스에게 할당하는 데 필요한 데이터와 데이터를 처리하는 프로시저로 구성된다.
- 모니터는 모니터 내부의 프로시저와 데이터의 정보를 은폐시켜 다른 외부 프로시저가 접근하거나 변경하지 못하도록 제어한다.
- 모니터는 자료 추상화와 정보 은폐 개념을 기초로 하며, 공유자원을 할당하기 위해 병행 구조를 갖는다.
- 모니터 내 공유자원을 사용하기 위해서는 프로세스는 반드시 모니터 진입부를 호출해야 하며, 이를 통하여 한 순간에 하나의 프로세스만의 진입이 허용된다.

4.4. 프로세스 간 통신

프로세스 간 통신(IPC : interprocess communication)이란 분산 운영체제에서 서로 다른 컴퓨터에서 실행되는 프로세스 간에 자원을 공유할 수 있도록 동기화 하는 기법을 말한다.

프로세스 간 통신을 위한 기법으로는 공유 기억장치 기법, 메시지 전송 기법, 그리고 명명 기법 등으로 구분되며, 각각을 살펴보면 다음과 같다.

4.4.1 공유 기억 장치(shared memory) 기법

공유 기억장치 기법은 통신을 수행하는 프로세스들이 하나의 변수를 공유하여 통신을 수행하는 기법으로써 이 기법에서 운영체제는 단지 공유 기억장소만을 제공할 뿐 통신의 책임은 응용 프로그래머에게 지도록 하는 기법이다.

4.4.2 메시지 전송 기법

메시지 전송 기법은 프로세스들이 공유 변수에 의존하지 않고 서로 통신을 수행하도록 하는 기법으로써 프로세스들이 메시지를 교환하고, 전송하게 된다.

이 기법에서 통신을 수행하는 책임은 운영체제에게 있으며, 일반적으로 메시지 전송은 send(message)와 receive(message) 함수를 이용하여 수행된다.

4.4.3 명명(naming) 기법

명명기법이란 이름을 가지고서 서로 통신하기를 원하는 프로세스들끼리 통신을 수행하는 기법으로써 명명기법을 이용한 통신기법으로는 직접 통신 기법과 간접 통신 기법이 있다.

(1) 직접 통신 기법

직접 통신 기법은 메시지를 주거나 받기를 원하는 각각의 프로세스들에게 수신자 또는 송신자의 이름을 부여하여 통신을 수행하는 기법으로써 일반적으로 통신을 수행하는 기본 연산과 특징을 살펴보면 다음과 같다.

✓ 직접 메시지 통신을 수행하는 기본연산

- send (P, message) : 프로세스 P로 메시지를 전송한다.
- receive(Q, message) : 프로세스 Q에서 메시지를 수신한다.

✓ 특징

- 통신을 수행하는 모든 프로세스의 쌍 사이에는 링크가 자동으로 설정되며, 프로세스는 단지 통신하는 상대 프로세스의 고유 이름만을 알면 된다.
- 프로세스와 프로세스 간에는 링크가 존재한다.
- 링크는 양방향이다.
- 직접통신은 대칭적이고 일대일 통신이다.
- 직접통신은 안전성과 높은 신뢰성을 제공한다.

(2) 간접 통신 기법

간접 통신 기법이란 우편함을 통하여 메시지를 주고받고 하는 통신 기법으로써 각각의 우편함은 메시지를 구별할 수 있는 유일한 이름을 갖는다. 이 기법은 공유 우편함을 가지고 통신을 수행하며, 간접통신을 수행하는 기본연산과 특징을 살펴보면 다음과 같다.

✓ 간접 메시지 통신을 수행하는 기본연산

- send(A, message) : 우편함 A로 메시지를 보낸다.
- receive(A, message) : 우편함 A에서 메시지를 받는다.

✓ 특징

- 간접통신 기법에서 프로세스와 프로세스 간의 링크는 공유 우편함이 있을 때만 설정된다.
- 간접통신 기법에서 링크는 단방향이거나 양방향일 수 있다.

Note

프로세스 간 통신(IPC : interprocess communication)

분산 운영체제에서 서로 다른 컴퓨터에서 실행되는 프로세스 간에 자원을 공유할 수 있도록 동기화 하는 기법

연습문제

1. 프로세스 동기화란 무엇이며, 동기화의 목적은 무엇인가?

2. 임계 구역이란 무엇이며, 사용하는 이유는 무엇인가?

3. 프로세스들 간의 동기화를 보장하기 위해서 고려해야 할 사항은 무엇인가?

4. 임계 구역과 상호 배제의 관계를 설명하시오.

5. 임계 구역 내에서 프로세스를 처리하기 위한 프로세스의 진입과정과 탈출 과정을 설명하시오.

6. 상호 배제를 효과적으로 수행하기 위한 4가지 조건을 설명하시오.

7. 상호 배제를 위한 소프트웨어적 방법을 설명하시오.

8. 상호 배제를 위한 하드웨어적 방법을 설명하시오.

9. 상호 배제를 위한 데커의 알고리즘과 피터슨의 알고리즘의 차이점은 무엇인지 설명하시오.

10. N개의 프로세스를 동기화하는 램포트의 빵집 알고리즘에 대해서 설명하시오.

11. Test And Set 알고리즘의 특징은 무엇인지 설명하시오.

12. 세마포어 기법에서 변수wait와 signal을 이용한 세마포어 연산과정을 설명하시오.

13. 프로세스 간 통신이란 무엇이며, 프로세스 간 통신 기법의 종류를 간단히 설명하시오.

14. 프로세스 간 통신에서 직접통신과 간접통신을 수행하는 메시지 전송방법의 차이점을 설명하시오.

Chapter 05. 교착상태

제5장 교착상태

5.1 기본개념

운영체제 환경에서 시스템의 성능을 좌우하는 중요한 요소 중의 하나는 교착상태(Deadlock)이다. 교착상태는 해결해야 할 일과 처리해야 할 일들은 많은데 일이 풀리지 않고 꽉 막힌 상태라 할 수 있다. 우리가 살아가고 있는 생활 속에서도 이런 저런 이유로 일이 풀리지 않고 답답한 상태의 생활 속의 교착상태를 경험하곤 한다. 이러한 생활 속의 교착상태는 때로는 우리의 건강을 해칠 뿐만 아니라 스트레스와 질병을 유발시키는 원인을 제공하기도 한다. 아마도 학생 여러분들은 학교생활 속에서 MT의 추억을 한번쯤은 가지고 있을 것이다. 여러 분이 MT에서 친구들과 또는 선후배들과 즐거운 시간을 보내고, 다음 날 화장실을 간다고 할 때 공동 화장실이 한 개라면 어떨까? 많은 학생들은 화장실을 이용하기 위하여 그림5.1과 같이 서로 경쟁하거나 최악의 경우에 무한대기 문제를 경험할 수 있을 것이다.

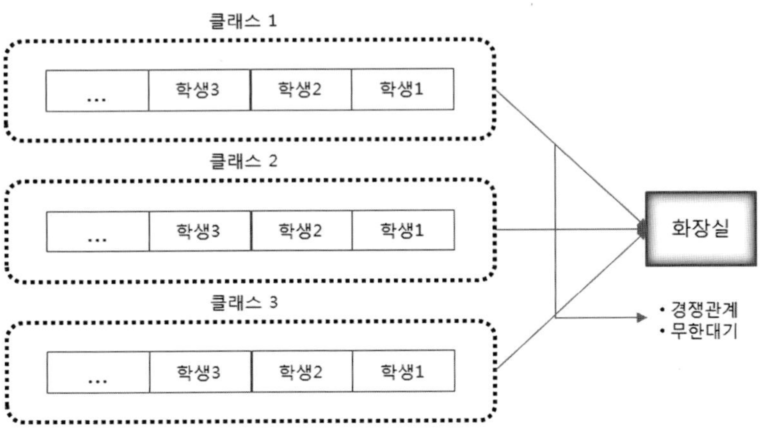

그림5.1 생활 속의 교착상태

그렇다면 이러한 문제를 해결하기 위해서는 어떻게 하면 좋을까? 아마도 이러한 문제를 해결하기 위한 방법 중의 하나로써 들어온 순서대로 아니면 급한 순서대로 학생들을 재배치하면 문제가 조금은 해결될 것으로 생각된다. 이와 같은 기능이 앞에서 우리가 살펴보았던 프로세스 스케줄링기능이다. 그림5.1에서는 한명의 학생이 하나의 프로세스라 할 수 있으며, 그리고 화장실이 하나의 자원이라 할 수 있다.

마찬가지로 컴퓨터 시스템 환경에서도 수많은 프로세스들로 인하여 보이지 않는 여러 문제들이 발생되고 있으며, 그 중의 하나가 프로세스와 자원과의 관계에서 발생된다. 즉 컴퓨터의 자원은 한정되어 있는데 이 자원을 사용하려고 하는 프로세스들이 많을 때, 프로세스들 간에는 자원을 서로 차지하려고 경쟁을 하거나 무한대기를 해야 하는 문제가 발생한다. 프로세스들 간의 이러한 경쟁과 무한대기는 시스템의 성능을 떨어뜨리는 원인을 제공하기 때문에 이러한 문제가 발생되지 않도록 프로세스들을 스케줄링하고 자원을 관리하는 기능이 무엇보다 중요하다.

교착상태는 다중 프로그래밍 시스템 환경에서 시스템의 성능에 중요한 역할을 하며, 운영체제에서 교착상태란 다중 프로그래밍 시스템 환경에서 하나 또는 그 이상의 프로세스가 수행할 수 없는 어떤 특정 사건(event)을 무한정 기다리는 상태를 말한다. 즉 둘 이상의 서로 다른 프로세스가 요청한 자원을 할당받아 점유하고 있으면서 다른 프로세스가 점유하고 있는 자원을 요청하는 상태를 말한다. 예를 들어 그림5.2와 같은 프로세스와 자원과의 관계에서 교착상태가 발생되는 예를 살펴보자.

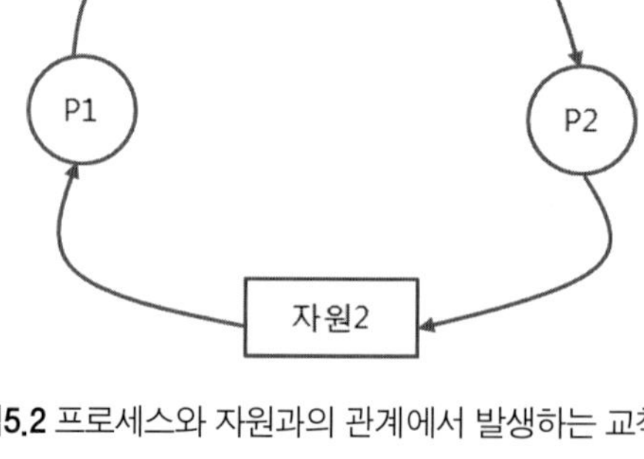

그림5.2 프로세스와 자원과의 관계에서 발생하는 교착상태

그림5.2에서 보듯이 프로세스 P1이 자원1을 요청하고, 자원1은 이미 프로세스 P2에게 할당되었다. 그리고 프로세스 P2는 자원2를 요청하고, 마찬가지로 자원2는 이미 프로세스 P1에게 할당되었다. 이 과정에서 프로세스 P1, P2는 할당받지 못할 자원을 무한정 기다리게 되며, 이와 같은 과정이 프로세스와 자원과의 관계에서 발생하는 교착상태이다. 이처럼 프로세스가 자원을 할당받지 못하고 무한정 기다리는 상태를 교착상태라 한다.

그림5.2에서 프로세스와 자원과의 관계를 나타내는 그래프를 자원할당 그래프라 하며, 자원할당 그래프는 교착상태가 발생되었는지 아닌지를 간단히 알아보기기 위한 방법 중의 하나이다.

일반적으로 자원할당 그래프에서 프로세스는 원으로 표시되며, 그리고 자원은 사각형으로 표시된다. 그림5.2에서 보듯이 자원할당 그래프에서 프로세스와 자원과의 관계는 프로세스 P1, P2가 자원1, 자원2를 요청하고 점유하고 있는 상태로써 이 과정에서 사이클(Cycle) 또는 원형대기(Circular Wait)현상이 발생한다. 이처럼 사이클 또는 원형대기 현상이 발생하면 교착상태가 발생하게 된다. 따라서 교착상태를 방지하기 위해서는 설계단계에서부터 교착상태를 고려해야 하며, 이러한 사항을 무시할 경우 교착상태 복구에 따른 비용문제가 발생하게 된다.

Note

교착상태(Deadlock)

다중 프로그래밍 환경에서 하나 또는 그 이상의 프로세스가 수행할 수 없는 어떤 특정 사건(event)을 무한정 기다리는 상태

5.2 교착상태 유형과 발생조건

5.2.1 교착상태 유형과 문제점

앞에서 살펴본바와 같이 교착상태는 다중 프로그래밍 시스템 환경에서 여러 프로세스들

이 한정된 자원을 서로 차지하려고 경쟁할 때, 그리고 한 프로세스가 자원을 요청했을 때 그 자원을 무한정 기다릴 때 주로 발생되며, 교착상태의 유형을 살펴보면 다음과 같다.

- 교차로에서의 차량 통행 문제
- 국회에서의 정쟁에 의한 교착상태 문제
- 외길에서의 차 양보 문제

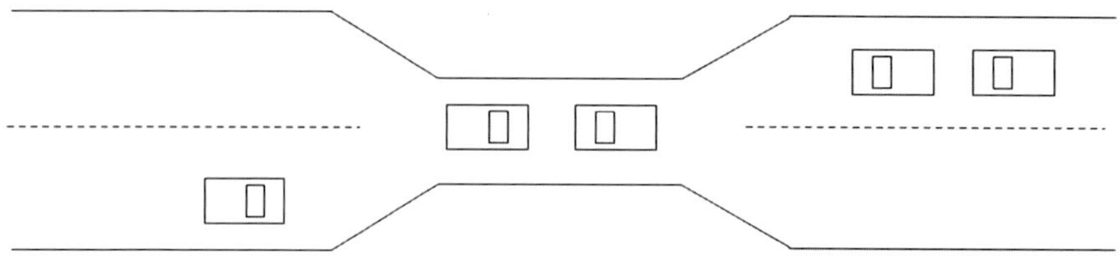

그림5.3 외길에서의 교착상태

교착상태가 발생하면 시스템의 성능이 떨어지기 때문에 설계단계에서부터 교착상태를 고려하여 프로그래밍을 해야 하며, 교착상태가 발생할 때의 문제점과 특징을 살펴보면 다음과 같다.

✓ 문제점

- 시스템 성능 저하
- CPU 자원 이용률 저하
- 기아상태 발생

✓ 특징

- 시스템 내에서 자원을 사용하기 위해 서로 경쟁하거나 상호 간에 통신을 수행하는 프로세스들이 서로 충돌을 야기함으로써 시스템이 불능상태가 될 수 있다.
- 자원을 사용하기 위해 경쟁하고 있는 하나 또는 둘 이상의 프로세스들이 영원히 해

결 불가능한 특정 사건을 무한정 기다리는 상태가 발생할 수 있다.

5.2.2 교착상태의 발생조건

교착상태는 교착상태가 발생하기 위한 4가지 조건을 모두 충족할 때 발생하며, 이들 조건 중 어느 하나만 충족되지 않더라도 교착상태는 발생하지 않는다. 따라서 교착상태가 발생되기 위한 4가지 조건을 살펴보면 다음과 같다.

- 상호 배제 조건
- 점유와 대기조건
- 비선점 조건
- 원형 또는 환형대기 조건

(1) 상호 배제 조건

상호 배제(Mutual Exclusion) 조건이란 상호 배제로 인한 교착상태가 발생되지 않도록 하기 위한 조건이다. 상호 배제는 어떤 프로세스가 임계 구역과 같은 공유자원을 사용할 때 다른 프로세스가 이 공유자원을 사용할 수 없도록 배제시키는 방법으로써 프로세스와 자원과의 관계에서 적어도 하나의 자원은 다른 프로세스에게 점유될 수 있도록 자원을 비 공유 상태를 유지해야 한다. 임계 영역 내에서 이러한 조건이 위배되면 무한대기 문제가 발생하며, 상호 배제 조건이란 상호 배제로 인한 무한대기 문제가 발생하지 않도록 하는 조건이다.

(2) 점유와 대기조건

점유와 대기(Hold & Wait) 조건은 프로세스와 자원과의 관계에서 다음 그림5.4와 같은 자원할당 요청, 점유, 그리고 해제의 관계가 순환적으로 유지되도록 하는 조건이다. 이러한 순환 구조가 깨지면 무한대기로 인한 교착상태가 발생한다.

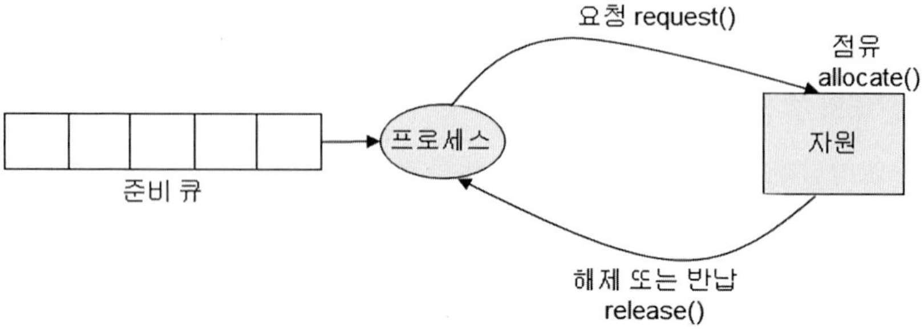

그림5.4 프로세스와 자원의 선순환 구조

따라서 점유와 대기조건은 이러한 무한대기로 인한 교착상태가 발생되지 않도록 하기 위한 조건이다.

(3) 비선점(Non-preemptive) 조건

비선점 조건이란 하나의 프로세스가 비선점으로 인한 교착상태가 발생되지 않도록 하기 위한 조건이다. 하나의 프로세스가 그 작업을 끝날 때까지 해당 자원을 해제하지 않고 끝까지 점유하고 있으면 교착상태가 발생하게 된다. 따라서 비선점 조건이란 이러한 교착상태가 발생되지 않도록 하기 위한 조건이다.

(4) 원형 또는 환형대기(Circular Wait) 조건

원형 또는 환형대기 조건이란 원형 사이클로 인한 교착상태가 발생되지 않도록 하기 위한 조건이다. 원형 사이클이란 그림5.2와 같이 프로세스와 자원들의 관계가 사이클을 이루고 있는 관계를 말하며, 이러한 사이클 관계가 발생되면 교착상태가 발생하게 된다. 따라서 원형 또는 환형대기 조건은 이러한 사이클이 발생하지 않도록 하는 조건이다.

위의 교착상태 발생 4가지 조건 중에서 상호 배제 조건, 점유와 대기조건, 그리고 비선점 조건은 교착상태가 발생할 때 나타나는 필요조건이며, 이 3가지 조건만으로는 교착상태가 발생하지 않는다. 그러나 원형 또는 환영대기 조건은 위의 3가지 조건을 모두 가

지고 있기 때문에 원형 또는 환영대기 조건은 교착상태가 발생하는 필요충분조건을 갖추고 있다.

5.2.3 교착상태의 예방 조건

교착상태 예방(Deadlock Prevention)이란 교착상태가 발생하지 않도록 교착상태 발생 조건을 사전에 제거하는 것을 말한다. 교착상태 예방은 자원의 비효율적인 사용의 결과를 낳을 수 있기 때문에 교착상태를 효율적으로 예방하기가 어렵지만 그래도 현재까지 널리 이용되고 있는 방법 중의 하나이다. 교착상태 예방은 위의 교착상태 발생 조건 4가지를 제거하여 예방하게 되며, 다음과 같다.

✓ 교착상태 조건 제거

- 상호 배제 조건 제거
- 점유와 대기조건 제거
- 비선점 조건 제거
- 원형 또는 환형대기 조건 제거

5.3 교착상태 회피

교착상태 회피(Deadlock Avoidance)란 교착상태의 가능성을 미리 제거하는 것이 아니라 상호 배제, 점유와 대기, 그리고 비선점과 같은 교착상태 요인을 인정하면서 이들에 따른 교착상태가 발생하려고 할 때 이를 적절히 피해가는 방법을 말한다. 이 기법은 시스템의 상태를 항시 감시하고 있다가 만일 시스템의 상태가 교착상태로 발전할 가능성이 있으면 이를 적절히 피해가는 방법으로써 이 기법은 교착상태를 발생시키지 않으면서 시스템 내의 모든 프로세스들을 정상적으로 종료시킬 수 있다는 장점을 가진다.

교착상태를 회피하기 위해서는 무엇보다 시스템 상태를 정확히 파악하고 있어야 하며, 교착상태 회피를 위한 조건을 살펴보면 다음과 같다.

- 프로세스의 수가 고정되어 있어야 한다.
- 자원타입 및 단위 자원의 수가 고정되어 있어야 한다.
- 각 프로세스가 시스템에 요구하는 자원의 최대 요구량이 주어져야 한다.
- 프로세스는 할당받은 자원을 사용한 후에는 반드시 반납해야 한다.

이러한 조건들이 만족될 때 교착상태 회피 알고리즘은 효율적으로 수행되며, 교착상태 탐지를 위한 기법으로는 일반적으로 은행가 알고리즘이 사용된다.

은행가 알고리즘은 다익스트라(Dijkstra)가 제안한 알고리즘과 허버만(Habermann)이 제안한 알고리즘의 두 가지 형태가 일반적이며, 다익스트라(Dijkstra)가 제안한 알고리즘은 주로 단위 자원이 1개일 때, 그리고 허버만(Habermann)이 제안한 알고리즘은 단위 자원이 여러 개일 때 사용된다. 은행가 알고리즘은 은행의 대출업무에서 아이디어를 얻어 알고리즘이 제안되었으며, 교착상태 회피과정은 다음과 같이 안전 상태(Safe State)와 불안전 상태(Unsafe State)로 구분된다.

- 안전 상태
- 불안전 상태

> **Note**
>
> **교착상태 회피**(Deadlock Avoidance)
>
> 교착상태의 가능성을 미리 제거하는 것이 아니라 상호 배제, 점유와 대기, 그리고 비선점과 같은 교착상태 요인을 인정하면서 이들에 따른 교착상태가 발생하려고 할 때 이를 적절히 피해가는 방법

5.3.1 안전 상태와 불안전 상태

안전 상태란 시스템 자원을 할당받은 프로세스들이 주어진 시간 내에 정상적으로 종료될 수 있는 상태를 말하며, 불안전 상태란 주어진 시간 내에 프로세스들이 정상적으로 종료되지 못하고 교착상태가 발생할 수 있는 상태를 말한다. 그러나 불안전 상태라고 해서 모두 교착상태가 발생하는 것은 아니며, 그림5.5.와 같이 때로는 불안전 상태가 안전 상태, 그리고 안전 상태가 불안전 상태로 전이될 수도 있다.

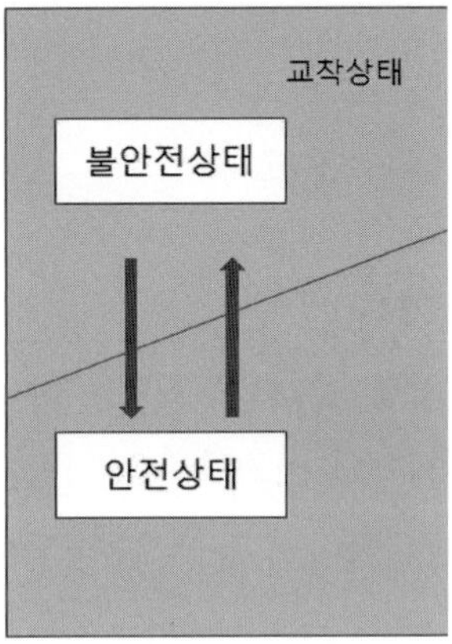

그림5.5 안전 상태와 불안전 상태

안전 상태와 불안전 상태는 프로세스들의 순서 $<P_1, P_2, \ldots, P_n>$와 자원들 $<R_1, R_2, \ldots, R_n>$의 관계로 정의되며, 임의의 프로세스 P_i가 요청하는 자원들을 사용할 수 있느냐 없느냐에 따라 안전 상태와 불안전 상태가 결정된다. 예를 들어 임의의 프로세스 P_i가 필요로 하는 자원을 사용할 수 없을 때 프로세스 P_i는 다른 모든 프로세스 P_j가 끝날 때까지 기다린다. 다른 모든 프로세스 P_j가 정상적으로 작업을 완료하고, 자원을 반납하게 되면 프로세스 P_i는 반납한 자원을 할당받아 사용할 수 있다. 이 과정이 정상적으로 수행되면 안전상태가 되며, 그렇지 않을 경우에는 불안전 상태가 된다. 그림5.5.는 이러한 안전 상태와 불안전 상태를 보여주고 있다.

Note

안전 상태(Safe State)

시스템 자원을 할당받은 프로세스들이 주어진 시간 내에 정상적으로 종료될 수 있는 상태

불안전 상태(Unsafe State)

주어진 시간 내에 프로세스들이 정상적으로 종료되지 못하고 교착상태가 발생할 수 있는 상태

5.3.2 안전 상태와 불안전 상태의 예

안전 상태와 불안전 상태는 프로세스들의 순서$<P_1, P_2, \ldots, P_n>$와 자원들 $<R_1, R_2, \ldots, R_n>$의 관계로 정의됨을 앞에서 우리는 살펴보았다. 운영체제는 사용자 프로세스 P개를 테이프 구동기와 같은 일정 수의 자원 R개를 공유하도록 허용한다. 따라서 운영체제는 자원 최대 요구량의 R개를 초과하지 않으면 사용자 프로세스가 요구하는 자원을 할당해 준다. a는 자원을 할당할 수 있는 잔여량이라 하자. 이때 잔여량 a는 자원 R에서 각 사용자 프로세스의 총 할당량을 뺀 값이 된다. 그리고 $l(i)$는 사용자 프로세스가 할당받은 자원 할당량이라 하고, $m(i)$는 사용자 i가 요구하는 최대 요구량이라 하자. 예를 들어 사용자2가 4개의 자원을 할당 받았다면 자원할당량은 $l(2)=4$가 되며, 사용자2가 최대 8개의 자원을 요구한다면 최대 요구량 $m(i)$는 $m(2)=8$이 된다. 또한 $c(i)$는 사용자 i가 자원을 추가로 요구하는 추가요구량이며, 추가 요구량 $c(i)$는 $c(i)=m(i)-l(i)$가 된다. 예를 들어 12개의 자원을 가지고 있는 시스템에서 사용자2가 최대 8개의 자원을 요구했는데 이 중에서 4개의 자원을 할당 받았다면 사용자2가 요구한 추가요구량은 $c(2)=m(2)-l(2)=8-4=4$가 된다. 따라서 잔여량 a는 $a=R$-총 할당량이 되며, 잔여량 $a=12-4=8$이 된다.

Note

- a는 자원을 할당할 수 있는 잔여량
- $l(i)$는 사용자 프로세스가 할당받은 자원 할당량
- $m(i)$는 사용자 i가 요구하는 최대 요구량
- $c(i)$는 사용자 i가 자원을 추가로 요구하는 추가요구량
- 추가 요구량 $c(i)$는 $c(i)=m(i)-l(i)$이다.
- 잔여량 a는 $a=R-$총 할당량이다.

따라서 프로세스들의 순서$<P_1, P_2, \ldots, P_n>$와 자원들 $<R_1, R_2, \ldots, R_n>$의 관계에서 안전 상태를 만족하기 위한 조건을 정리하면 다음과 같다.

✓ 안전 상태

요구량>필요량 → 오류: 잔여량 = 잔여량 - 요구량

요구량>잔여량 → 대기: 할당량 = 할당량 + 요구량

요구량≤잔여량 → 할당: 필요량 = 필요량 - 요구량

예제 5-1

3개의 프로세스가 있고 총 테이프 구동기 자원이 12개가 있다고 가정하자. 아래 표5.1과 같이 현재 각 프로세스에 할당된 총 할당량은 10개이고, 잔여량이 2개일 때 시스템이 안전 상태인지 불안전 상태인지 보이시오.

표5.1 시스템 상태

프로세스	현재 할당량	최대 요구량	추가 요구량
P1	2	5	3

P2	4	6	2
P3	4	8	4

예제 설명) 표5.1에서 보듯이 프로세스P2의 추가 요구량이2개이므로 잔여량 2개를 프로세스P2에게 먼저 할당하고 최대 요구량6을 만족한다. 이후 프로세스P2로부터 회수한 자원을 프로세스 P1, 프로세스 P3에게 할당하여 작업을 정상적으로 완료한다. 따라서 이 시스템의 상태는 안전 상태가 됨을 알 수 있다.

예제 5-2

3개의 프로세스가 있고 총 테이프 구동기 자원이 12개가 있다고 가정하자. 아래 표5.2와 같이 현재 각 프로세스에 할당된 총 할당량은 11개이고, 잔여량이 1개일 때 시스템이 안전 상태인지 불안전 상태인지 보이시오.

표5.2 시스템 상태

프로세스	현재 할당량	최대 요구량	추가 요구량
P1	6	9	3
P2	3	5	3
P3	2	4	4

예제 설명) 표5.2에서 보듯이 잔여량이 1개로써 프로세스 P1, P2, P3가 요구하는 추가요구량을 만족하지 못한다. 따라서 이 시스템의 상태는 불안전 상태가 됨을 알 수 있다.

5.3.3 은행가 알고리즘

은행가 알고리즘은 교착상태 회피를 위한 기법으로써 은행에서 모든 고객이 만족하도록 현금을 할당하는 과정과 유사한 기법이다. 은행가 알고리즘에서는 각 프로세스가 얼마큼의 자원을 요청하는지, 각 프로세스는 현재 얼마큼의 자원을 보유하고 있는지, 그리고 얼마큼의 자원을 사용할 수 있는지에 대한 정보가 요구된다. 이러한 요구를 수용하는 자료구조를 은행가 알고리즘의 자료구조라 하며, 은행가 알고리즘의 자료구조는 자원 할당 시스템의 상태를 표시한다. 은행가 알고리즘의 자료구조에서 시스템 프로세스의 수를 n이라 하고, 자원의 수를 m이라 할 때, 자료구조는 다음과 같이 구성된다.

✓ 은행가 알고리즘의 자료구조

- *Available*: *Available*은 각 자원의 형태별로 사용 가능한 자원의 수(사용 가능량)를 표시하는 길이가 m인 벡터이다. $Available[i]=k$이면, 자원 형태 R_j의 자원이 k개 남아 있다는 것을 의미한다. (잔여량)
- *Max* : *Max*는 각 프로세스의 최대 자원의 요구를 표시하는 $n \times m$행렬이다. $Max[i, j]= k$이면, 프로세스 P_i는 자원 형태가 R_j 인 자원을 최대 k개까지 요구할 수 있음을 의미한다. (최대 요구량)
- *Allocation* : *Allocation*은 현재 각 프로세스에게 할당되어 있는 자원의 수를 표시하는 $n \times m$행렬이다. $Available[i, j]= k$이면, 프로세스 P_i가 현재 R_j라는 자원 형태를 k개 할당받고 있음을 의미한다. (할당량)
- *Need*: *Need*는 각 프로세스에 남아 있는 자원 요청을 표시하는 $n \times m$행렬이다. $Need[i, j]= k$이면, 프로세스 P_i가 자신의 작업을 종료하기 위하여 자원 형태 R_j를 k개만큼 추가로 더 필요함을 의미한다. (추가 요구량, 필요량)

그러나 이러한 은행가 알고리즘의 자료구조는 시간이 흐르면서 그 크기와 값들이 변할 수 있으며, 예를 들어, X와 Y는 길이가 n인 벡터이고, $X[i] \leq Y[i]$일 때 $X \leq Y$라 하자. 여기서 $i=1, 2,\ldots,n$이다. 만일 $X=(1, 7, 3, 2)$이고, $Y=(0, 3, 2, 1)$이라면 $Y \leq X$가 되며,

만일 $Y \leq X$이면서 $Y \neq X$이라면, $Y < X$가 되어 구조가 변하게 됨을 알 수 있다.

이처럼 은행가 알고리즘은 은행가 알고리즘의 자료구조를 변경시키면서 알고리즘을 수행하며, 프로세스 P_i가 요청하는 자원 요청 벡터가 $Request$이고, $Request[j]=k$이면, 이것의 의미는 프로세스 P_i가 R_j의 자원을 k개 요청한다는 것을 의미한다.

일반적으로 은행가 알고리즘은 프로세스 P_i가 자원 R_j를 요청하는 과정에서 수행되며, 알고리즘이 수행되는 과정과 시스템이 안전 상태인지, 아닌지를 나타내는 과정을 살펴보면 다음과 같다.

✓ [알고리즘1] 은행가 알고리즘의 수행과정

Step1: $Request[i] \leq Need[i]$이면, 즉 요구량<필요량이면 Step2로 간다. 그렇지 않으면, 즉 요구량>필요량이면 최대 요구량을 초과하기 때문에 오류상태가 된다.
요구량>필요량 → 오류

Step2: $Request \leq Available$이면, 즉 요구량<잔여량이면, Step3로 간다. 그렇지 않으면, 즉 요구량>잔여량이면 이 상태는 자원이 부족한 상태이기 때문에 대기상태가 발생한다. 요구량>잔여량 → 대기

Step3: 시스템은 다음과 같은 상태를 점검하면서 요구된 자원들을 프로세스에게 할당한다.

- 잔여량=잔여량-요구량 → $Available := Available - Request$
- 할당량=할당량+요구량 → $Allocation[i] := Allocation[i] + Request[i]$
- 필요량=필요량-요구량 → $Need[i] := Need[i] - Request[i]$

✓ [알고리즘2] 시스템 상태가 안전 상태인지 아닌지를 수행하는 알고리즘

Step1: $Work$, $Finish$를 각각 길이가 m, n인 벡터라 할 때 $Work = Available$로, $Finish[i] = false$로 초기화한다. 여기서 $i = 1, 2, 3, \ldots, n$이며, $Work$는 남아있는 자원의 수인 $Available$의 임시변수이다.

Step2: 다음 조건을 만족하는 i값을 찾는다.

- $Finish[i] = false$

- $Need[i] \leq Work$
- 이러한 조건을 만족하는 값이 있으면, Step3로 가고, 만일 없으면 Step4로 간다.

Step3: 다음을 수행하고 Step2로 간다. 즉 자원을 할당하고 난 후 자원을 해제하는 과정을 수행한다.

- $Work = Work + Allocation$
- $Finish = true$
- Step2로 간다.

Step4: 모든 i에 대하여 $Finish[i] = true$이면, 시스템은 안전 상태를 유지한다.

예제 5-3

시스템에 3가지의 종류의 자원 타입 Ra, Rb, Rc가 존재하고 각 자원 타입에는 단위 자원, 즉 자원 인스턴스가 10개, 5개, 7개씩 존재하는 시스템이 있다고 가정하자. 그리고 이 시스템에는 5개의 프로세스 P1, P2, P3, P4, P5가 존재하고, 이 5개의 프로세스가 요구할 수 있는 자원에 대한 최대 요구량이 다음과 같다고 할 때 이 시스템이 안전 상태인지, 불안전 상태인지를 보이시오.

표5.3 시스템 상태

Process	최대 요구량		
	Ra	Rb	Rc
P1	7	5	3
P2	3	2	2
P3	9	0	2
P4	2	2	2
P5	4	3	3

예제 설명) 이 시스템이 안전 상태인지 아니면 불안전 상태인지를 추적하는 고정은 다음과 같다.

(Ra, Rb, Rc)=(10, 5, 7)

표5.4 시스템 상태

Process	최대 요구량			현재 할당량			추가 요구량		
	Ra	Rb	Rc	Ra	Rb	Rc	Ra	Rb	Rc
P1	7	5	3	0	1	0	7	4	3
P2	3	2	2	2	0	0	1	2	2
P3	9	0	2	3	0	2	6	0	0
P4	2	2	2	2	1	1	0	1	1
P5	4	3	3	0	0	2	4	3	1

위 상태에서 현재 할당되어 있는 자원의 총 수 즉, 현재 할당량은 Ra, Rb, Rc 각각에 대해 (Ra, Rb, Rc)allocated=(7, 2, 5)임을 알 수 있다.

따라서 현재 가용 자원들의 수는 (Ra, Rb, Rc)available=(3, 3, 2) 즉 {(Ra, Rb, Rc)-(Ra, Rb, Rc)allocated}={(10, 5, 7)-(7, 2, 5)}=(3,3,2)임을 알 수 있다.

- 현재의 가용 자원을 이용하여 정상적으로 종료시킬 수 있는 프로세스로는 P2와 P4가 있다. 프로세스 P2에게 먼저 필요한 자원을 모두 할당해 주고 이를 종료시킨다면 가용자원의 수는 (Ra, Rb, Rc)available=(5, 3, 2)가 된다.
- 이를 이용하여 다음으로 프로세스 P4와 P5를 정상적으로 종료시킬 수 있으며, 프로세스 P4에게 먼저 필요한 자원을 모두 할당해 주고 이를 종료시키면 가용자원의 수는 (Ra, Rb, Rc)available=(7, 4, 3)이 된다.

- 이를 이용하여 다음으로 프로세스 P1과 P3, P5를 정상적으로 종료시킬 수 있으며, 프로세스 P1에게 먼저 필요한 자원을 모두 할당해 주고 이를 종료시키면 가용자원의 수는 (Ra, Rb, Rc)available=(7, 5, 3)이 된다.
- 이를 이용하여 다음으로 프로세스 P3와 P5를 정상적으로 종료시킬 수 있으며, 프로세스 P3에게 먼저 필요한 자원을 모두 할당해 주고 이를 종료시키면 가용자원의 수는 (Ra, Rb, Rc)available=(10, 5, 5)가 된다.
- 끝으로 프로세스 P5를 정상적으로 종료시킬 수 있으며, 프로세스 P5에게 필요한 자원을 모두 할당해 주고 이를 종료시키면 가용자원의 수는 (Ra, Rb, Rc) available=(10, 5, 7)이 된다.

따라서 P2-P4-P1-P3-P5의 순서는 Safe state가 됨을 알 수 있다.

예제 5-4

아래 프로세스 상태에서 프로세스 P2가 (1, 0, 2) 만큼의 자원을 추가로 요청할 경우를 생각해 보자.

표5.5 시스템 상태

Process	최대 요구량			현재 할당량			추가 요구량		
	Ra	Rb	Rc	Ra	Rb	Rc	Ra	Rb	Rc
P1	7	5	3	0	1	0	7	4	3
P2	3	2	2	2	0	0	1	2	2
P3	9	0	2	3	0	2	6	0	0
P4	2	2	2	2	1	1	0	1	1
P5	4	3	3	0	0	2	4	3	1

이 상태에서 남아 있는 가용자원은 (Ra, Rb, Rc)available=(2, 3, 0)이 되며, P2-P4-P1-P3-P5 순으로 안전 상태가 존재함을 알 수 있다.

예제 5-5

프로세스 P1이 (0, 3, 0) 만큼의 추가 자원을 요청한다고 가정하자.

표5.6 시스템 상태

Process	최대 요구량			현재 할당량			추가 요구량		
	Ra	Rb	Rc	Ra	Rb	Rc	Ra	Rb	Rc
P1	7	5	3	0	4	0	7	1	3
P2	3	2	2	2	0	0	1	2	2
P3	9	0	2	3	0	2	6	0	0
P4	2	2	2	2	1	1	0	1	1
P5	4	3	3	0	0	2	4	3	1

이 상태에서 남아 있는 가용자원은 (Ra, Rb, Rc)available=(3, 0, 2)가 되며, 이 상태에서는 안전 상태가 되지 않고, 불안전 상태가 됨을 알 수 있다. 이 경우 할당 이후의 상태가 불안전 상태 이므로 이를 거절하고 P1을 대기상태로 전환시켜 안전 상태로 전환할 수 있다.

은행가 알고리즘은 시스템의 상태가 안전 상태인지, 아니면 불안전 상태인지를 식별하는 효과적인 기능을 가지고 있지만 자원 할당량과 자원 사용량 등과 같은 정보를 사전에 알고 있어야 하는 문제점이 있으며, 은행가 알고리즘의 단점을 살펴보면 다음과 같다.

• 할당할 자원량이 일정량 존재해야 한다.
• 최대 자원 요구량을 미리 알고 있어야 한다.
• 일정한 수의 사용자 프로세스가 존재 할 때 만 적용 가능하다.
• 프로세스들은 주어진 시간 내에 할당된 자원을 모두 반환해야 해야 한다.

5.4 교착상태 탐지

교착상태 탐지(Deadlock Detection)란 시스템 운영 중에 교착상태가 발생한 프로세스와 자원이 있는지를 발견하는 과정을 말한다. 시스템 운영 중에 교착상태가 발생되었는지의 탐지는 운영체제에 의해서 수행되며, 운영체제는 교착상태 탐지를 위하여 교착상태 탐지 알고리즘을 수행한다. 만일 교착상태가 발생하면, 운영체제는 신속히 교착상태를 복구해야 하며, 이 과정에서 프로세스와 자원의 낭비가 발생할 수 있다. 일반적으로 교착상태 탐지를 위한 방법으로는 앞에서 살펴보았던 은행가 알고리즘과 유사한 교착상태 탐지 알고리즘과 자원할당 그래프를 이용한 교착 상태 탐지 기법이 사용되며, 이들 구조를 살펴보면 다음과 같다.

• 교착상태 탐지 알고리즘
• 자원할당 그래프를 이용한 교착 탐지

5.4.1 교착상태 탐지 알고리즘

교착상태 탐지 알고리즘은 교착상태가 발생하고 있는지, 아닌지를 주기적으로 탐지하게 되며, 이 과정에서 교착상태의 발생이 탐지되면 운영체제는 신속히 교착상태를 복구한다. 교착상태 복구를 위해 운영체제는 프로세스에 할당된 자원의 상태 정보를 우선적으로 파악하게 되며, 또한 자원 할당 요청에 관한 상태정보를 우선적으로 유지하게 된다. 이 과정에서 교착상태가 발생했는지가 탐지되며, 교착상태인 경우 교착상태 탐지 알고리즘을 수행하게 된다. 교착상태 탐지 알고리즘은 교착상태 회피 알고리즘을 변형한 알고리즘으로써 이 알고리즘에는 교착상태가 발생되는지 아닌지를 미리 예측하는 예측부분이 존재하지 않는다. 이러한 이유로써 각각의 프로세스는 운영체제에게 자신이 필요로 하는 자원의 최대량이 얼마인지 미리 알릴 필요가 없다.

교착상태 알고리즘에서 교착상태를 탐지하는 자료구조는 교착상태 회피 알고리즘의 자료구조와 유사하며, 교착상태 탐지 자료구조와 알고리즘을 살펴보면 다음과 같다.

✓ 교착상태 탐지를 위한 자료구조

- *Available*: *Available*은 각 자원 타입에 따른 사용 가능한 자원의 수를 표시하는 길이가 m 벡터이다.
- *Allocation*: *Allocation*은 현재 각 프로세스에게 할당된 자원의 수를 정의하는 $m \times n$행렬이다.
- *Request*: *Request*는 각 프로세스가 현재 요청한 자원의 수를 표시하는 $m \times n$행렬이다.
- $Request[i, j]$: $Request[i, j]$는 $Request[i, j]=k$일 때 프로세스 P_i가 자원 R_j를 k개 더 요청하는 것을 의미한다.

✓ 교착상태 탐지를 위한 알고리즘

Step1: *Work*, *Finish*를 각각 길이가 m, n인 벡터라 할 때 $Work=Available$로 초기화한다. $i=1, 2, \ldots, n$일 때, 만일 $Allocation \neq 0$이면, $Finish[i]=false$이고, 그렇지 않으면 $Finish[i]=true$로 초기화한다.

Step2: 다음의 조건을 만족하는 i값을 찾는다.

- $Finish[i]=false$
- $Request[i]=Work$

여기서, 만일 조건을 만족하는 i가 있으면, (즉 요청된 자원을 할당받을 수 있으면) Step3으로 가고, 그렇지 않으면, (즉 자원을 할당 받을 수 없으면) Step4로 간다.

Step3: 자원을 할당받은 후 해제한다.

- $Work = Work + Allocation$
- $Finish[i] = true$
- Step2로 간다.

Step4: 모든 i에 대해서 $Finish[i] = true$이면, 이 시스템은 안전상태가 되어 교착상태가 발생되지 않으며, 그렇지 않고 $Finish[i] = false$이면 이 시스템은 교착상태가 된다.

예제 5-6

시스템에는 표5.7과 같이 5개의 프로세스 P1, P2, P3, P4, P5와 세 가지 종류의 자원 타입 Ra, Rb, Rc가 있다고 가정하자. 시스템에는 Ra의 자원이 7개, Rb의 자원이 2개, 그리고 Rc 자원이 6개 있다. 임의의 시간 T_0에서 자원 할당 상태가 표5.7과 같을 때 이 시스템이 교착상태에 있는지, 아닌지를 보이시오.

표5.7 시스템 상태

Process	현재 할당량			추가 요구량			사용가능한 자원		
	Ra	Rb	Rc	Ra	Rb	Rc	Ra	Rb	Rc
P1	0	1	0	0	0	0	0	0	0
P2	2	0	0	2	0	2			
P3	3	0	3	0	0	0			
P4	2	1	1	1	0	0			
P5	0	0	2	0	0	2			

예제 설명) 이 시스템을 실행하면 프로세스 P1→P3→P4→P2→P5순으로 작업이

완료되어 교착상태가 발생하지 않음을 알 수 있다. 이러한 이유는 교착상태 탐지 알고리즘에서 $Finish[i] = true$이기 때문이다. 그러나 표5.8과 같이 프로세스 P3가 Rc자원 타입을 추가로 한 개 더 요청하면 프로세스 P1의 자원을 회수하더라도 다른 프로세스들이 추가로 요구하는 요구량을 충족시키지 못하기 때문에 교착상태에 빠지게 된다. 따라서 P1→P2→P3→P4 순으로 교착상태가 발생하게 된다.

표5.8 자원의 추가 요청상태

Process	추가 요구량		
	Ra	Rb	Rc
P1	0	0	0
P2	2	0	2
P3	0	0	1
P4	1	0	0
P5	0	0	2

5.4.2 자원할당 그래프를 이용한 교착상태 탐지

자원할당 그래프는 프로세스와 자원과의 관계를 그래프로 표현한 구조로써 교착상태 탐지를 위한 효율적인 방법 중의 하나이다. 자원할당 그래프 상에서 교착상태 탐지는 프로세스와 자원과의 관계가 원형 사이클을 이루고 있는지를 우선적으로 파악하게 되며, 만일 그래프 상에 프로세스와 자원과의 관계가 원형 사이클을 이루고 있다면, 이 구조는 교착상태가 발생할 가능성이 있음을 의미한다. 따라서 자원할당 그래프에서 원형 사이클로 인한 교착상태가 발생할 경우 이를 제거하기 위해 그래프 소거법(Graph Reduction)을 수행한다. 그래프 소거법이란 실행을 완료할 수 있는 프로세스와 교착상태에 빠진 프로세스를 구분하기 위한 기법이다. 자원할당 그래프 상에서 모든 프로세스의 소거가 가능하면 교착상태는 발생되지 않으며, 그렇지 않고 프로세스의 소거가 불가능하면 그래프 내에서 교착상태에 빠진 프로세스들이 교착상태 프로세스 그룹을 형성하게 된다.

따라서 교착상태 프로세스 그룹에서 교착상태가 발생하는 프로세스를 소거하여 교착상태가 발생되지 않도록 해야 되며, 교착상태 소거를 위한 자원 할당 그래프는 그림5.6과 같다.

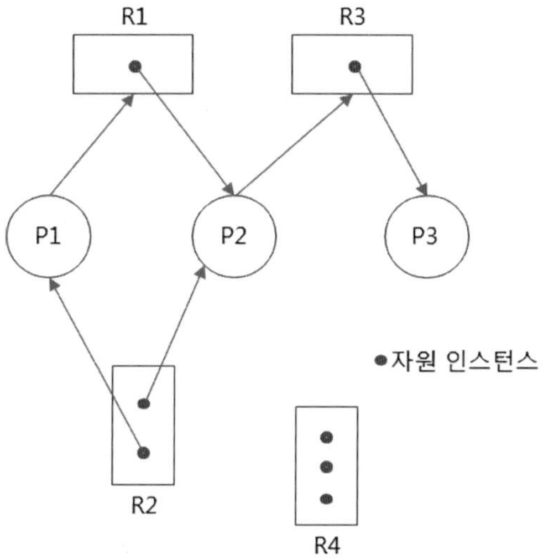

그림5.6 자원 할당 그래프

그림5.6의 자원 할당 그래프는 정점(Vertex)V의 집합과 간선E의 집합으로 구성되며, 정점V의 집합은 그래프 상의 프로세스들의 집합 $P=\{P_1, P_2, P_3\}$와 자원들의 집합 $R=\{R_1, R_2, R_3, R_4\}$로 구성된다. 즉 그림5.6의 자원할당 그래프는 3개의 프로세스 P_1, P_2, P_3와 4개의 자원 R_1, R_2, R_3, R_4으로 구성되어 있음을 의미한다. 그림5.6에서 프로세스와 자원, 그리고 자원과 프로세스 사이에는 화살표 방향을 가지고 있으며, 즉 $P_i \rightarrow R_j$, $R_j \rightarrow P_i$, 이러한 화살표 방향을 가진 그래프를 방향성 그래프(Directed Graph)라 하며, 화살표가 없는 그래프, 즉 P_i-R_j, R_j-P_i를 비 방향성 그래프(Undirected Graph)한다. 방향성 그래프는 프로세스와 자원과의 관계를 표현하는 의미 있는 그래프로써 방향성에 요청과 할당 관계가 구성되며, 이들을 살펴보면 그림5.7과 같다.

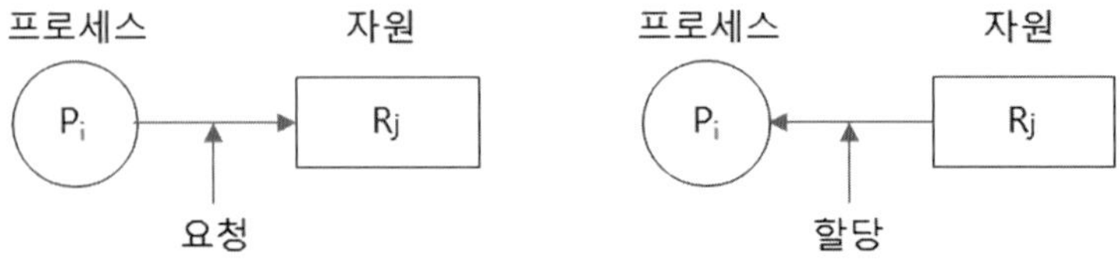

그림5.7 자원의 요청과 할당

즉 그림5.7에서 $P_i \rightarrow R_j$는 프로세스가 자원을 요청하는 요청 관계이며, 그리고 $R_j \rightarrow P_i$는 프로세스가 요청한 자원을 할당하는 할당 관계이다. 그림5.7에서처럼 프로세스는 원(Circle)으로 표현하며, 자원은 사각형(Rectangle)으로 표현한다. 그리고 자원에서 자원 타입이 여러 개일 때는 사각형 안에 하나의 점으로 자원 타입을 표현하며, 이와 같은 하나의 점을 자원 인스턴스라 한다. 예를 들어 그림5.6에서 자원 R_1과 R_3는 한 개의 자원 인스턴스를 가지며, R_2는 두 개의 인스턴스, 그리고 R_4는 세 개의 인스턴스를 가지고 있음을 의미한다. 따라서 그림5.6의 자원 할당 그래프에서 프로세스와 자원과의 관계를 정리하면 다음과 같다.

✓ 프로세스와 자원과의 관계

- 프로세스들의 집합: $P=\{P_1, P_2, P_3\}$
- 자원들의 집합: $R=\{R_1, R_2, R_3, R_4\}$

✓ 자원 인스턴스 관계

- 자원 R_1과 R_3는 한 개의 자원 인스턴스를 가고 있음
- R_2는 두 개의 인스턴스를 가지고 있음
- R_4는 세 개의 인스턴스를 가지고 있음

✓ 프로세스 상태

- 프로세스 P_1은 자원R_2의 인스턴스 1개를 할당받고, 자원 R_1의 인스턴스 한 개를 기다리며 대기한다.
- 프로세스 P_2는 R_1과 R_2에서 인스턴스를 각각 한 개씩 할당받고 있는 상태에서 R_3의 자원 인스턴스를 요청한다.
- P_3는 단지 R_3의 자원 인스턴스 1개만을 할당 받고 있다.

그림5.6의 자원 할당 그래프 상의 프로세스와 자원과의 상태를 살펴볼 때 이 그래프 상에는 사이클이 존재하지 않음을 알 수 있다. 따라서 이 그래프 상에는 교착상태가 발생하지 않는다. 그러나 다음 그림5.8과 같이 그래프 상에 사이클이 존재하면 어떨까?

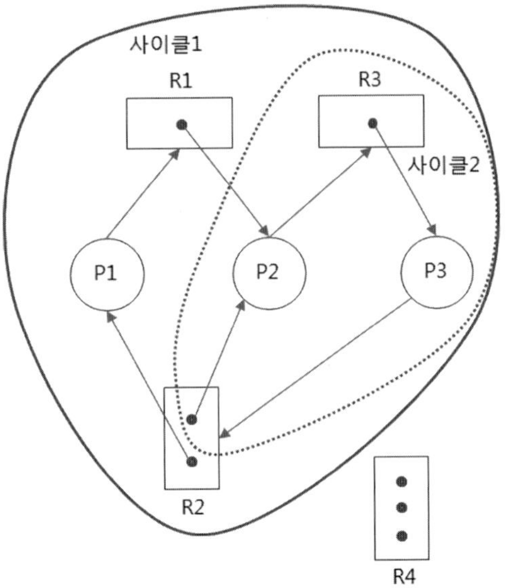

그림5.8 사이클이 있는 자원할당 그래프

그림5.8은 그림5.6의 자원할당 그래프에서 프로세스 P_3가 R_2의 자원 인스턴스 한 개를 요청한 경우이다. 이 과정에서 그림5.8처럼 두 개의 사이클, 즉 사이클1과 사이클2가 발생한다.

• 사이클1: $P_1 \rightarrow R_1 \rightarrow P_2 \rightarrow R_3 \rightarrow P_3 \rightarrow R_2 \rightarrow P_1$

• 사이클2: $P_2 \rightarrow R_3 \rightarrow P_3 \rightarrow R_2 \rightarrow P_2$

여기서 P_1, P_2, 그리고 P_3는 교착상태이다. 프로세스 P_2는 프로세스 P_3가 할당 받고 있는 자원 R_3를 요청한다. 반면에 프로세스 P_3는 프로세스 P_1또는 P_2가 할당하고 있는 자원을 해제하기를 기다린다. 만일 프로세스 P_1, P_2, 그리고 P_3가 할당하고 있는 자원을 해제하지 않는다면, 이 그래프는 원형 사이클을 이루게 되어 교착상태가 발생하게 된다. 그러나 원형 사이클이 존재한다 해서 무조건 교착상태가 발생하는 것은 아니다. 우리는 예로서 그림5.9와 같이 사이클이 존재하지만 교착상태가 아닌 자원할당 그래프를 살펴보자.

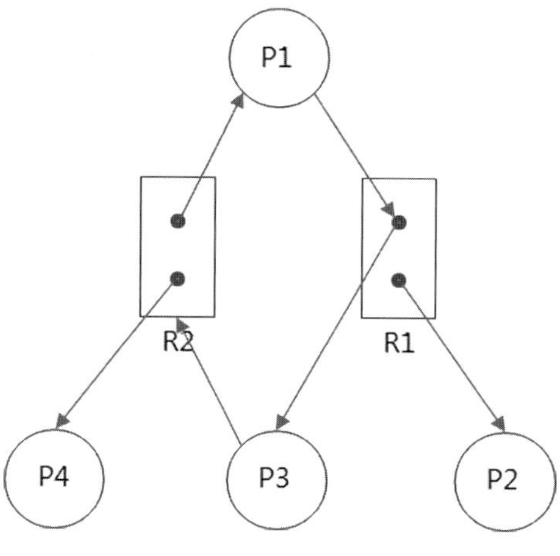

그림5.9 사이클이 존재하지만 교착상태가 아닌 자원할당 그래프

그림5.9는 $P_1 \rightarrow R_1 \rightarrow P_3 \rightarrow R_2 \rightarrow P_1$으로의 사이클이 존재하지만 교착상태가 아님을 알 수 있다. 그 이유는 프로세스 P_2, P_4가 할당하고 있는 자원 인스턴스를 해제할 수 있기 때문이다. 따라서 자원할당 그래프에서 사이클이 없다면 교착상태는 발생하지 않을 것이며, 사이클이 존재한다 해도 그림5.9처럼 교착상태가 발생할 수도 있고, 그렇지 않을 수

도 있다. 이러한 자원할당 그래프는 교착상태의 유무를 탐지하는데 매우 유용하게 사용된다.

5.5 교착상태 복구

교착상태가 발생하면, 시스템의 오버헤드를 줄이기 위해 신속히 복구해야 한다. 교착상태 복구란 교착상태가 발생했을 때 시스템으로부터 교착상태를 제거하여 이를 신속히 회복시키는 기능을 말하며, 교착상태 복구는 프로세스를 종료시켜서 복구하는 프로세스 종료기법과 자원 선점을 이용하여 복구하는 자원선점 기법으로 구분된다.

✓ 교착상태 복구

- 프로세스 종료를 통한 복구
- 자원선점을 통한 복구

5.5.1 프로세스 종료를 통한 복구

프로세스 종료를 통한 복구기법은 프로세스가 교착상태에 빠지기 전에 작업을 종료시켜 교착상태를 복구하는 기법으로써 이 기법은 무엇보다 프로세스 종료로 인해 발생되는 문제를 최소화해야 한다. 프로세스 종료를 효율적으로 수행하기 위해서는 종료된 프로세스들에 할당된 모든 자원을 회수해야 하며, 프로세스 종료 기법을 살펴보면 다음과 같다.

✓ 프로세스 종료기법

- 교착상태에 빠진 프로세스들을 모두 중지시키는 방법
- 교착상태 사이클이 제거될 때까지 한 개씩 프로세스를 중지시키는 방법

(1) 교착상태에 빠진 프로세스들을 모두 중지시키는 방법

이 기법은 교착상태에 빠진 모든 프로세스들을 중지시킴으로써 교착상태가 발생하는 사이클을 제거하는 기법이다. 그러나 이 기법은 비용이 많이 드는 단점이 있다.

(2) 교착상태 사이클이 제거될 때까지 한 개씩 프로세스를 중지시키는 방법

이 기법은 교착상태가 발생한 프로세스들 중에서 한 개의 프로세스씩 순서대로 프로세스를 종료시켜가면서 교착상태를 해결하는 기법이다. 그러나 이 기법은 프로세스가 종료될 때마다 교착상태 알고리즘을 적용해야 하기 때문에 이로 인하여 오버헤드가 발생하는 단점이 있다.

5.5.2 자원선점을 통한 복구

자원 선점을 통한 복구기법은 교착상태가 해결될 때까지 하나의 프로세스가 자원을 계속 선점해서 다른 프로세스에게 이 자원 선점권을 넘겨주는 기법으로써 다음과 같은 세 가지 요소들을 고려해야 한다.

- 희생자(**Victim**) 선택
- 롤백(**Rollback**)
- 기아 상태(**Starvation**)

(1) 희생자(Victim) 선택

이 기법은 교착상태가 발생한 프로세스들 중에서 한 개 또는 그 이상의 프로세스를 희생시켜 교착상태를 복구하는 기법이다. 이 기법에서 희생자 선택은 최소 비용에 의해 결정되며, 최소 비용을 결정하기 위해서는 다음과 같은 요소들을 고려해야 한다.

- 프로세스들의 우선순위
- 지금까지 프로세스가 수행된 시간과 할당된 작업을 종료하는데 걸리는 시간

- 프로세스가 사용한 자원 유형과 개수
- 프로세스가 종료하기 위해 더 필요한 자원의 수
- 얼마나 많은 프로세스가 종료되었는지에 대한 프로세스 종료 수
- 프로세스가 대화형 작업인지 또는 일괄처리 작업인지의 여부

(2) 복귀(Rollback)

이 기법은 필요한 자원을 얻지 못한 프로세스를 정상적으로 실행시키기 위한 기법으로써 이 기법에서는 프로세스를 안전 상태로 복귀시키게 된다. 일반적으로 안전 상태로 복귀시키는 것은 매우 어렵지만 가장 간단한 방법 중의 하나가 모든 프로세스들을 중단시키고 재시작 하는 기능이다. 그러나 이 기법은 모든 프로세스들에 대한 상태 정보를 유지해야 하기 때문에 프로세스 실행에 따른 부담이 발생된다.

(3) 기아 상태(Starvation)

이 기법은 프로세스들로부터 자원이 항상 선점되지 않도록 하는 기법으로써, 선점상태가 지속적으로 유지되면 프로세스는 기아상태에 빠지게 된다. 기아상태란 프로세스들이 지속적으로 자원을 선점함으로써 자원을 할당 받을 기회를 얻지 못하는 상태를 말한다. 이러한 기아상태는 교착상태의 원인을 제공하므로 프로세스가 기아상태에 빠지지 않도록 해야 하며, 프로세스가 기아상태에 빠질 경우 이를 신속히 복구해야 한다.

연습문제

1. 교착상태란 무엇이며, 발생원인은 무엇인지 설명하시오.

2. 교착상태의 간단한 유형과 교착상태가 발생할 때 주요한 문제점은 무엇인지 설명하시오.

3. 교착상태의 발생조건 4가지를 설명하시오.

4. 교착상태 회피(Deadlock Avoidance)란 무엇이며, 교착상태 회피 방법에 대해서 설명하시오.

5. 교착상태 회피를 위한 은행가 알고리즘의 자료구조를 기술하시오.

6. 은행가 알고리즘이란 무엇이며, 알고리즘의 수행단계를 설명하시오.

7. 교착상태 회피과정에서 안전 상태와 불안전 상태의 차이점을 설명하시오.

8. 3개의 프로세스가 있고 총 테이프 구동기 자원이 12개가 있다고 가정하자. 아래 표의 시스템 상태에서 현재 각 프로세스에 할당된 총 할당량은 10개이고, 잔여량이 2개일 때 시스템이 안전 상태인지 불안전 상태인지 보이시오.

시스템 상태

프로세스	현재 할당량	최대 요구량	추가 요구량
P1	2	5	3
P2	4	6	2
P3	4	8	4

9. 3개의 프로세스가 있고 총 테이프 구동기 자원이 12개가 있다고 가정하자. 아래 표와 같이 현재 각 프로세스에 할당된 총 할당량은 11개이고, 잔여량이 1개일 때 시스템이 안전 상태인지 불안전 상태인지 보이시오.

시스템 상태

프로세스	현재 할당량	최대 요구량	추가 요구량
P1	6	9	3
P2	3	5	3
P3	2	4	4

10. 시스템에 3가지의 종류의 자원 타입 Ra, Rb, Rc가 존재하고 각 자원 타입에는 단위 자원, 즉 인스턴스 자원이 10개, 5개, 7개씩 존재하는 시스템이 있다고 가정하자. 그리고 이 시스템에는 5개의 프로세스 P1, P2, P3, P4, P5가 존재하고, 이 5개의 프로세스가 요구할 수 있는 자원에 대한 최대 요구량이 다음과 같다고 할 때 이 시스템이 안

전 상태인지, 불안전 상태인지를 보이시오.

Process	최대 요구량		
	Ra	Rb	Rc
P1	7	5	3
P2	3	2	2
P3	9	0	2
P4	2	2	2
P5	4	3	3

11. 교착상태 탐지 기법에는 어떠한 기법이 있는지 설명하시오.

12. 다음 자원할당 그래프에서 프로세스와 자원들의 상태가 어떤 관계를 가지고 있는지 설명하시오.

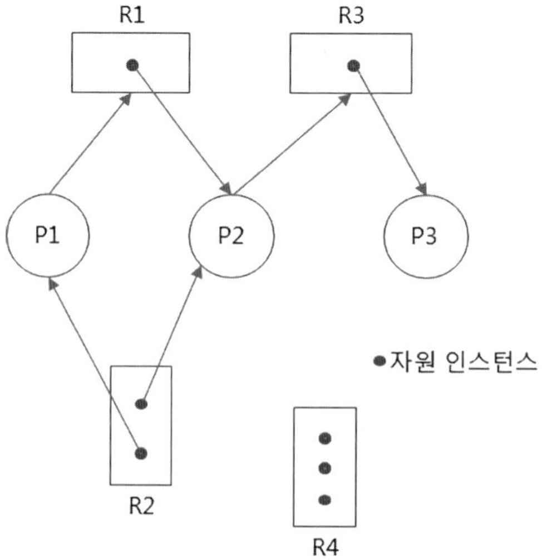

13. 그래프의 구조를 간단히 설명하고, 방향성 그래프와 비 방향성 그래프의 차이점을 설명하시오.

14. 다음 자원 할당 그래프가 교착상태인지 아닌지를 설명하시오.

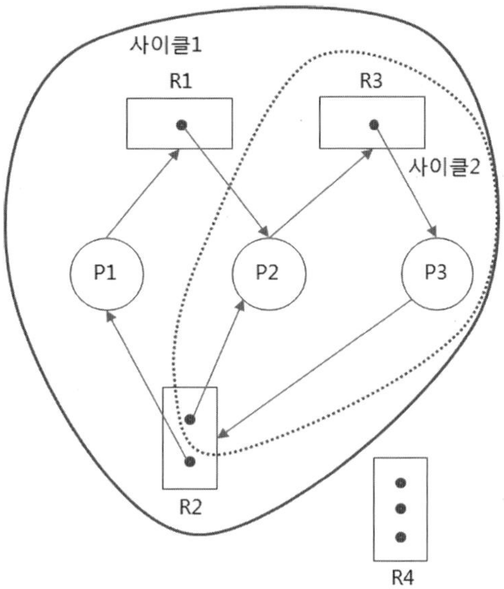

15. 교착상태 복구 기법을 설명하시오.

16. 다음 자원할당 그래프에서 프로세스와 자원들은 어떤 상태를 가지고 있으며, 자원 할당 그래프가 교착상태인지 아닌지를 설명하시오.

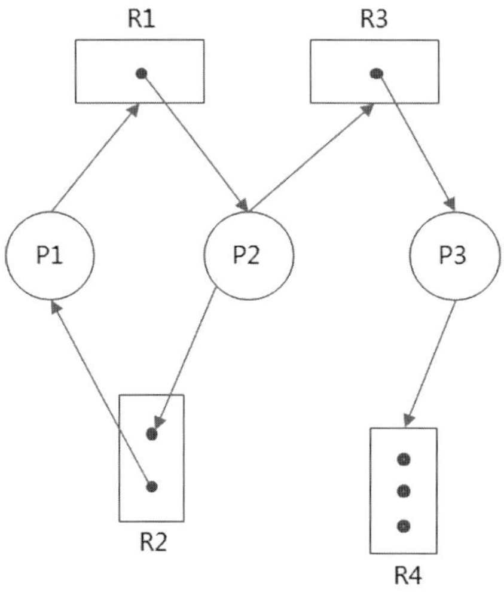

17. 다음과 같은 시스템 상태를 가정하자.

	Allocation	*Max*	*Available*
	A B C D	*A B C D*	*A B C D*
p_0	0 0 1 2	0 0 1 2	1 5 2 0
p_1	1 0 0 0	1 7 5 0	
p_2	1 3 5 4	2 3 5 6	
p_3	0 6 3 2	0 6 5 2	
p_4	0 0 1 4	0 6 5 6	

은행가 알고리즘을 이용하여 다음을 답하시오.

(1) 행렬 Need의 값은 무엇인가?

(2) 이 시스템은 안전 상태인가?

(3) 만약, 프로세스 p_1에서 (0, 4, 2, 0)을 요청할 때 이 요청이 당장 허용되는지, 허용된다면 허용과정을 설명하시오.

Chapter 06. 주기억장치 관리

제6장 주기억장치 관리

6.1 기본 개념

우리는 주기억장치(Memory)란 용어를 자주 들어 보았으며, 실제로 자주 접하기도 한다. 주기억장치의 주 기능은 기억기능이며, 기억기능을 수행하는 기억장치에는 크게 주기억장치와 보조기억장치로 구분된다. 주기억장치는 현재 실행중인 프로그램과 이 프로그램이 필요로 하는 데이터를 일시적으로 저장하는 장치이다. 주기억장치에는 크게 ROM(Read Only Memory)과 RAM(Random Access Memory)이 있으며, ROM은 읽기전용 기억장치로서 전원이 끊어져도 기억된 내용이 지워지지 않는 특성을 가지고 있다. 그리고 RAM은 기억된 정보를 읽기도 하고 다른 정보를 기억시키는 기능을 수행하는 기억장치로써 데이터와 실행 프로그램을 임시로 저장하는 기능을 수행한다. 이러한 주기억장치를 관리하는 방법을 주기억장치 관리라 하며, 주기억장치 관리 기능은 주기억장치를 할당하고 회수하는 기능을 수행한다. 주기억장치 관리기능은 중요한 자원 관리 기능 중의 하나로써 실행할 데이터를 주기억장치로 읽어 들이는 데서부터 시작되며, 주기억장치 관리 목적과 기능은 다음과 같다.

✓ 관리 목적

- 다중 프로그래밍 정도를 향상시켜 주기억장치의 효율성을 향상시킨다.
- 주기억장치의 낭비를 최소화하여 자원사용의 효율을 극대화시킨다.

✓ 관리 기능

- 주기억장치의 주소 공간, 즉 어떤 작업공간이 사용 중이며 어떤 프로세스에게 할당되었는지의 점검기능을 수행한다.
- 주기억장치에 할당할 프로세스를 결정하는 기능을 수행한다.

• 주기억장치를 할당하고 회수하는 기능을 수행한다.

이러한 주기억장치의 관리 목적과 기능은 주기억장치의 성능을 결정하는 중요한 요소이며, 다중 프로그래밍 환경에서 주기억장치 관리 전략은 그림6.1과 같이 분류된다.

<table>
<tr><th colspan="6">주기억 장치
(Real Memory)</th><th colspan="3">가상기억장치
(Virtual Memory)</th></tr>
<tr><td colspan="3">단일 사용자 시스템</td><td colspan="3">관리 전략</td><td colspan="3">관리전략</td></tr>
<tr><td rowspan="2">상주
모니터</td><td rowspan="2">오버
레이</td><td rowspan="2">스와핑</td><td colspan="2">고정 분할</td><td rowspan="2">가변 분할</td><td rowspan="2">페이징</td><td rowspan="2">세그먼테이
션</td><td rowspan="2">세그먼트
/페이징 혼합</td></tr>
<tr><td>절대번역</td><td>재배치
번역</td></tr>
</table>

그림6.1 다중 프로그래밍 환경에서 주기억장치 관리 전략

6.2 주기억장치의 주소 공간과 바인딩

데이터(Data) 또는 사용자 프로그램(User Program)이 실행되기 위해서는 이들 프로그램이 주기억장치의 주소 공간(Address Space)에 할당되어야 하며, 할당된 주소 공간은 주소 바인딩(Binding) 과정을 거친다. 사용자 프로그램을 할당하기 위한 주소공간과 바인딩 과정을 살펴보면 다음과 같다.

• 주기억장치의 주소 공간
• 주소 바인딩(Binding)

6.2.1 주기억장치의 주소 공간

데이터를 주기억장치에 저장하기 위해서는 주소공간이 필요하다. 주기억장치의 주소공간은 우리가 살고 있는 집 주소와 같은 개념이며, 이 주소 공간에 실행될 작업, 즉 사용자

프로그램들이 할당된다. 주기억장치의 주소공간은 바이트(Byte) 또는 워드(Word)단위로 주소가 할당되며, 예를 들어 그림6.2처럼 주소공간이 구성된다.

주소번지	주소공간
0	주소공간(1 바이트)
1	주소공간(1 바이트)
2	주소공간(1 바이트)
…	…
254	주소공간(1 바이트)
255	주소공간(1 바이트)

그림6.2 주기억장치의 주소 공간

그림6.2의 주기억장치는 주소번지 0부터 255까지의 주소번지와 주소공간이 1바이트인 256개의 주소공간으로 구성되어 있으며, 이 주소공간에 실행될 작업들이 할당된다. 따라서 운영체제는 작업들을 실행하기 위해 주소공간을 할당받으며, 사용자 프로그램이 주소공간에 할당되는 주기억장치의 구조를 살펴보면 그림6.3과 같다. 주기억장치의 주소공간은 다중 프로그래밍 시스템 하에서 여러 개의 사용자 프로그램을 동시에 적재함으로써 주기억장치의 성능을 극대화한다.

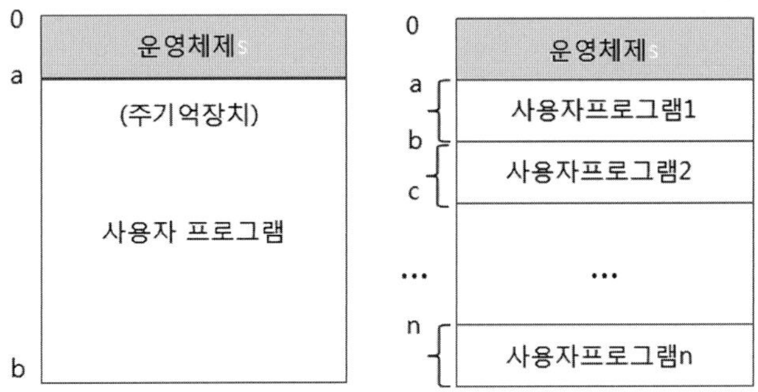

그림6.3 사용자 프로그램이 주소공간에 할당되는 주기억장치의 구조

6.2.2 주소 바인딩

사용자 프로그램이 실행되기 위해서는 주소 바인딩 과정을 거치며, 주소 바인딩이란 실행할 사용자 프로그램 또는 데이터의 논리 주소를 주기억장치의 물리 주소로 사상시키는 과정을 말한다. 일반적으로 주소 바인딩 과정은 컴파일 시간(Compile Time), 로드 시간(Load Time), 그리고 실행 시간(Execution Time)에 수행되며, 주소 바인딩이 수행되는 과정을 살펴보면 그림6.4와 같다.

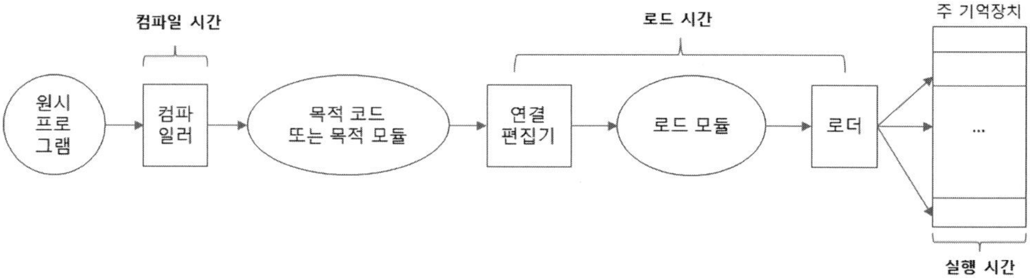

그림6.4 주소 바인딩 과정

- 컴파일 시간(Compile Time) 바인딩: 컴파일 시간이란 원시 프로그램을 목적 프로그램으로 번역하는 데 소요되는 시간을 말하며, 컴파일러 언어에서 바인딩은 컴파일 시간에 수행된다. 컴파일 시간에는 주로 데이터형의 크기, 레코드, 그리고 데이터 형과 같은 항목들이 바인딩 되며, 만일 컴파일 시간에 주기억 장치에 적재될 주소의 위치를 알 수 있다면, 이 과정에서 절대 코드가 생성된다.

- 로드 시간(Load Time) 바인딩: 로드 시간이란 외부장치로부터 컴퓨터의 내부 기억장치로 실행할 여러 데이터를 가져오거나 적재시키는데 걸리는 시간을 말하며, 로드시간 바인딩은 주로 프로그램이 주기억장치에 적재될 때 로더에 의해서 수행된다.

- 실행 시간(Execution Time) 바인딩: 실행 시간이란 그림6.4에서와 같이 하나의 원시 프로그램이 컴파일러, 링커, 로더를 거쳐서 주기억장치의 주소공간에 재배치하여

실행하는데 걸리는 시간을 말하며, 실행 시간 바인딩이란 이처럼 실행 시간에 수행되는 바인딩을 말한다.

> **Note**
>
> **주소 바인딩(Binding)**
>
> 실행할 사용자 프로그램 또는 데이터의 논리 주소를 주기억장치의 물리 주소로 사상시키는 과정

6.3 기억장치의 계층 구조

사용자 프로그램과 데이터가 참조되고 실행되기 위해서는 이들이 주기억장치에 로드되어야 하며, 주기억장치에서 실행이 완료된 프로그램과 데이터는 보조기억장치에 저장한다. 기억장치는 기억용량과 처리속도에 따라 기억장치가 계층적으로 구성되며, 기억용량과 처리속도에 따라 구조화 시킨 것을 기억장치 계층(Memory Hierarchy) 구조라 한다. 일반적으로 기억장치 계층 구조는 기억용량에 따라 보조기억장치, 주기억장치, 캐시 기억장치(Cache Memory), 그리고 레지스터(Register)로 계층화 되며, 처리속도에 따라 레지스터, 캐시 기억장치, 주기억장치, 그리고 보조기억장치로 계층화 된다. 이러한 기억장치 계층 구조는 기억장치 성능과 데이터의 저장 능력을 이해하는데 도움이 되며, 기억장치의 계층 구조를 살펴보면 그림6.5와 같다.

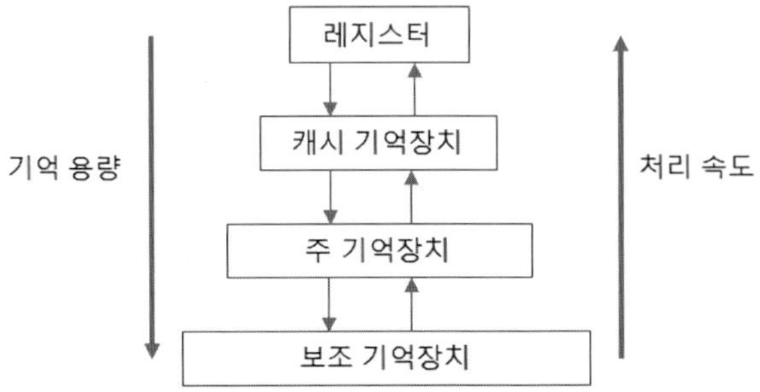

그림6.5 기억장치 계층 구조

- 기억 용량에 따른 계층 구조: 보조기억장치→주기억장치→캐시 기억장치→레지스터
- 처리 속도에 따른 계층 구조: 레지스터→캐시 기억장치→주기억장치→보조기억장치

6.4 주기억장치의 관리 전략

주기억장치의 관리 목적은 다중 프로그래밍의 정도를 향상시켜 주기억장치의 효율성을 향상시키고, 주기억장치의 낭비를 최소화하여 자원사용의 효율을 극대화하기 위한 것이다. 주기억장치 관리 전략은 실행할 사용자 프로그램 또는 데이터를 주기억장치에 적재하는 기법에 따라 연속 적재(Contiguous Loading) 기법과 분산 적재(Scatter Loading) 기법으로 구분되며, 주기억장치 자원을 효율적으로 관리하고 설계하기 위한 기법에 따라 반입 전략(Fetch Strategy) 기법, 배치 전략(Placement Strategy) 기법, 그리고 교체 전략(Replacement Strategy) 기법으로 구분된다.

✓ 프로그램 또는 데이터를 주기억장치에 적재하는 기법에 따라

- 연속 적재 기법
- 분산 적재 기법

✓ 주기억장치를 효율적으로 관리하고 설계하는 기법에 따라

- 반입 전략 기법
- 배치 전략 기법
- 교체 전략 기법

6.4.1 프로그램 또는 데이터를 주기억장치에 적재하는 기법에 따라

컴퓨터 시스템에서 실행할 사용자 프로그램 또는 데이터는 주기억장치 내에 적재되어야 하며, 주기억장치 관리를 위한 적재기법을 살펴보면 다음과 같다.

(1) 연속 적재 기법

연속 적재(Contiguous Loading) 기법은 초기 운영체제 시스템에서 주로 사용하던 기법으로써 이 기법은 사용자 프로그램을 주기억장치의 공간 내에 이웃하게 연속적으로 적재시키는 기법이다. 연속 적재기법은 단일 사용자 연속 적재 기법, 고정 분할 적재 기법, 그리고 가변 분할 적재 기법으로 구분하며, 단일 사용자 연속 적재 기법은 한 사람 만이 기억장소를 전용해서 사용하는 기법이다. 고정 분할 적재 기법과 가변 분할 적재 기법은 여러 사람이 분할된 기억장소를 공유해서 사용하는 기법이다. 연속 적재 기법의 장점과 단점을 살펴보면 다음과 같다.

|장점·단점|

- 장점 - 사용자 프로그램을 연속적으로 적재할 수 있어 관리하기가 쉽다.
- 단점 - 주기억장치 내에 사용자 프로그램을 연속해서 저장할 충분한 기억공간이 확보되어야 한다.

(2) 분산 적재 기법

분산 적재(Scatter Loading) 기법은 하나의 사용자 프로그램을 여러 개의 단위 프로그램으로 분할하여 주기억장치의 공간 내에 분산 배치하는 기법으로써 사용자 프로그램은

보통 페이지 또는 세그먼트 단위로 분할된다. 이 기법은 실행할 전체 사용자 프로그램을 페이지 또는 세그먼트 단위로 분할하여 주기억장치 내에 분산 적재하며, 분산 적재 기법의 장점과 단점을 살펴보면 다음과 같다.

|장점·단점|

- 장점 - 사용자 프로그램이 페이지 또는 세그먼트 단위의 작은 프로그램으로 분할되어 다중 프로그래밍이 가능하다.
- 단점 - 프로그램 분할로 인하여 기억장치 관리가 어렵다.

6.4.2 자원을 관리하고 설계하는 기법에 따라

운영체제는 주기억장치 자원을 효율적으로 관리하고 자원낭비를 최소화하기 위하여 관리 정책을 수행하게 되며, 주기억장치를 효율적으로 관리하기 위한 정책을 살펴보면 다음과 같다.

- 반입 전략(Fetch Strategy)
- 배치 전략(Placement Strategy)
- 교체 전략(Replacement Strategy)

(1) 반입 전략 기법

반입 전략(Fetch Strategy)이란 CPU에 의해서 실행될 사용자 프로그램 또는 데이터를 주기억장치로 언제(When) 가져올 것인가, 즉 언제 반입할 것인가를 결정하는 전략을 말한다. 반입 전략 기법은 반입 전략에 따라 요구 반입 전략 기법과 예상 반입 전략 기법으로 다시 구분된다.

- 요구 반입(Demand Fetch) 전략: 요구 반입 전략 기법은 실행 중인 프로그램에 의해 사용자 프로그램 또는 데이터의 참조 요구가 발생 할 때 그것을 주기억장치에 적재

시키는 전략 기법이다.

- 예상 반입(Anticipatory Fetch) 전략: 예상 반입 전략 기법은 실행될 가능성이 큰 사용자 프로그램 또는 데이터를 미리 예상하여 그것을 주기억장치에 적재시키는 전략 기법이다.

(2) 배치 전략 기법

배치 전략(Placement Strategy)은 주기억장치 관리 전략에서 중요한 전략 기법으로써 새로 반입된 사용자 프로그램 또는 데이터를 주기억장치의 어느 위치(Where)에 적재시킬 것인가를 결정하는 전략 기법이다. 배치 전략은 주기억장치의 적재 위치에 따라 최초 적합(First-fit), 최적 적합(Best-fit), 그리고 최악 적합(Worst-fit)기법으로 구분되며, 이후 다중 프로그래밍 시스템 관리기법에서 좀 더 자세하게 살펴본다.

(3) 교체 전략 기법

교체 전략(Replacement Strategy)은 새로 들어온 사용자 프로그램을 주기억장치의 기억공간에 적재하기 위하여 어떤(Who, What) 프로그램 또는 데이터와 교체할 것인가를 결정하는 전략이다. 교체 전략 기법에서는 사용자 프로그램 또는 데이터의 교체로 인하여 주기억장치의 페이지 프레임(Page Frame) 내에서 페이지 부재(Page Fault)가 발생하며, 페이지 부재는 시스템의 성능을 떨어뜨리는 원인을 제공한다. 페이지 프레임은 주기억장치의 물리 주소공간이며, 페이지 부재란 페이지 프레임 내에서 참조할 페이지가 존재하지 않는 상태를 말한다.

Note

페이지 프레임(Page Frame)

- 주기억장치의 물리 주소 공간

페이지 부재(Page Fault)

- 주기억장치의 페이지 프레임 내에서 참조할 페이지가 존재하지 않는 상태

따라서 새로운 페이지가 보조기억장치에서 주기억장치의 페이지 프레임 내로 반입되면, 어떤 페이지를 제거할 것인가 그리고 어떤 페이지와 교체 할 것인가를 결정하게 된다. 이 과정에서 교체 전략이 수행되며, 페이지 교체로 인해 문맥교환이 발생한다.

6.5 다중 프로그래밍 시스템 관리 방법

다중 프로그래밍 정도에 따라 주기억장치 관리 기법은 크게 단일 사용자 시스템(Single User System)(또는 단일 시스템) 관리 기법과 다중 프로그래밍 시스템 관리 기법으로 구분된다. 단일 사용자 시스템 관리 기법은 다시 상주 모니터(Monitor) 기법, 오버레이(Overlay) 기법, 그리고 스와핑(Swapping) 기법 등으로 나뉘며, 다중 프로그래밍 시스템 관리 기법은 고정 분할(Fixed-partition) 기법과 가변 분할(Variable-partition) 기법으로 나뉘고 각각을 살펴보면 다음과 같다.

✓ 다중 프로그래밍 정도에 따라

- 단일 사용자 시스템 관리 기법

  (1) 상주 모니터 기법

  (2) 오버레이 기법

(3) 스와핑 기법

• 다중 프로그래밍 시스템 관리에 따라
  (1) 고정 분할 기법
  (2) 가변 분할 기법

6.5.1 단일 사용자 시스템 관리 기법

단일 사용자 시스템 관리 기법은 초기 운영체제 시스템 환경에서 사용하던 관리 기법으로써 이 기법은 사용자가 모든 자원을 전용해서 시스템을 사용하고 관리하는 기법이다. 초기의 컴퓨터 시스템에서는 한 번에 오직 한 사용자만이 시스템을 접근하여 사용할 수 있었기 때문에 사용자가 시스템을 전용할 수 있었으며, 이러한 이유로써 기억장치 관리가 쉬웠다. 따라서 이 기법은 비교적 간단한 기억장치 관리 기법으로써 주기억장치 관리를 위한 특별한 하드웨어 또는 소프트웨어가 필요 없다는 장점이 있다. 단일 사용자 시스템에서는 모든 프로그램의 크기가 주기억장치의 용량을 초과할 수 없으며, 또한 용량을 초과하는 프로그램은 실행할 수 없다. 이러한 이유는 한 순간에 오직 한 명의 사용자만이 주기억장치를 전용해서 사용하기 때문이며, 다른 사용자가 이 주기억장치를 사용하고자 할 경우에는 반납할 때까지 기다려야 한다. 단일 사용자 시스템은 한 사용자만이 주기억장치를 전용하기 때문에 다중 프로그래밍이 불가능하다. 단일 사용자 시스템 관리 기법에는 상주 모니터 기법, 오버레이 기법, 그리고 스와핑 기법으로 구분되며, 각각을 살펴보면 다음과 같다.

(1) 상주 모니터 기법

상주 모니터 기법은 초기의 운영체제 시스템에서 초기 일괄 처리 작업을 위한 기법으로써 이 기법은 한 프로그램에서 다음 프로그램으로 제어가 자동으로 넘어가도록 하는 프로그램 제어 기법이다. 상주 모니터 기법은 단일 사용자 시스템을 위한 관리 기법이며, 상주 모니터는 다음에 실행될 작업 또는 사용자 프로그램 정보를 가지고 있다. 상주 모니터는 상주 모니터 프로그램이 적재되는 기억공간과 사용자 프로그램이 적재되는 기억공간으로 구분되며, 상주 모니터 구조를 살펴보면 그림6.6.과 같다.

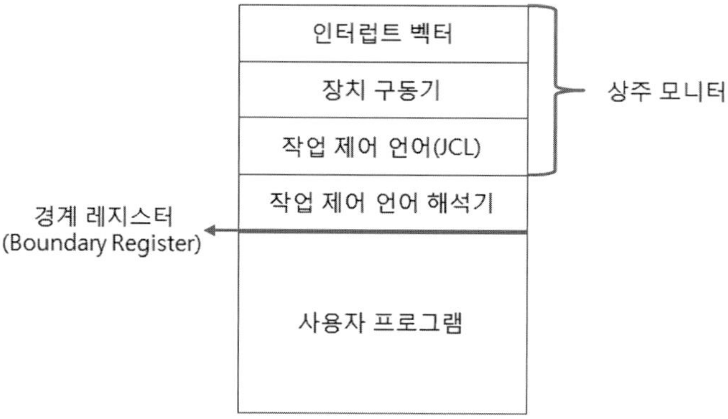

그림6.6 상주 모니터 구조

그림6.6에서처럼 상주 모니터는 상주 모니터 프로그램과 사용자 프로그램을 구분하고 보호하기 위하여 경계 레지스터(Boundary Register)를 사용하며, 상주 모니터에서 사용자 프로그램으로의 전환은 인터럽트를 통해서 수행된다. 따라서 상주 모니터 프로그램이 사용자 프로그램을 참조하거나 이와 반대로 사용자 프로그램이 상주 모니터 영역을 침범할 경우에는 서로의 영역을 보호하기 위한 인터럽트가 발생되며, 상주 모니터 기법의 특징을 살펴보면 다음과 같다.

✓ 상주 모니터 기법의 특징

- 운영체제가 주기억장치에 상주한다.
- 관리가 쉽고, 구현이 간단하다.
- 주기억장치의 낭비가 발생할 수 있다.
- 입출력을 하는 동안 CPU의 유휴시간이 발생할 수 있다.

(2) 오버레이 기법

오버레이 기법은 초기 단일 사용자 시스템 관리를 위한 기법으로써 오버레이 기법이란 커다란 사용자 프로그램을 실행이 가능한 여러 작은 단위 프로그램(또는 작업 모듈)으로 분할하여 프로그램이 실행될 때 분할된 단위 프로그램을 차례로 주기억장치에 적재함으로써 커다란 사용자 프로그램을 실행시키는 기법을 말한다. 이 기법은 사용자 프로그램을 디스크에 유지하고 운영체제에 의해서 사용자 프로그램을 기억장치에 교체하는 기법이며, 단일 사용자 시스템을 위한 일반적인 기법 중의 하나이다. 따라서 오버레이 기법은 단일 사용자 시스템에서 크기가 큰 사용자 프로그램을 작은 단위 모듈로 분할함으로써 기억 공간 제약 문제를 해결하고 이 과정에서 실행에 사용되지 않는 단위 모듈은 보조 기억장치로 보내어져 별도로 관리된다.

오버레이 기법을 효율적으로 수행하기 위해서는 큰 사용자 프로그램을 보다 작은 단위 사용자 모듈로 분할해야 하는데 이러한 작업은 시간이 많이 소모되며, 또한 사용자 프로그램의 크기를 미리 알고 있어야 하는 문제가 발생한다. 이러한 문제를 해결하기 위해 가상기억장치 개념이 도입되었으며, 우리는 가상기억장치 개념을 다음 장에서 살펴본다. 오버레이 기법은 미니컴퓨터 또는 마이크로컴퓨터와 같은 개인용 파일에 적합하며, 오버레이 기법의 특징을 살펴보면 다음과 같다.

✓ 오버레이 기법의 특징

- 큰 프로그램을 작은 단위 모듈로 분할하는데 시간이 많이 걸린다.
- 프로그래머가 프로그램의 자료구조를 사전에 파악하고 있어야 한다.
- 프로그래머가 직접 오버레이를 제어하지 않아도 오버레이가 가능하다.
- CPU 내에 경계 레지스터를 설정하여 운영체제 영역과 사용자 프로그램 영역의 구분이 가능하다.

Note

오버레이 기법(Overlay)

커다란 사용자 프로그램을 실행이 가능한 작은 단위 프로그램으로 분할하여 프로그램이 실행될 때 분할된 단위 프로그램을 차례로 주기억장치에 적재함으로써 커다란 사용자 프로그램을 실행시키는 기법

(3) 스와핑 기법

스와핑(Swapping) 기법 또한 초기 단일 사용자 시스템 관리를 위한 기법중의 하나이며, 스와핑 기법이란 실행할 프로세스를 보조기억장치에서 주기억장치로, 그리고 주기억장치에서 보조기억장치로 프로세스를 서로 교체(Swapping)시키는 과정을 말한다. 일반적으로 보조기억장치에서 주기억장치로의 프로세스 교체는 swap-in( )함수 또는 roll-in( )함수에 의해서 수행되며, 반대로 주기억장치에서 보조기억장치로의 교체는 swap-out( )함수 또는 roll-out( )함수에 의해서 수행된다. 이처럼 스와핑 기법에서 하나의 프로세스 작업은 작업이 완료되기까지 주기억장치와 보조기억장치 사이를 바쁘게 왕복하면서 교체과정을 수행하며, 프로세스 교체를 수행하는 스와핑 과정을 살펴보면 그림6.7과 같다.

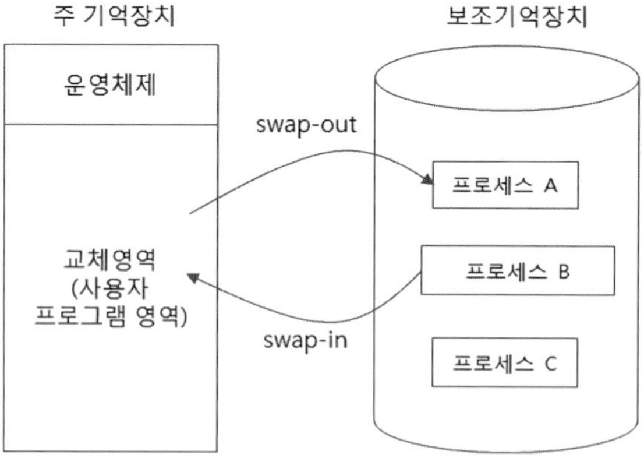

그림6.7 프로세스 교체를 수행하는 스와핑 과정

스와핑 기법은 초기의 시분할 시스템에서 적용되었으며, 이 기법은 오늘날 일반적으로 사용되고 있는 페이지 시스템의 기초가 되었다. 스와핑 기법은 주기억장치의 크기가 제한적일 때 유용하며, 스와핑 기법의 특징을 살펴보면 다음과 같다.

✓ 스와핑 기법의 특징

- 한 번에 하나의 사용자 프로세스만이 주기억장치를 할당받는다.
- swap-in( ), swap-out( ) 또는 roll-in, roll-out( )함수를 이용하여 사용자 프로세스를 교체한다.
- 스와핑으로 인한 기억 공간의 낭비와 문맥교환이 발생한다.

> **Note**
>
> **Swapping 기법**
>
> 실행할 프로세스를 보조기억장치에서 주기억장치로, 그리고 주기억장치에서 보조기억장치로 프로세스를 서로 교체(Swapping)시키는 과정

6.5.2 다중 프로그래밍 시스템 관리 기법

다중 프로그래밍 시스템에서 다중 프로그래밍의 정도를 보장하고, 시스템의 성능을 향상시키기 위해서는 여러 개의 프로세스들이 동시에 주기억장치에 적재되어야 하며, 이러한 과정이 정상적으로 수행될 때 CPU는 주기억장치에 적재된 프로세스를 할당받아 실행하게 된다. 앞에서 살펴본바와 같이 다중 프로그래밍 시스템의 목적은 CPU 이용률과 시스템의 처리량(Throughput)을 극대화하기 위한 것이다. 다중 프로그래밍 시스템의 관리 기법은 고정 분할 기법과 가변 분할 기법으로 구분되며, 각각을 살펴보면 다음과 같다.

(1) 고정 분할 기법

고정 분할(Fixed-partition) 기법이란 다중 프로그래밍 시스템에서 주기억장치를 일정 수의 고정된 크기로 분할하여 실행 중인 여러 프로세스에게 할당하는 기법을 말한다. 고정 분할 기법에서는 주기억장치를 일정 수로 분할하는 것이 매우 중요한 과정이며, 여기서 분할(Partition)이란 하나의 프로세스가 기억장치에 적재될 수 있도록 기억장치를 일정한 크기로 나누는 과정을 말한다.

> **Note**
>
> **분할**(Partition)
>
> 하나의 프로세스가 기억장치에 적재될 수 있도록 기억장치를 일정한 크기로 나누는 과정
>
> **고정 분할**(Fixed−partition)
>
> 다중 프로그래밍 시스템에서 주기억장치를 일정 수의 고정된 크기로 분할하여 실행 중인 여러 프로세스에게 할당하는 기법

고정 분할 기법은 주로 일괄 처리 환경에서 사용되며, 분할된 기억장치에 적재하는 방법에 따라 절대 번역과 적재, 그리고 재배치 번역과 적재 기법으로 구분된다.

✓ 분할된 기억장치에 적재하는 방법에 따라

- 절대 번역과 적재
- 재배치 번역과 적재

1) 절대 번역과 적재

절대 번역과 적재(Absolute Compile and Loading)과정에서 실행될 작업들은 절대 어셈블러(Assembler) 또는 컴파일러(Compiler)에 의해 번역되며, 번역된 작업들이 기억

장치의 분할된 영역 내에 적재된다. 이처럼 절대 번역과 적재란 절대 번역된 작업들이 분할된 기억장치 영역 내에서만 적재되는 기법을 말한다. 이 기법은 작업 큐에 배치된 작업들이 지정된 분할 영역 내에서만 적재된다는 점이며, 다른 분할 영역이 비어 있다하더라도 그 빈 영역에 작업들을 적재할 수 없다. 즉 절대 번역과 적재 과정에서 실행되는 작업들은 자기 자신의 분할 영역이 꽉 차 있을 때 다른 비어있는 분할 영역으로 이동할 수 없음을 의미한다. 이 경우에는 자기 자신의 분할 영역이 비워질 때까지 기다려야하며, 절대 번역과 적재 과정을 살펴보면 그림6.8과 같다.

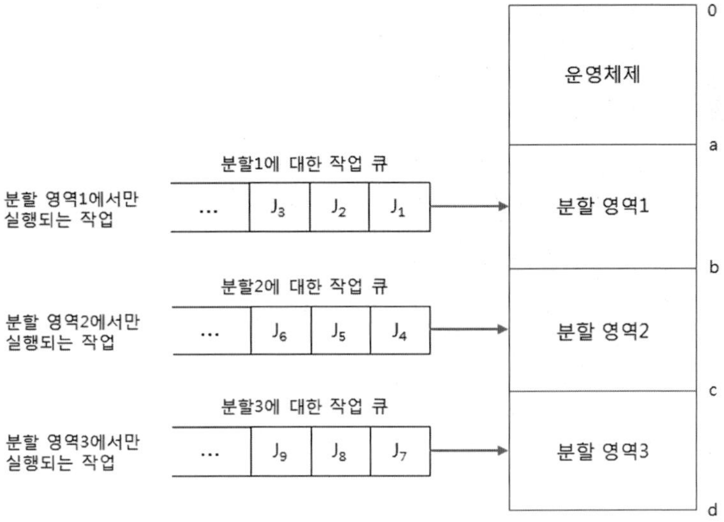

그림6.8 절대 번역과 적재

절대 번역과 적재에서 CPU는 작업들 사이를 빠르게 이동하면서 동시에 여러 작업을 실행하는 것처럼 느껴지며, 이 기법의 특징을 살펴보면 다음과 같다.

✓ 절대 번역과 적재 기법의 특징

- 작업 큐의 작업들은 분할된 영역 내에서만 적재되고 실행된다.
- 비교적 간단하고 구축하기가 쉽다.

• 주기억장치의 낭비를 가져올 수 있다.

> **Note**
>
> **절대 번역과 적재**(Absolute Compile and Loading)
>
> 절대 번역된 작업들이 분할된 기억장치 영역 내에서만 적재되는 기법

2) 재배치 번역과 적재

재배치 번역과 적재(Relocation Compile and Loading) 기법은 앞에서 살펴 본 절대 번역과 적재 기법의 문제점을 보완하기 위한 기법이다. 재배치 번역과 적재에서 분할 영역에 적재될 작업 주소 지정은 재배치 컴파일러, 어셈블러, 로더 등에 의해 수행되며, 재배치 번역과 적재란 실행할 작업들을 하나의 작업 큐에 배치해서 비어 있는 어느 분할 영역이든지 적재가 가능한 기법을 말한다. 이 기법은 절대 번역과 적재 기법과 달리 분할 영역을 보다 융통성 있게 활용할 수 있다는 장점을 가지며, 재배치 번역과 적재 과정을 살펴보면 그림6.9와 같다.

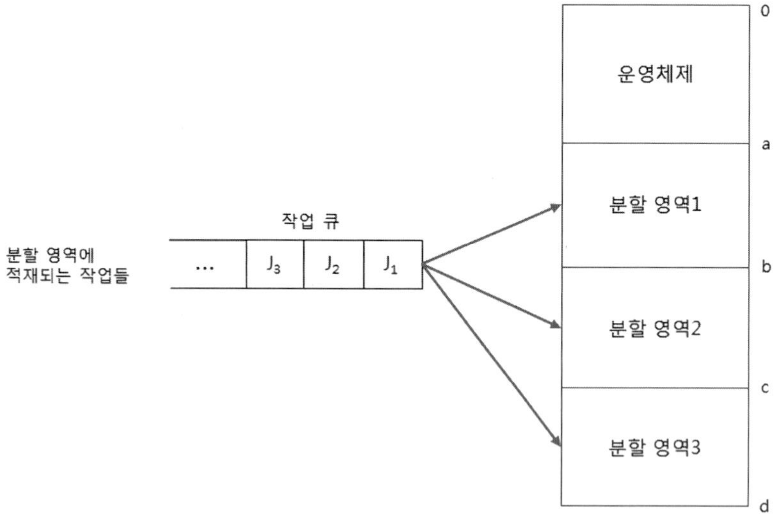

그림6.9 재배치 번역과 적재

그림6.9처럼 재배치 번역과 적재는 모든 작업을 하나의 작업 큐에 넣어서 어느 분할 영역에서든지 적재가 가능하도록 한 기법이며, 이 기법의 특징을 살펴보면 다음과 같다.

✓ 재배치 번역과 적재 기법의 특징

- 다른 분할 영역으로 이동할 수 있어 융통성이 보장된다.
- 절대 번역과 적재기법에 비해서 주기억장치의 낭비가 줄어든다.
- 분할 영역 이동으로 인해 운영체제 구현이 복잡해 질 수 있다.

Note

재배치 번역과 적재(Relocation Compile and Loading)

실행할 작업들을 하나의 작업 큐에 배치해서 비어 있는 어느 분할 영역이든지 적재가 가능한 기법

3) 고정 분할 단편화

고정 분할 기법에서 분할된 영역에 작업들을 할당하거나 적재할 때 단편화(Fragmentation) 현상이 발생하며, 단편화란 작업들을 주기억장치의 영역에 할당하고 남은 나머지 공간(단편)이 발생되는 과정을 말한다. 그리고 단편화 과정에서 발생한 나머지 기억공간을 단편(Fragment)이라 하며, 일반적으로 단편화는 작업의 크기가 분할 영역과 정확히 맞지 않거나 또는 분할 영역이 너무 작아서 대기 중인 어떤 작업도 이 분할 영역에 적재될 수 없을 때 발생한다. 단편화는 주기억장소의 낭비를 가져오는 주된 요인이며, 고정 분할 기법에서 단편화가 발생되는 과정을 살펴보면 그림 6.10과 같다.

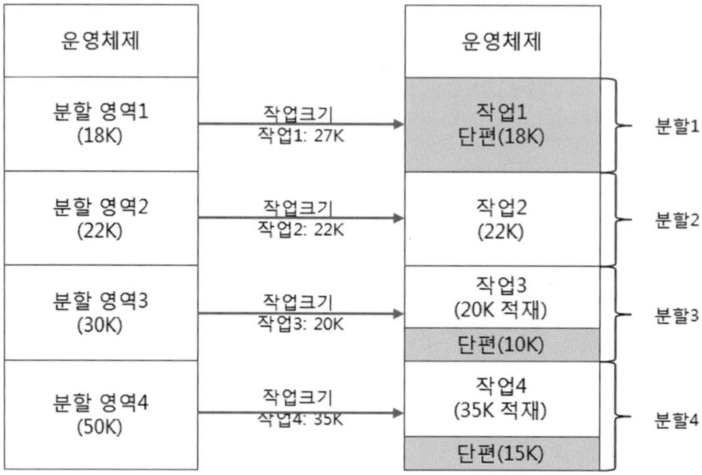

그림6.10 고정 분할 기법에서의 단편화 과정

그림6.10에서처럼 각각의 분할 영역에 작업들을 적재한 후에는 작업1, 작업3, 그리고 작업4와 같은 단편화가 발생하며, 단편화는 내부 단편(Internal Fragment)과 외부 단편(External Fragment)으로 구분된다.

✓ 단편화

- 내부 단편: 내부 단편이란 하나의 분할 영역에 작업을 적재하고 남은 나머지 공간을 말한다. 즉 그림에서 작업3의 단편10K와 작업4의 단편15K가 내부단편이다.
- 외부 단편: 외부 단편이란 하나의 작업 크기가 분할 영역보다 클 때 발생하는 단편을 말한다. 즉 그림에서 작업1의 단편18K가 외부 단편화이다.

Note

단편(Fragment)

단편화 과정에서 남은 기억 공간

단편화(Fragmentation)

작업들을 주기억장치의 영역에 할당하고 남은 나머지 공간(단편)이 발생되는 과정

(2) 가변 분할 기법

가변 분할(Variable Partition) 기법이란 하나의 작업이 적재될 기억 공간을 서로 다른 크기로 분할하는 기법을 말하며, 이 기법은 기억 공간의 가변적 크기, 즉 동적 크기로 인하여 동적 분할(Dynamic Partition)기법이라고도 한다. 가변 분할 기법은 고정 분할 기법에서 발생되는 단편화 현상을 줄이기 위해 분할의 크기를 동적으로 수행하고 있지만 이 기법 또한 분할된 기억공간에 각 작업을 적재하는 과정에서 단편화가 발생한다. 가변 분할 기법은 동적으로 분할된 기억 공간에 작업들을 보다 효율적으로 적재하기 위해 도입되었으며, 작업들이 분할된 기억 공간에 적재되는 위치에 따라 최초 적합, 최적 적합, 그리고 최악 적합으로 구분된다.

✓ 분할된 기억 공간의 적재 위치에 따라

- 최초 적합
- 최적 적합
- 최악 적합

Note

가변 분할(Variable Partition) **기법**

하나의 작업이 적재될 기억 공간을 서로 다른 크기로 분할하는 기법

1) 최초 적합

최초 적합(First-fit)이란 분할된 기억 공간 중에서 첫 번째 기억 공간에 작업을 배치시키는 전략을 말한다. 최초 적합 전략이 수행되는 과정은 그림6.11과 같으며, 이 기법은 주로 분할 선택 결정을 가능한 빨리 내리고자 할 때 사용된다.

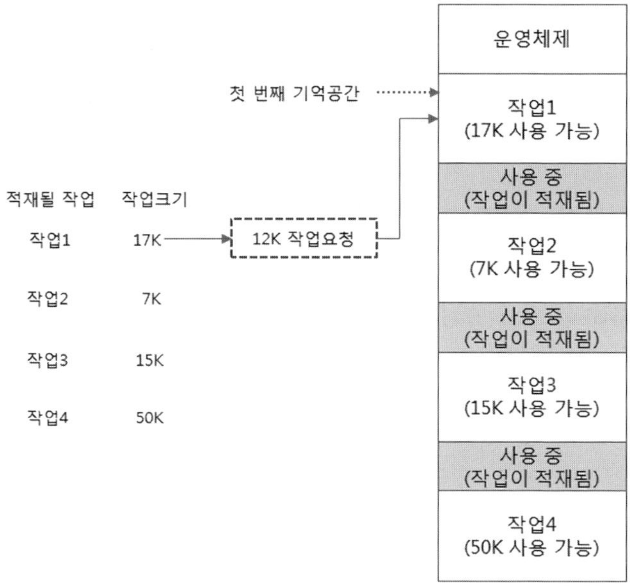

그림6.11 최초 적합 전략

2) 최적 적합

최적 적합(Best-fit)이란 분할된 기억 공간 중에서 기억장치 낭비가 가장 적게 발생되는 기억공간에 작업을 적재시키는 전략을 말한다. 이 전략 기법은 기억 장소 낭비를 가장 최소화하기 위한 전략, 즉 단편화를 최소화하기 위한 전략이며, 최적 적합 전략

이 수행되는 과정은 그림6.12와 같다.

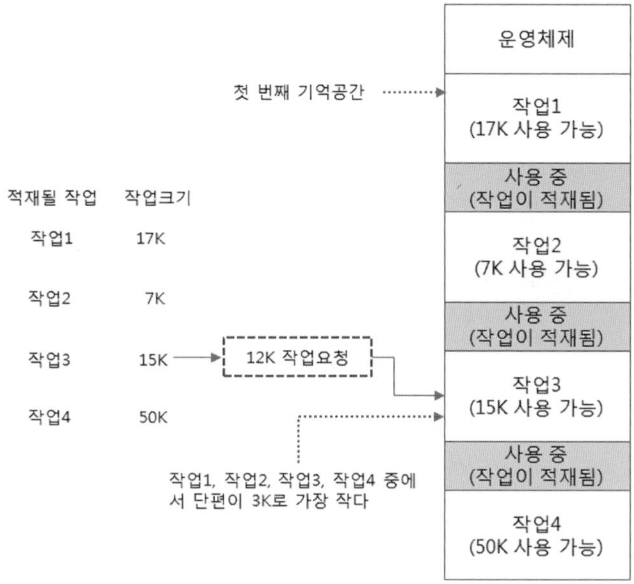

그림6.12 최적 적합 전략

그림6.12에서처럼 12K의 작업이 기억 공간에 요청되었을 때 단편화가 가장 적게 발생하는 분할된 영역은 작업3이며, 작업3에서는 15K-12K=3K이므로 3K의 단편화가 발생됨을 알 수 있다. 따라서 이 기법은 배치 전략 기법에서 비교적 합리적인 기법이다.

3) 최악 적합

최악 적합(Worst-fit)이란 분할된 기억 공간 중에서 가장 큰 기억 공간에 작업을 적재시키는 전략을 말한다. 그림6.13에서 작업4가 최악 적합을 위한 기억 공간이며, 이 기법은 분할된 기억 공간에 여러 개의 작업을 연속으로 적재하지 않을 경우 기억 장소 낭비가 발생한다.

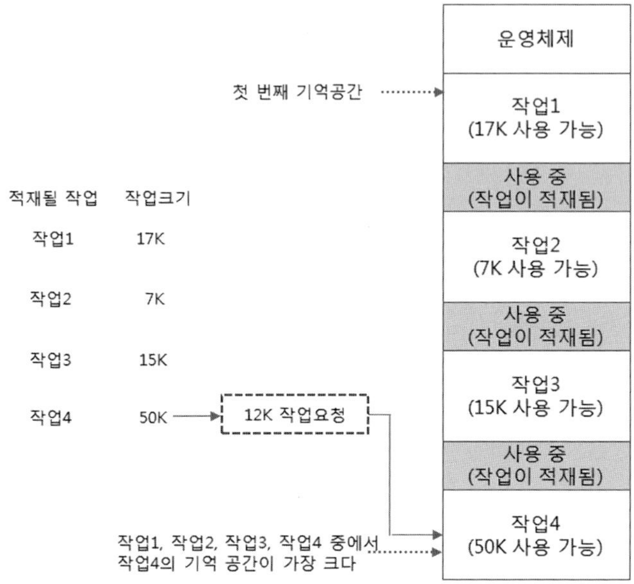

그림6.13 최악 적합 전략

4) 가변 분할 단편화

고정 분할 기법에서처럼 가변 분할 기법에서도 단편화 현상이 발생한다. 가변 분할 단편화는 고정 분할 단편화에 비해 보다 융통성이 있으며, 작업을 완료한 후에 주로 내부 단편화 현상이 발생한다.

예를 들어, 작업1, 작업2, 작업3, 작업4, 작업5의 5개의 사용자 작업들이 각각 60K, 100K, 30K, 70K, 50K를 요청할 때, 3명의 작업 사용자들에게 기억 공간을 차례로 할당하는 과정에서 단편화가 발생하는 과정을 살펴보면 그림6.14 및 그림6.15와 같다.

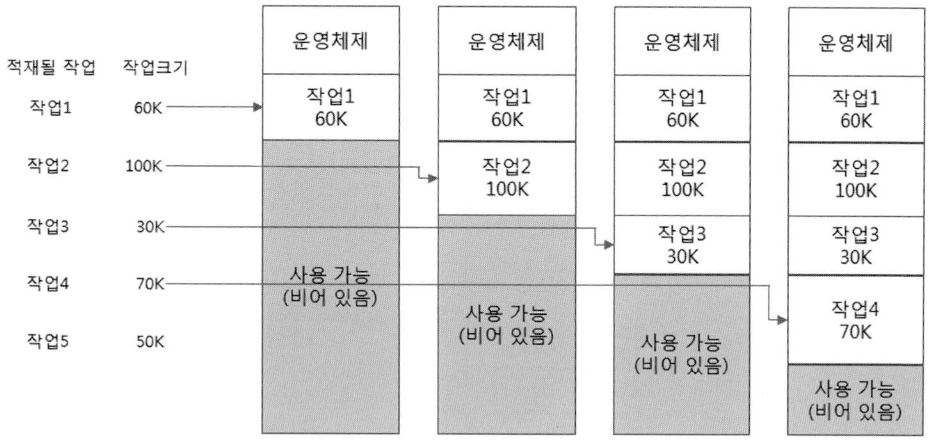

그림6.14 가변 분할 기법에서의 작업의 초기 할당

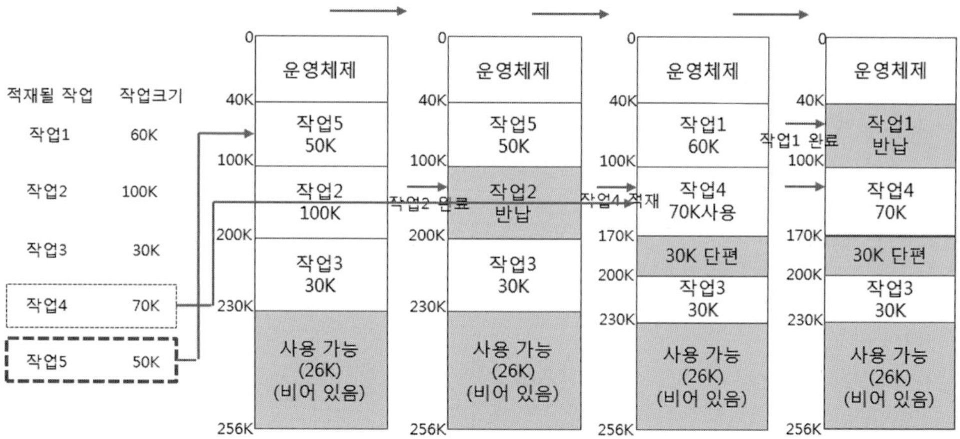

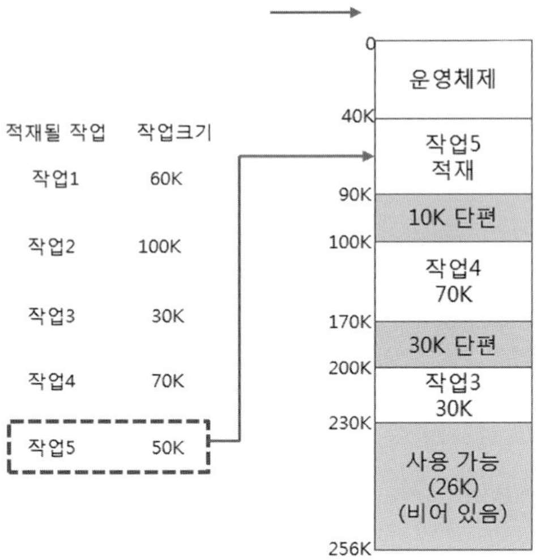

그림6.15 가변 분할 단편화

그림6.14에서처럼 초기의 기억 공간에 작업들을 차례로 적재할 경우에는 단편화 현상이 발생하지 않는다. 그러나 그림6.15에서처럼 초기의 작업 적재를 거치고 난 후, 새로운 작업을 적재하고자 할 경우에는 단편화 현상이 발생함을 알 수 있다. 즉 작업2 공간에서 작업이 완료된 후에는 100K의 기억 공간이 확보되었으므로, 이 확보된 기억 공간에 작업4를 적재할 수 있다. 이 과정에서 30K의 단편이 발생하게 된다. 이처럼 발생되는 단편화를 가변 단편화라 하며, 시간이 지날수록 가변 단편화는 증가할 수 있다.

> **Note**
>
> **가변 분할 단편화**
>
> 가변 분할로 인하여 발생된 단편

5) 공백의 통합과 압축

가변 분할 기법에서 발생한 단편화 현상을 해결하기 위한 알고리즘으로 쓰레기 수집(Garbage Collection)알고리즘과 공백의 통합 알고리즘이 사용되며, 쓰레기 수집이란 하나의 큰 작업공간을 만들기 위하여 여러 단편들을 수집하는 과정을 말한다. 그리고 공백의 통합(Hole Coalescing)이란 작업 공간에서 이웃한 빈 기억 공간들을 사용 가능한 작업 공간으로 통합하는 과정을 말한다. 가변 분할 기법에서 공백의 압축은 기억 공간에 적재하고 남은 단편들이 발생했는지를 점검하며, 공백의 통합 과정은 그림6.16과 같이 수행된다.

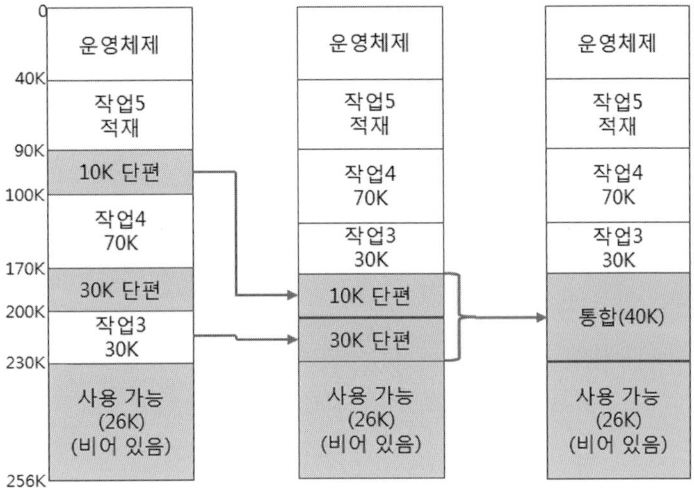

그림6.16 공백의 통합

공백의 압축은 기억 공간에 산재되어 있는 단편들로 인한 주기억장치의 낭비를 줄이기 위해 사용되며, 그림6.17과 같이 기억 공간에 존재하는 여러 개의 단편들을 한 쪽 끝으로 모아 하나의 큰 기억 공간으로 통합하는 과정이다. 공백의 압축을 위해서는 비용문제를 신중히 고려해야 하며, 가장 간단한 방법은 모든 작업들을 기억장치의 한쪽 끝으로 이동하여 하나의 큰 기억 공간으로 만드는 것이다. 일반적으로 공백의 압축과 통합은 연결 리스트(Linked List) 구조를 이용하여 구현한다.

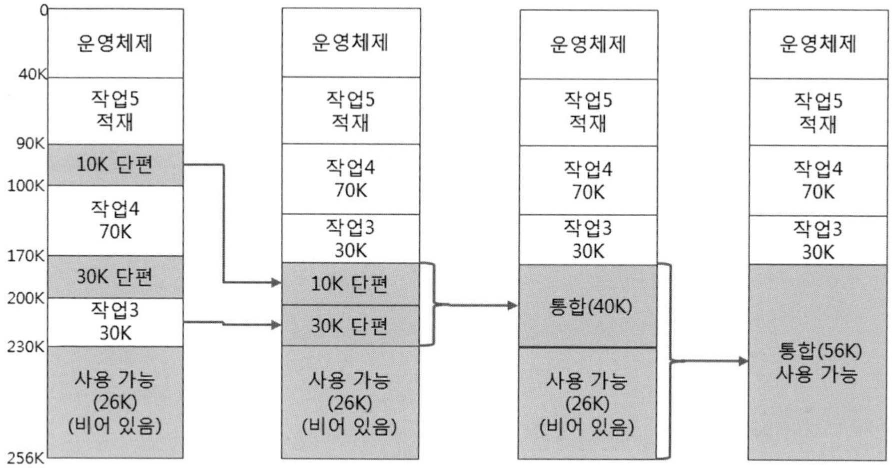

그림6.17 압축

Note

쓰레기 수집(Garbage Collection)

하나의 큰 작업공간을 만들기 위하여 여러 단편들을 수집하는 과정

공백의 통합(Hole Coalescing)

작업 공간에서 이웃한 빈 기억 공간들을 사용 가능한 작업 공간으로 통합하는 과정

표6.1 주기억장치 관리 방법의 주요 특징

방법	H/W	S/W	문제점
상주 모니터	· 보호 하드웨어	· 상주 모니터 (JCL)	· 유휴시간 (Idle time)
오버레이	· 경계 레지스터 (Boundary Register)	· 인터럽트 프로그램	· 큰 작업프로그램

스와핑	· 보조기억장치	· swap-in(), roll-in() · swap-out(), roll-out()	· 문맥교환
고정 분할	· 작업 큐 (Job Queue)	· SVC(Supervisor Call) 호출	· 내부 단편화 · 외부 단편화
가변 분할	· 베이스 레지스터 (Base Register)	**배치 알고리즘** · First-fit 전략 · Best-fit 전략 · Worst-fit 전략	· 내부 단편화

연습문제

1. 주기억장치 관리 목적과 기능에 대해서 설명하시오.

2. 주소 바인딩이란 무엇이며, 주소 바인딩 과정을 설명하시오.

3. 기억장치의 계층 구조를 설명하고, 구조의 필요성을 설명하시오.

4. 주기억장치의 낭비를 최소화하여 자원사용의 효율을 극대화하기 위한 것으로써 실행할 사용자 프로그램 또는 데이터를 주기억장치에 적재하는 방법에 따라 연속 적재(Contiguous Loading) 기법과 분산 적재(Scatter Loading) 기법으로 구분하는데 이들 기법의 차이점을 설명하시오.

5. 주기억장치 자원을 효율적으로 관리하고 설계하기 위한 반입 전략(Fetch Strategy) 기법, 배치 전략(Placement Strategy) 기법, 그리고 교체 전략(Replacement Strategy) 기법의 차이점을 설명하시오.

6. 페이지 부재란 무엇이며, 페이지 부재가 발생할 때 나타나는 문제점을 설명하시오.

7. 주기억장치의 관리 목적은 무엇인지 설명하시오.

8. 단일 사용자 시스템 관리 기법의 상주 모니터(Monitor) 기법, 오버레이(Overlay) 기법, 그리고 스와핑(Swapping) 기법을 간단히 비교 설명하시오.

9. 보조기억장치에 P1, P2, P3, P4, 그리고 P5의 5개의 사용자 프로그램이 있을 때 이들 사용자 프로그램에서 P2와 P4를 주기억장치로 교체하기 위한 스와핑 과정을 간단히 설명하시오.

10. 다중 프로그래밍 시스템에서의 절대 번역과 적재, 그리고 재배치 번역과 적재 기법의 차이점을 간단히 설명하시오.

11. 단편화란 무엇이며, 단편화가 발생될 때의 문제점을 설명하시오.

12. 고정 분할 기법에서 단편화 과정을 설명하시오.

13. 가변 분할 기법에서 단편화 과정을 설명하시오.

14. 고정 분할 기법과 가변 분할 기법의 차이점을 설명하시오.

15. 작업1, 작업2, 작업3, 작업4, 작업5의 5개의 사용자 작업들이 각각 80K, 150K, 50K, 90K, 70K를 요청할 때, 3명의 작업 사용자들에게 기억 공간을 차례로 할당하는 과정에서 발생하는 단편화 과정을 설명하시오.

16. 공백의 통합이란 무엇이며, 통합으로 인한 장점은 무엇인지 간단히 설명하시오.

17. 다음의 각 배치 알고리즘의 장점은 무엇인지 설명하시오.

(1) 최초 적합

(2) 최적 적합

(3) 최악 적합

Chapter 07. 가상기억장치 관리

7.1 기본 개념

6장에서 우리는 주기억장치의 개념과 관리 방법 등에서 대해서 살펴보았다. 주기억장치는 기억공간의 크기가 한정되어 있어 하나의 큰 프로그램을 적재하여 실행하기가 어렵다는 문제가 있으며, 이러한 문제를 해결하기 위한 초기 운영체제의 한 가지 방법이 오버레이 기법이다. 6장에서 살펴본바와 같이 오버레이 기법이란 커다란 사용자 프로그램을 실행이 가능한 여러 작은 단위 프로그램(또는 작업 모듈)으로 분할하여 분할된 단위 프로그램을 차례로 주기억장치로 가져와 적재함으로써 커다란 사용자 프로그램을 순차적으로 실행시키는 기법이다. 그러나 오버레이 기법은 초기 운영체제에서 하나의 큰 프로그램을 주기억장치에 적재하여 처리하는 효과적인 방법이지만 프로그램을 여러 개의 작은 단위 모듈로 분할하고 관리하는 일이 복잡하고 번거로우며, 이러한 과정이 프로그래머에 의해서 수행된다는 문제가 있다. 이러한 문제를 해결하기 위해 제안된 기법이 가상기억장치(Virtual Memory) 개념이다.

가상기억장치 개념은 1960년에 Fotheringham이 제안하여 Atlas시스템에 최초로 적용된 이후 현재의 시스템으로 진화되었으며, 이 개념은 하나의 큰 프로그램을 주기억장치에 적재하여 실행할 수 없을 때 나머지 프로그램을 보조기억장치 내의 특별한 기억공간에 기억시켜 두고 이 기억공간을 마치 주기억장치와 같이 사용하는 방법이다. 일반적으로 주기억장치의 크기는 적재될 작업 프로그램의 크기에 영향을 받으며, 예를 들어 적재될 프로그램A의 크기가 그림7.11처럼 주기억장치의 크기보다 작으면 프로그램 실행에 큰 문제가 발생되지 않는다. 그러나 그림7.2처럼 프로그램B의 크기가 실제 주기억장치보다 크면 프로그램은 주기억장치에서 실행될 수 없으며, 이 경우 프로그램을 실행하기 위해서는 주기억장치의 크기에 맞도록 분할해야 하며, 분할된 프로그램 모듈에서 현재 실행될 모듈만 주기억장치로 적재하고 나머지 프로그램 모듈은 보조기억장치로 보내어 관리된다. 이와 같이 하나의 큰 프로그램에서 현재 실행할 단위 모듈은 주기억장치에 적재하고, 그렇지 않는 나머지 단위 모듈들은 2차 기억장치인 보조기억장치에 적재하여 작업프로그램들을 관리하는 방법이 가상기억장치의 개념이다. 가상기억장치는 주기억장치의 한정된 기억장치의 공간 문제를 해결하기 위한 방법이며, 가상기억장치 관리 방법이란 실행할 하나의 작업 프로그램이 주기억장치보다 크거나 또는 작업 프로그램 모듈이 여러 개인 경우 한정된 주기억장치의 크기로 인하여 프로그램 작업을 실행할 수 없는 문제가 발생하는데 이러한 문제를 해결하기 위하여 보조기억장치 일부를 주기억장치처럼 관리하는 방법을 말한다. 이때 보조기억장치 일부를 가상기억장치라 하며, 보조기억장치일부를 가상기억장치로 전환하여 사용하고자 할 경우에는 성능저하의 문제를 고려해야 한다.

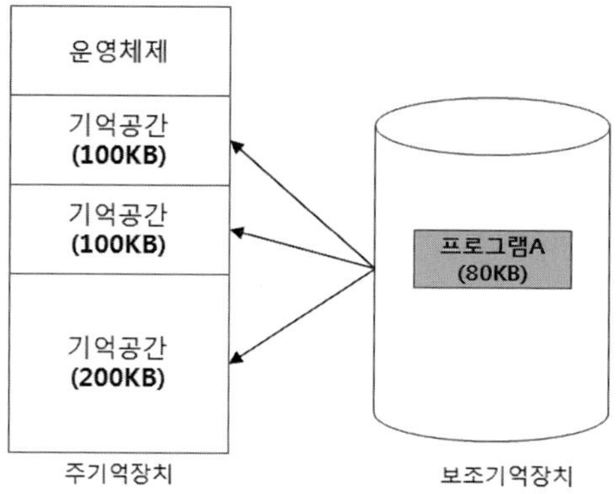

그림7.1 프로그램A가 주기억장치의 기억공간보다 작을 때

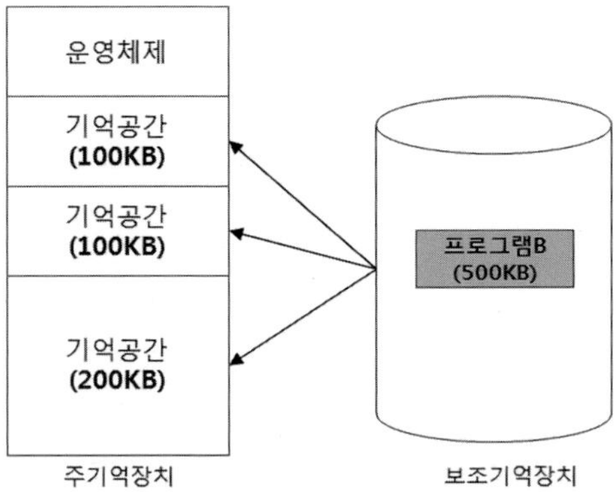

그림7.2 프로그램B가 주기억장치의 기억공간보다 클 때

따라서 가상기억장치는 하나의 큰 프로그램이 완전히 주기억장치에 적재되지 않아도 실행이 가능한 방법이며, 특징을 살펴보면 다음과 같다.

✓ 가상기억장치의 특징

- 오버레이 기법을 개선한 기법이다.
- 보조기억장치를 가상기억장치로 사용한다.
- 프로그래머는 주기억장치의 크기를 신경쓰지 않아도 된다.
- 실제 물리적인 주기억장치크기보다 큰 작업 프로그램의 실행이 가능하다.
- 가상기억장치에서의 중요한 관리전략은 교체전략이다.
- 보조기억장치를 가상기억장치로 사용할 경우 성능저하문제를 고려해야 한다.
- 실행이 매우 빠르고 일정한 응답시간이 요구되는 임베디드 시스템 또는 특정 목적을 수행하는 컴퓨터에는 적합하지 않을 수 있다.

가상기억장치를 보다 효율적으로 관리하기 위해서는 가상주소를 실 주소로 사상하는 주소사상 기법 그리고 페이지 또는 세그먼트들을 교체하고 관리하기 위한 관리 전략이 필요하며, 가상기억장치 구현방법에는 페이지 사상, 세그먼트 사상, 그리고 페이지/세그먼트 혼합 기법 등이 있다. 그리고 가상기억장치 관리 전략에는 반입전략, 배치전략, 그리고 교체 전략이 있으며, 이들 기법들을 살펴보면 다음과 같다.

✓ 가상기억장치 구현방법

- 페이지 사상 기법
- 세그먼트 사상 기법
- 페이지/세그먼트 혼합 기법

✓ 가상기억장치 관리 전략

- 반입전략
- 배치 전략
- 교체전략

(1) FIFO 알고리즘

(2) 최적교체 알고리즘

(3) 무작위 페이지 교체 알고리즘

(4) SCR 교체 알고리즘

(5) LRU 교체 알고리즘

(6) LFU 교체 알고리즘

(7) NUR 교체 알고리즘

Note

가상기억장치(Virtual Memory) 관리 방법

실행할 하나의 작업 프로그램이 주기억장치보다 크거나 또는 작업 프로그램 모듈이 여러 개인 경우 한정된 주기억장치의 크기로 인하여 프로그램 작업을 실행할 수 없는 문제가 발생하는데 이러한 문제를 해결하기 위하여 보조기억장치 일부를 주기억장치처럼 사용하는 방법

7.2 주소사상

가상기억장치의 작업 프로그램들이 실행되기 위해서는 주기억장치의 실제 주소 공간, 즉 물리 주소 공간으로 이동되어야 하는데, 이때 가상기억장치의 주소공간의 작업 프로그램들을 주기억장치의 실제 주소 공간으로 가져오는 과정을 주소사상(Address mapping) 또는 주소 변환(Address translation)이라 한다. 즉, 주소사상이란 가상주소공간을 실 주소공간으로 사상하는 과정을 말하며, 일반적으로 가상기억장치의 주소 공간은 가상 주소 공간(Virtual Address Space) V로 표현하고, 주기억장치의 실제 주소 공간(Real Address Space)은 R로 표현한다. 여기서 가상 주소 공간 V의 주소는 $|V|$이며, 실 주소 공간 R의 주소는 $|R|$이다. 따라서 가상기억장치의 주소 크기는 $|V|>|R|$이며, 사상함수 $F: V \rightarrow R$에 의해서 가상 주소공간이 실 주소공간으로 사상된다. 실제로 주소사상은 그림7.3과 같이 운영체제에 의해서 자동으로 수행되며, 운영체제에 의해 수행되는 작업을 기억장치 사상(Memory mapping)이라 하며, 동적 주소 변환기 DAT(Dynamic Address Translation)에 의해 블록단위로 수행된다.

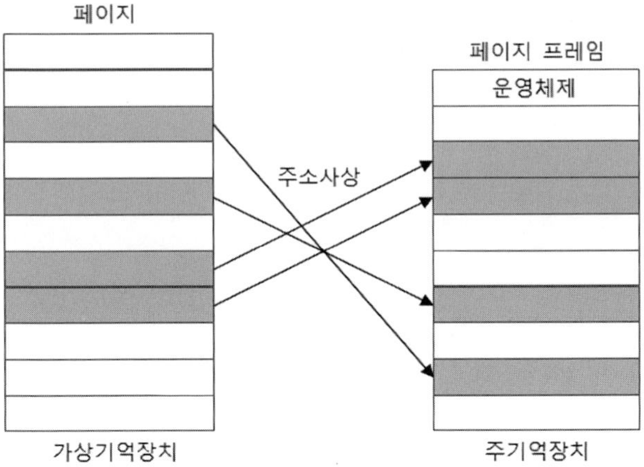

그림7.3 주소사상 과정

> **Note**
>
> **주소 사상**(Address Mapping)
>
> 가상주소공간을 실 주소공간으로 사상하는 과정

7.2.1 동적 주소 변환

동적 주소 변환(Dynamic Address Translation)을 위해서는 가상 주소와 실 주소의 개념 정리가 필요하며, 가상 주소(Virtual address)란 보조기억장치에서 수행 중인 프로세스가 참조하는 주소를 말하며, 실 주소(Real address) 또는 물리 주소(Physical address)란 가상 주소를 주기억장치의 주소로 사상하는 실제 주소 공간을 말한다. 동적 주소 변환(DAT)은 운영체제에 의해서 자동으로 수행되며, 동적 주소 변환 DAT란 그림7.4와 같이 가상 주소 공간을 실 주소 공간 즉, 물리 주소 공간으로 변환해 주는 동적 주소 변환과정을 말한다.

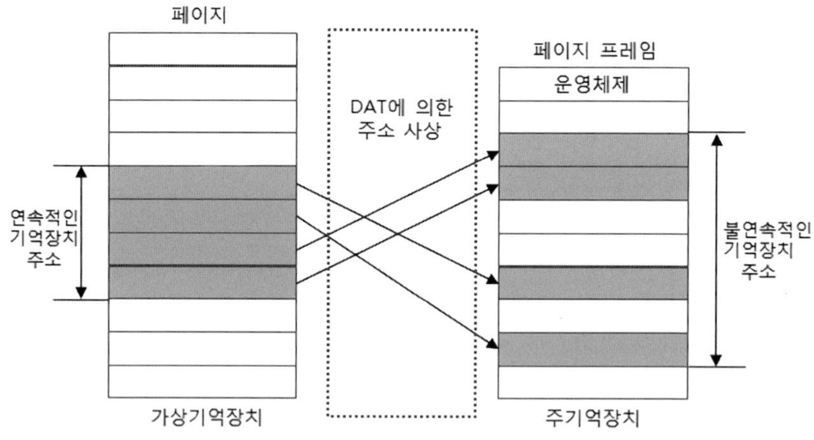

그림7.4 DAT에 의한 동적 주소 변환 과정

그림7.4는 DAT에 의한 주소 사상 과정을 보여주고 있으며, 이 과정에서 연속적인 가상

기억장치의 주소공간이 실제 주기억장치에서 불연속적인 주소 공간으로 사상되고 있다. 가상기억장치의 연속적인 주소공간은 주기억장치의 주소공간에서 연속적으로 사상될 필요가 없으며, 이러한 과정을 인위적 연속성(Artificial Continuity)이라 한다. 인위적 연속성은 사용자에게 프로세스 또는 작업 프로그램이 주기억장치의 어느 위치에 적재되어 있는지에 대한 적재 위치 정보를 알 필요가 없게 해주며, 주소 사상은 가능한 한 빠르게 수행되어야 한다. 만일 주소 사상이 빠르게 수행되지 않으면, 사상에 따른 참조 시간이 늦어져 이로 인한 성능 저하 문제가 발생한다. 따라서 가상 주소 공간에서 하나의 프로세스를 수행하기 위해서는 DAT에 의한 동적 주소 변환 과정이 필요하며, 가상기억장치의 성능 향상을 위해 DAT 알고리즘이 사용된다.

Note

동적 주소 변환

가상 주소 공간을 실 주소 공간 즉, 물리 주소 공간으로 변환해 주는 동적 주소 변환과정

7.2.2 블록 사상

주소 사상과정에서 사상 단위를 바이트(Byte) 또는 워드(Word)단위로 하면 어떤 문제가 발생할까? 만일 사상단위를 바이트 또는 워드 단위로 사상한다면 사상 정보가 너무 방대해져 사상에 따른 많은 기억장치가 필요할 것이며, 이로 인한 지연과 기억장치 낭비가 심하게 발생할 것이다. 또한 사상으로 인한 문맥교환 현상이 지나치게 많이 발생하여 가상기억장치의 성능을 저하시킨다. 이러한 문제를 해결하기 위한 한 가지 방법이 블록단위로 사상하는 기법이다. 여기서 블록이란 가상기억장치에서의 분할된 작업 프로그램 단위를 말하며, 블록 사상 기법이란 가상기억장치에서 분할된 블록을 주기억 장치의 실 주소 공간으로 사상하는 방법을 말한다. 따라서 사상을 수행할 단위를 적절한 크기로 블록화한다면 사상으로 인한 문맥교환의 횟수를 줄일 수 있을 뿐만 아니라 사상지연과 기억장치낭비의 문제를 줄일 수 있다. 예를 들어, 블록 사상과정에서 블록의 크기를 크게

하면 기억장치의 양과 문맥 교환의 횟수를 줄일 수 있지만 가상기억장치에서 주기억장치로 블록을 가져오는데 많은 시간이 걸리는 문제가 발생하며, 이와 반대로 블록의 크기를 너무 작게 하면 사상으로 인한 시간 지연, 문맥교환 횟수 증가, 그리고 기억장치 낭비 등의 문제가 발생한다. 이러한 문제를 해결하기 위해서는 블록의 크기를 적당한 크기로 재구성하는 알고리즘이 필요하다.

일반적으로 블록사상은 $V=(b, d)$의 2차원 배열로 표현되며, 여기서 b는 블록, 그리고 d(displacement)는 변위 또는 옵셋(offset)이다. 변위 d는 블록이 실 주소 공간에 저장되는 일정한 거리를 말하며, 블록 사상을 위한 $V=(b, d)$의 2차원 배열의 형식은 그림7.5와 같이 표현된다.

블록 번호 b	변위 d

그림7.5 $V=(b, d)$의 2차원 배열의 형식

블록사상은 $V=(b, d)$의 2차원 배열의 형식에 기반하여 사상 알고리즘이 수행되며, 블록 사상 과정은 그림7.6과 같이 수행된다. 따라서 그림7.6에서 가상 주소 V가 실 주소 r로 사상되는 과정은 다음과 같이 수행된다.

- **Step 1**: 블록사상을 수행하기 위하여 베이스 레지스터a에 블록번호 b를 더한다.
- **Step 2**: 베이스 레지스터a와 블록번호 b를 더한 항목을 블록 사상 테이블(BMT)에서 실 주소 b'를 찾는다.
- **Step 3**: 위치 b'는 블록 사상 테이블(BMT)에서 실 주소이므로 실 주소 b'에 변위 d를 더하여 주기억장치의 실 주소 r=b'+d를 구한다.

그림7.6에서 블록 사상 테이블(BMT)은 베이스 레지스터 정보와 블록 정보를 더한 위치 정보를 가지고 있으며, 주기억장치 내에서 사상 항목을 빠르게 접근하기 위해 동적 주소

변환(DAT) 기능을 수행한다.

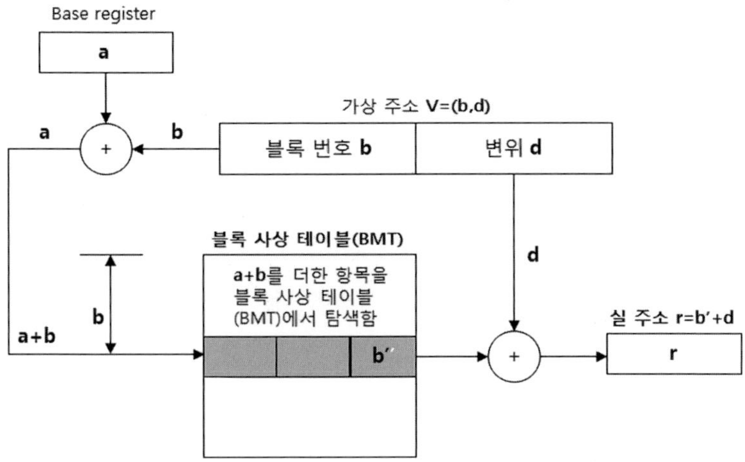

그림7.6 블록 사상 과정

> **Note**
>
> **블록 사상**(Block mapping) **기법**
>
> 가상기억장치에서 분할된 블록을 주기억 장치의 실 주소 공간으로 사상하는 방법

7.3 가상기억장치 구현 방법

가상기억장치를 구현하는 방법, 즉 주소 사상 구현 방법으로는 페이지 단위로 구현하는 페이징(Paging) 기법, 세그먼트 단위로 구현하는 세그멘테이션(Segmentation) 기법, 그리고 페이징 기법과 세그멘테이션을 혼합한 페이징/세그멘테이션 혼합 기법으로 구분되며, 각각을 살펴보면 다음과 같다.

✓ 주소 사상 구현 방법

- 페이징 기법
- 세그멘테이션 기법
- 페이징/세그멘테이션 혼합 기법

7.3.1 페이징 기법

페이징(Paging) 기법이란 주소 사상을 페이지 단위로 수행하는 기법으로서 페이지란 블록의 크기를 같은 크기로 분할하는 사상단위를 말한다. 이때 가상기억장치를 페이지 단위로 구성하는 과정을 페이징(Paging)이라 하며, 페이징 과정을 거친 페이지가 실 주소 공간의 페이지 프레임(Page frame)에 사상되어 적재된다. 페이징 기법에서 페이지를 페이지 프레임으로 사상하는 과정은 페이지 사상 테이블 PMT(Page Mapping Table)에 의해 자동으로 수행되며, 이때 PMT가 페이지들에 대한 동적 주소 변환을 수행한다.

예를 들어, PMT는 그림7.7과 같이 동적 주소 변환을 통해서 페이지를 페이지 프레임에 사상하며, PMT는 가상기억장치의 페이지를 주기억장치의 어느 페이지 프레임에 사상할지 등에 대한 사상 정보를 가지고 있다.

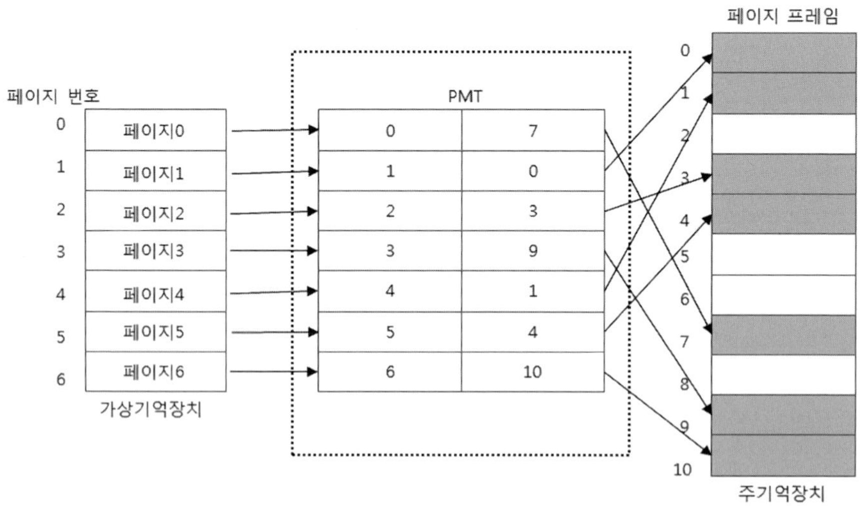

그림7.7 PMT에 의한 페이지 사상

그림7.7에서 페이지는 페이지0에서부터 페이지6까지 7개의 페이지가 있으며, 이들 페이지가 PMT에 의해 페이지 프레임으로 사상되며, 사상과정은 다음과 같다.

- 페이지0의 실 주소는 7이기 때문에 PMT에 의해 페이지 프레임7로 사상된다.
- 페이지1의 실 주소는 0이기 때문에 PMT에 의해 페이지 프레임0으로 사상된다.
- 페이지2의 실 주소는 3이기 때문에 PMT에 의해 페이지 프레임3으로 사상된다.
- 페이지3의 실 주소는 9이기 때문에 PMT에 의해 페이지 프레임9로 사상된다.
- 페이지4의 실 주소는 1이기 때문에 PMT에 의해 페이지 프레임1로 사상된다.
- 페이지5의 실 주소는 4이기 때문에 PMT에 의해 페이지 프레임4로 사상된다.
- 페이지6의 실 주소는 10이기 때문에 PMT에 의해 페이지 프레임10으로 사상된다.

페이징 기법에는 순수 페이징 기법과 요구 페이징 기법의 두 가지 방법으로 구분되며, 순수 페이징 기법이란 분할된 페이지를 미리 주기억장치의 페이지 프레임에 적재하여 실행하는 방법을 말한다. 그리고 요구 페이징 기법이란 페이징 요구가 발생할 때 필요한 페이지를 하나씩 주기억장치의 페이지 프레임에 적재시키는 방법을 말하며, 페이징 기법에서 가상 주소는 $V=(p, d)$의 2차원 배열로 표현된다. $V=(p, d)$의 2차원 배열에서 p는 페이지 번호이며, d는 변위이다. 따라서 페이징 기법은 $V=(p, d)$의 2차원 배열에 기반하여 페이지의 사상이 수행되며, 직접 사상, 연관사상, 그리고 연관/직접 혼합 사상 기법으로 구분하여 사상을 수행한다.

✓ 페이징 사상 기법

- 직접 사상(Direct mapping) 기법
- 연관 사상(Associative mapping) 기법
- 연관/직접 혼합 사상 기법

Note

페이징(Paging) 기법

주소 사상을 페이지 단위로 수행하는 기법

페이지(Page)

블록의 크기를 같은 크기로 분할하는 사상단위

1) 직접 사상 기법

페이징 기법의 직접 사상 기법에서 가상 주소 $V=(p, d)$는 그림7.8과 같이 표현되며, 가상 주소가 실 주소로 사상되는 과정은 그림7.9와 같다.

페이지 번호 p	변위 d

그림7.8 가상 주소 $V=(p, d)$의 2차원 배열의 형식

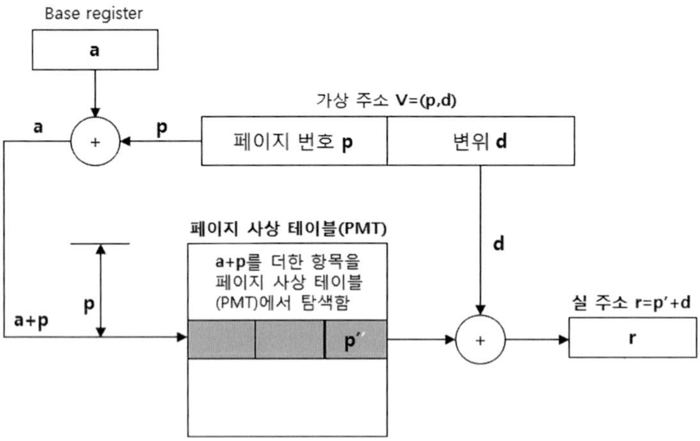

그림7.9 페이징에 의한 직접 사상

그림7.9에서 보듯이 페이징에 의한 직접 사상은 앞에서 살펴본 블록 사상 기법과 매우

유사하다. 블록 사상 기법과의 차이는 블록 사상 기법에서는 사상 단위가 블록인데 반해서 직접 사상 기법에서의 사상 단위는 페이지라는 점이다. 따라서 직접 사상 기법에서 가상 주소 $V=(p, d)$가 실 주소 $r=p'+d$로 사상되는 과정은 블록 사상기법과 같다.

직접 사상 기법에서 중요한 고려 사항 중의 하나는 페이지 부재 현상이며, 만일 직접 사상을 수행하는 페이지가 주기억장치의 페이지 프레임에 존재하면 페이징 사상이 바로 수행되지만, 사상을 수행할 페이지가 페이지 프레임에 존재하지 않으면 페이지 부재 현상으로 시간이 많이 소모되는 문제가 발생한다. 직접 사상 기법에서는 페이지 부재로 인한 시간 지연 문제를 해결하기 위하여 빠른 캐시 기억장치를 이용하여 사상 테이블을 구현하고 있으며, 장점 · 단점을 살펴보면 다음과 같다.

|장점·단점|

- 장점 - 페이지 사상 테이블(PMT)의 변경이 쉽다.
- 단점 - 페이지 부재로 인한 사상 지연이 발생한다.

예제 7-1

페이지 사상 테이블(PMT)에서 각 페이지가 참조하는 페이지 프레임 번호가 0, 4, 2, 3, 7일 때 직접사상 기법을 이용한 가상주소 V=(4,5)가 실 주소로 사상되는 과정과 실 주소는 다음과 같다.

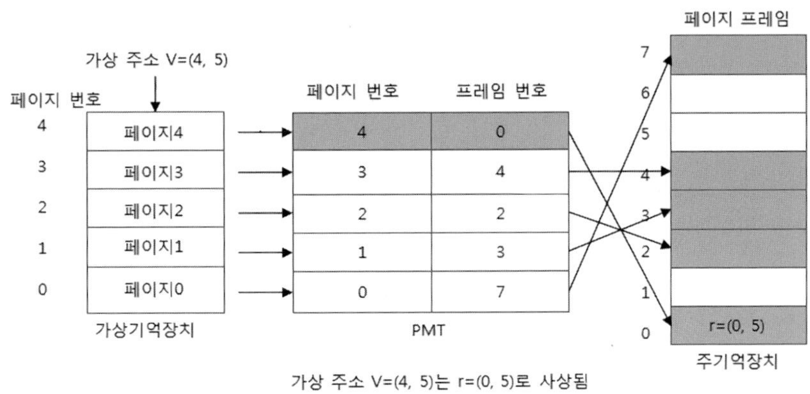

가상 주소 V=(4, 5)는 r=(0, 5)로 사상됨

이 예에서 가상주소 V=(4, 5)가 실 주소 r=(0, 5)로 사상됨을 알 수 있으며, 가상주소 V=(4, 5)에서 4는 페이지 번호, 5는 변위이다. 페이지 번호 4는 페이지 사상 테이블(PMT)에서 프레임 번호 0과 사상되므로 이 프레임 번호를 주기억장치의 페이지 프레임에서 찾는다. 따라서 페이지 프레임의 실 주소 0과 변위 5를 더하여 실 주소 r=(0, 5)임을 알 수 있다.

---

2) 연관 사상 기법

연관 사상 기법은 연관 기억장치(Associative memory)를 이용하여 페이징 사상을 빠르게 수행하기 위한 기법이다. 연관 사상은 동적 주소 사상을 위해 위치 지정이 아닌 내용 지정을 통해서 사상을 수행되며, 내용 지정은 내용 주소화 기억장치인 CAM(Content Addressable Memory)을 통해서 수행된다. 연관 사상 기법에서 주소 사상은 연관 사상 테이블 AMT(Associative Mapping Table)에 의해 동적으로 수행되며, 주소 사상 과정은 그림7.10과 같다.

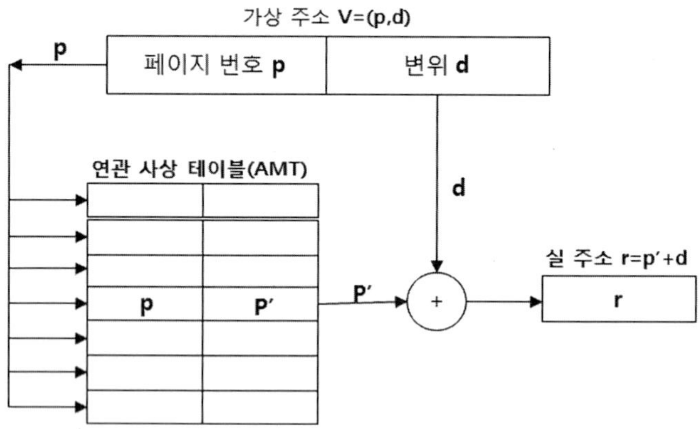

그림7.10 페이징에 의한 연관사상

그림7.10에서 보듯이 연관 사상은 연관 사상 테이블에 의해서 가상 주소 $V=(p, d)$가 실

주소 $r=p'+d$로 사상 되며, 이때 AMT가 연관 메모리를 모두 탐색하여 해당되는 페이지를 페이지 프레임으로 사상한다. 연관 사상 기법과 직접 사상 기법과의 차이는 직접 사상 기법은 PMT에 의해 페이지 사상이 수행되는 반면에 연관 사상 기법은 AMT를 탐색하여 페이지 사상이 수행된다는 점이다.

따라서 연관 사상 기법은 연관 메모리의 사용으로 인해 페이지 사상이 빠르며, 장점·단점을 살펴보면 다음과 같다.

|장점·단점|

- 장점 - 페이지 사상이 빠르다.
- 단점 - 연관 메모리의 가격이 비싸다.
  - 직접 사상 기법보다 구현이 어렵다.

예제 7-2

페이지 사상 테이블(PMT)에서 각 페이지가 참조하는 페이지 프레임 번호가 0, 4, 2, 3, 7일 때 연관사상 기법을 이용한 가상주소 V=(4,5)가 실 주소로 사상되는 과정과 실 주소는 다음과 같다.

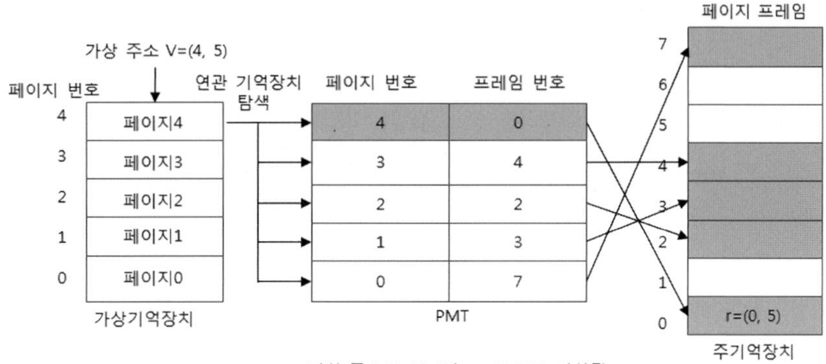

가상 주소 V=(4, 5)는 r=(0, 5)로 사상됨

이 예에서 가상주소 V=(4, 5)가 실 주소 r=(0, 5)로 사상됨을 알 수 있으며, 가상주소 V=(4, 5)에서 4는 페이지 번호, 5는 변위이다. 연관 기억장치를 탐색하여 페이지 번호 4가 참조한 프레임 번호가 0이므로 페이지 프레임의 실 주소 0과 변위 5를 더하여 실 주소 r=(0, 5)임을 알 수 있다.

---

3) 연관/직접 혼합 사상 기법

연관/직접 혼합 사상 기법은 직접 사상 기법과 연관 사상 기법을 혼합한 기법으로서 이 방법은 직접 사상 기법의 캐시 기억장치와 연관 사상 기법의 연관 기억장치의 장점을 살려 보다 저렴한 비용으로 페이지를 사상하는 기법이다. 연관/직접 혼합 사상 기법에서 사상은 그림7.11과 같이 먼저 AMT에 의한 연관 사상 기법을 수행하며, 연관 테이블이 없을 경우에는 직접 사상을 수행한다.

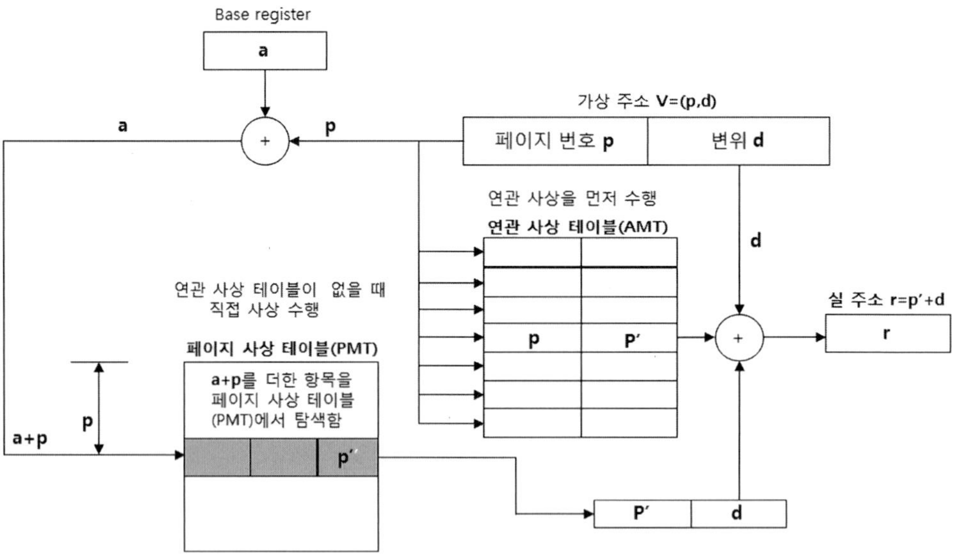

그림7.11 페이징에 의한 연관/직접 혼합 사상 기법

그림7.11에서 연관/직접 혼합 사상이 수행되는 과정을 살펴보면 다음과 같다.

- 먼저 사상할 페이지를 연관 사상 테이블 AMT에서 찾는다.
- AMT에서 사상할 페이지 p가 있으면 p에 대응되는 페이지 프레임 번호 p'와 변위 d를 더한 후 더한 항목을 실 주소 r=p'+d로 사상한다.
- 만일 사상할 페이지 p가 연관 사상 테이블 AMT에 없으면 직접 사상 기법에 의한 페이지 사상을 수행한다.
- 직접 사상을 위한 페이지 p를 페이지 사상 테이블 PMT에서 찾는다.
- PMT에 의해서 찾은 페이지 p를 대응되는 페이지 프레임 p'와 변위 d를 더한 후 더한 항목을 실 주소 r=p'+d로 사상한다.

연관/직접 혼합 사상 기법은 최근에 참조된 페이지는 나중에 참조될 가능성이 높다는 지역성(Locality) 원리를 적용한 사상 기법으로서 연관 기억장치에는 지역성이 적용되는 페이지만을 유지하고, AMT가 없을 때는 직접 사상 기법을 이용하여 페이지들을 사상하는 기법이다.

7.3.2 세그멘테이션 기법

세그멘테이션(Segmentation) 기법이란 주소 사상을 세그먼트 단위로 수행하는 기법으로서 세그먼트란 블록의 크기를 서로 다른 크기로 분할하는 사상단위를 말한다. 이때 가상기억장치를 세그먼트 단위로 구성하는 과정을 세그멘테이션이라 하며, 세그멘테이션 과정을 거친 세그먼트가 실 주소 공간으로 사상되어 적재된다. 세그멘테이션 기법에서 세그먼트를 주기억장치로 사상하는 과정은 세그먼트 사상 테이블 SMT(Segment Mapping Table)에 의해 자동으로 수행되며, 이때 SMT가 세그먼트들에 대한 동적 주소 변환을 수행한다. SMT는 가상기억장치의 세그먼트를 주기억장치의 어느 주소 공간에 사상할지 등에 대한 사상 정보를 가지고 있으며, 세그멘테이션을 위한 가상 주소 $V=(s, d)$는 그림7.12와 같이 표현되며, 세그먼트에 대한 가상 주소가 실 주소로 사상되는 과정은 그림

7.13과 같다.

세그먼트 번호 s	변위 d

그림7.12 세그먼트 가상 주소 $V=(s, d)$의 2차원 배열의 형식

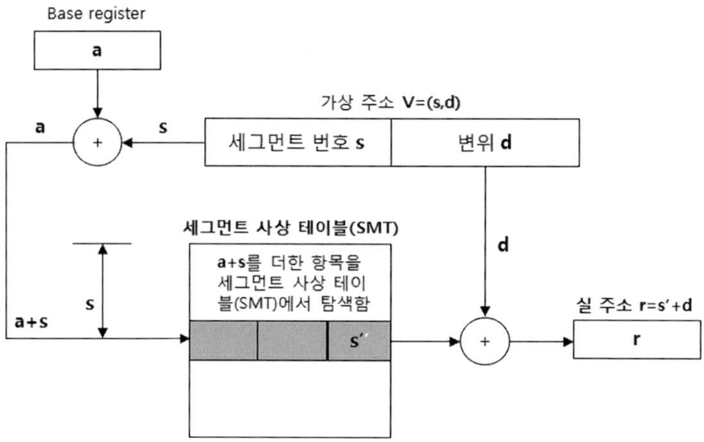

그림7.13 세그먼트에 의한 동적 주소 사상

세그먼트 가상 주소 $V=(s, d)$에서 s는 세그먼트이며, d는 변위이다. 그림7.13에서 보듯이 세그멘테이션 사상 기법은 앞에서 살펴본 페이징에 의한 직접 사상 기법과 유사하며, 세그멘테이션 사상이 수행되는 과정을 살펴보면 다음과 같다.

- 직접 사상을 위한 세그먼트 s를 세그먼트 사상 테이블 SMT에서 찾는다.
- SMT에 의해서 찾은 세그먼트s를 대응되는 세그먼트 프레임 s'와 변위 d를 더한 후 더한 항목을 실 주소 r=s'+d로 사상한다.

페이징에 의한 직접 사상 기법과 세그멘테이션 사상 기법의 차이점은 페이징에 의한 직접 사상 기법은 페이지 단위로 사상하는데 반해서 세그멘테이션 사상 기법은 세그먼트

단위로 사상된다는 점이다.

일반적으로 함수 및 서브루틴(Subroutine), 프로시저(Procedure) 및 모듈(Module), 그리고 행렬(Matrix) 및 스택(Stack) 등이 세그먼트가 되며, 이러한 세그먼트들은 가변적 크기를 가지고 있다. 세그멘테이션 사상 기법은 페이징 사상 기법과 마찬가지로 직접 사상 기법, 연관 사상 기법, 그리고 연관/직접 혼합 사상 기법 등이 있으며, 이들에 대한 사상 방법은 페이징 사상 기법과 같기 때문에 생략한다.

Note

세그멘테이션(Segmentation) **기법**

주소 사상을 세그먼트 단위로 수행하는 기법

세그먼트(Segment)

블록의 크기를 서로 다른 크기로 분할하는 사상단위

7.3.3 페이징/세그먼테이션 혼합 기법

페이징/세그멘테이션 혼합 기법은 페이징 사상 기법과 세그멘테이션 사상 기법을 혼합한 기법이다. 이 기법은 세그먼트를 페이지 단위로 페이지화하여 사상을 수행하는 기법으로서 세그먼트 단위로 사상할 때의 문제점을 보완한 기법이다.

일반적으로 세그먼트 단위로 블록화하여 사상을 수행할 때 세그먼트의 크기는 주기억장치의 크기보다 매우 클 수도 있으며, 또는 매우 작을 수도 있다. 세그먼트의 이러한 가변적 크기는 때로는 주기억장치의 단편화 문제를 가져오며, 단편화는 가상기억장치의 성능을 떨어뜨리는 문제를 제공한다. 이러한 문제를 해결하기 위하여 세그먼트를 페이지 단위로 페이지화하여 사상을 수행하며, 페이징/세그멘테이션 혼합 기법의 가상 주소는 그림7.14와 같이 3차원 배열 구조로 표현된다.

세그먼트 번호 s	페이지 번호 p	변위 d

그림7.14 가상 주소 V=(s, p, d)의 3차원 배열 형식

가상 주소 V=(s, p, d)의 3차원 배열 형식에서 s는 세그먼트 번호, p는 페이지 번호, 그리고 d는 변위이다. 페이징/세그멘테이션 혼합 기법에서 주소 사상은 먼저 연관 사상 테이블 AMT를 탐색하여 사상을 수행하며, 만일 사상이 수행되는 항목 즉, 페이지 또는 세그먼트가 연관 사상 테이블 AMT에 있으면 연관 사상 알고리즘에 의해 세그먼트 번호와 페이지 번호를 찾아 실 주소 r=(p', d)로 사상된다. 그러나 만일 사상이 수행되는 항목이 연관 사상 테이블 AMT에 없으면 직접 사상 기법에 의하여 세그먼트 사상 테이블 SMT와 페이지 사상 테이블 PMT를 참조하여 주소 사상을 수행한다. 페이징/세그멘테이션 혼합 기법에서 주소 사상은 그림7.15와 같이 수행되며, 베이스 레지스터에서 세그먼트 사상 테이블의 시작 주소a를 찾아 이 값을 세그먼트 번호s와 더한 후 실 주소 r=(p', d)로 사상된다.

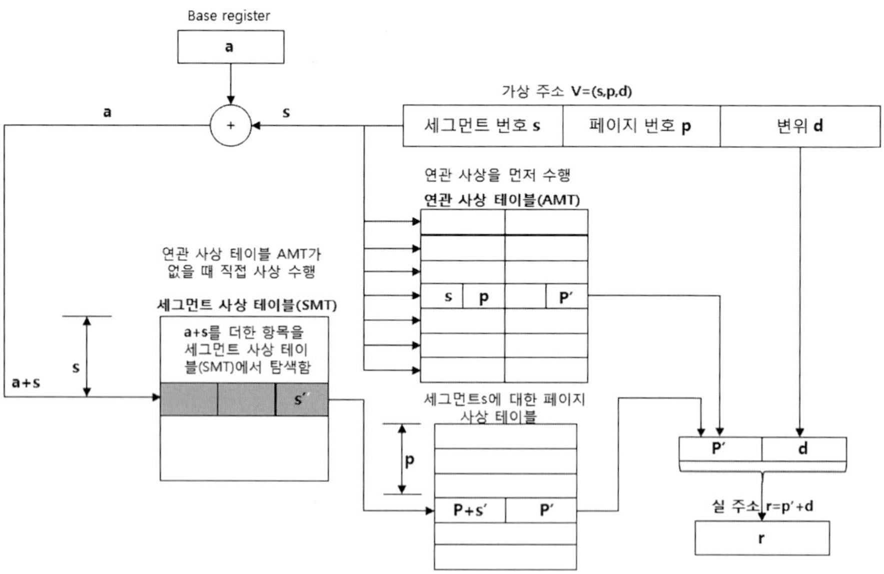

그림7.15 페이징/세그멘테이션 혼합 사상

페이징/세그멘테이션 혼합 기법과 세그멘테이션 기법과의 차이점은 페이징/세그멘테이션 혼합 기법의 경우는 세그먼트 사상 테이블의 항이 세그먼트의 베이스 레지스터의 주소를 가지고 있는 것이 아니라 페이지 사상 테이블의 베이스 레지스터 주소를 가지고서 사상을 수행한다는 점이다. 페이징/세그멘테이션 혼합 기법에서 사상이 수행될 세그먼트s가 주기억장치의 실 주소 공간에 없으면 세그먼트 부재(Segment fault)가 발생하며, 이 경우 세그먼트 부재로 인한 성능 저하 문제를 방지하기 위하여 운영체제는 세그먼트 교체 알고리즘을 주기적으로 수행하여 시스템을 안정적으로 유지하는 기능을 수행한다.

7.4 페이지 교체 전략

가상기억장치의 관리 전략에서 가장 중요한 전략은 교체 전략이다. 가상기억장치의 관리 전략은 주기억장치의 관리 전략과 마찬가지로 반입 전략, 배치 전략, 그리고 교체 전략으로 구분된다. 반입 전략이란 페이지 또는 세그먼트를 보조기억장치에서 주기억장치의 페이지 프레임으로 언제 가져올 것인가를 결정하는 전략으로서 요구 반입 전략과 예상 반입 전략으로 구분된다.

- 요구 반입 전략: 요구 반입 전략은 페이지 또는 페이지의 반입 요구가 있을 때 보조기억장치에서 주기억장치로 페이지 또는 세그먼트를 가져오는 전략이다. 이 전략에서 사용되는 페이지 또는 세그먼트는 실제로 교체되거나 참조되는 항목이다.
- 예상 반입 전략: 예상 반입 전략은 프로세스에 의해 요청될 페이지 또는 세그먼트를 미리 예상하여 보조기억장치에서 주기억장치로 가져오는 전략이다. 이 기법은 예상이 정확할 경우 반입에 따른 실행시간을 줄일 수 있지만 페이지 또는 세그먼트에 대한 예측이 어렵다는 문제가 있다.

배치 전략이란 페이지 또는 세그먼트를 주기억장치의 어떤 위치에 배치할 것인가를 결정하는 전략을 말하며, 최초 적합(First-fit), 최적 적합(Best-fit), 그리고 최악 적합(Worst-fit) 기법으로 분류된다. 배치 전략에 대해서는 6장에서 자세히 기술하였으므로 6장을 참조하길 바란다.

그리고 교체 전략이란 페이지 부재가 발생했을 때 주기억장치의 페이지 프레임에서 어떤 페이지 또는 세그먼트와 교체를 수행할 것인가를 결정하는 전략을 말하며, 이 기법은 현재 주기억장치의 페이지 프레임 내의 페이지 또는 세그먼트와 교체를 수행하는 정책으로써 기억장치 자원을 효율적으로 이용하는 방법이다. 이처럼 반입 전략, 배치 전략, 그리고 교체 전략은 주기억장치와 가상기억장치를 효과적으로 관리하는 기법들이며, 이들 기법의 특징을 살펴보면 표7.1과 같다.

표7.1 반입 전략, 배치 전략, 교체 전략의 주요 특징

방법	전략적 특징	적용 기법
반입 전략	반입 시기(When)	· 요구 반입 기법 · 예상 반입 기법
배치 전략	배치 위치(Where) · 주기억장치 관리 기법의 주요 전략으로 사용	· First-fit 전략 · Best-fit 전략 · Worst-fit 전략
교체 전략	교체 대상 및 교체 내용(What) · 가상기억장치 관리의 페이지 교체 전략을 위한 주요 기법으로 사용	· FIFO 교체 알고리즘 · 최적 교체 알고리즘 · 무작위 교체 알고리즘 · LRU 교체 알고리즘 · LFU 교체 알고리즘 · NUR 교체 알고리즘 · SCR 교체 알고리즘 등

페이지 교체 전략은 가상기억장치를 효과적으로 관리하기 위한 정책이며, 페이지 교체를 수행하는 알고리즘을 살펴보면 다음과 같다.

✓ 페이지 교체 알고리즘

- FIFO 교체 알고리즘
- 최적 교체 알고리즘
- 무작위 교체 알고리즘
- LRU 교체 알고리즘
- LFU 교체 알고리즘
- NUR 교체 알고리즘
- SCR 교체 알고리즘

7.4.1 FIFO 교체 알고리즘

FIFO(First-In First-Out) 교체 알고리즘은 가장 간단한 페이지 교체 알고리즘으로써 이 기법은 각 페이지가 주기억장치에 들어올 때마다 시간(Time stamp)을 찍어 기억하고 있다가 페이지 교체가 발생할 때 주기억장치에 가장 먼저 들어온 페이지와 교체를 수행하는 기법이다. 이 기법에서 페이지는 FIFO 큐에 따라 저장되고 처리되며, 페이지 참조열에 의해 페이지 교체가 수행된다. FIFO 교체 알고리즘은 이해하기가 쉽고 간단하지만 최적 교체 알고리즘에 비해서 페이지 부재 현상이 많이 발생하며, 이 알고리즘의 특징을 살펴보면 다음과 같다.

✓ FIFO 알고리즘의 특징

- 가장 먼저 들어온 페이지를 가장 먼저 교체한다.
- 페이지 교체를 위해 시간(Time stamp)을 이용한다.
- FIFO 큐에 따라 페이지 교체를 수행한다.
- 오랫동안 사용된 중요한 페이지가 교체될 수 있다.

FIFO 교체 알고리즘에서 페이지는 페이지 프레임의 빈 공간 또는 교체 대상 페이지와 교체를 수행하며, 이때 교체되는 페이지는 페이지 프레임에 영향을 받는다. 일반적으로 페이지 프레임의 수가 많으면 페이지 부재가 적게 발생하지만, 페이지 프레임의 수가 많을 때 페이지 부재가 많이 발생하는 예외적인 현상이 나타나는데 이러한 현상을 FIFO 모순(Anomaly) 또는 Belady 모순이라 한다. 즉 Belady 모순이란 페이지 프레임의 수가 많을 때 오히려 페이지 부재가 더 많이 발생하는 현상을 말한다.

FIFO 교체 알고리즘에서 페이지 교체가 수행되는 과정과 Belady 모순 예를 살펴보면 다음과 같다.

예제 7-3 FIFO 페이지 교체

페이지 참조열에 9 0 1 2 0 3 0 4 2 3 0 3 2 1 2 7 0 1 의 페이지와 3개의 페이지 프레임이 있을 때 페이지 교체와 페이지 부재가 발생되는 과정을 살펴보면 다음과 같다.

✓ 페이지 참조열:

9	0	1	2	0	3	0	4	2	3	0	3	2	1	2	7	0	1

참조열	9	0	1	2	0	3	0	4	2	3	0	3	2	1	2	7	0	1
페이지 프레임	9	9	9	2		2	2	4	4	4	0			0	0	7	7	7
		0	0	0		3	3	3	2	2	2			1	1	1	0	0
			1	1		1	0	0	0	3	3			3	2	2	2	1
페이지 부재	F	F	F	F		F	F	F	F	F	F			F	F	F	F	F

이 예에서는 15번의 페이지 부재가 발생함을 알 수 있으며, 페이지 부재가 많을수록 페이지 교체에 따른 지연 문제가 발생한다.

예제 7-4 Belady 모순

페이지 참조열에 0 1 2 3 0 1 4 0 1 2 3 4 의 페이지와 3개의 페이지 프레임, 4개의 페이지 프레임이 있을 때 Belady의 모순이 발생되는 과정을 살펴보면 다음과 같다.

✓ 페이지 참조열:

0	1	2	3	0	1	4	0	1	2	3	4

(a) 페이지 프레임이 3개일 때

참조열	0	1	2	3	0	1	4	0	1	2	3	4
페이지 프레임	0	0	0	1	2	3	0	0	0	1	4	4
		1	1	2	3	0	1	1	1	4	2	2
			2	3	0	1	4	4	4	2	3	3
페이지 부재	F	F	F	F	F	F	F			F	F	

(b) 페이지 프레임이 4개일 때

참조열	0	1	2	3	0	1	4	0	1	2	3	4
페이지 프레임	0	0	0	0	0	0	1	2	3	4	0	1
		1	1	1	1	1	2	3	4	0	1	2
			2	2	2	2	3	4	0	1	2	3
				3	3	3	4	0	1	2	3	4
페이지 부재	F	F	F	F			F	F	F	F	F	F

이 예에서 (a)의 프레임이 3개일 때에는 9번의 페이지 부재가 발생하였으나 (b)의 프레임이 4개일 때 10번의 페이지 부재가 발생하였음을 알 수 있다. 이처럼 페이지 프레임이 3개일 때보다 4개일 때 오히려 페이지 부재가 더 많이 발생했는데 이러한 현상이 Belady 모순이다.

Note

FIFO(First-In First-Out) **교체 알고리즘**

각 페이지가 주기억장치에 들어올 때 마다 시간(**Time stamp**)을 찍어 기억하고 있다가 페이지 교체가 발생할 때 주기억장치에 가장 먼저 들어온 페이지와 교체를 수행하는 기법

Belady 모순

페이지 프레임의 수가 많을 때 오히려 페이지 부재가 더 많이 발생하는 현상

7.4.2 최적 교체 알고리즘

최적 교체(Optimal replacement) 알고리즘은 현재의 페이지가 참조된 이후 가장 오랫동안 사용되지 않을 페이지와 교체를 수행하는 기법이다. 이 기법은 Belady 모순을 개선한 기법으로서 페이지 부재가 비교적 적게 발생하며, 이 알고리즘의 특징을 살펴보면 다음과 같다.

✓ 최적 교체 알고리즘의 특징

- 가장 오랫동안 사용되지 않을 페이지와 교체를 수행한다.
- 페이지 부재가 비교적 적게 발생한다.
- Belady 모순을 개선한 기법이다.
- 페이지 호출 순서를 사전에 미리 파악해야 하는 문제가 있다.

최적 교체 알고리즘에서 페이지 교체가 수행되는 과정을 살펴보면 다음과 같다.

예제 7-5 최적 교체

페이지 참조열에 9 0 1 2 0 3 0 4 2 3 0 3 2 1 2 7 0 1 의 페이지와 3개의 페이지 프레임이 있을 때 페이지 교체와 페이지 부재가 발생되는 과정을 살펴보면 다음과 같다.

✓ 페이지 참조열:

9	0	1	2	0	3	0	4	2	3	0	3	2	1	2	7	0	1

참조열	9	0	1	2	0	3	0	4	2	3	0	3	2	1	2	7	0	1
페이지 프레임	9	9	9	2		2		2			2			2		7		
		0	0	0		0		4			0			0		0		
			1	1		3		3			3			1		1		
페이지 부재	F	F	F	F		F		F			F			F		F		

이 예에서는 9번의 페이지 부재가 발생함을 알 수 있으며, FIFO 교체 알고리즘과 비교해서 페이지 부재가 적게 발생함을 알 수 있다.

Note

최적 교체 알고리즘(Optimal replacement)

현재의 페이지가 참조된 이후 가장 오랫동안 사용되지 않을 페이지와 교체를 수행하는 기법

7.4.3 무작위 교체 알고리즘

무작위 교체(Random replacement) 알고리즘은 사용자들에게 특별하게 차이를 두지 않으면서 페이지를 무작위로 교체하는 기법이다. 이 알고리즘은 무작위 교체로 인한 오버헤

드가 비교적 적은 장점이 있으나 최악의 경우 바로 뒤에 호출된 페이지가 또 다시 교체될 가능성이 있다.

> **Note**
>
> **무작위 교체**(Random replacement) **알고리즘**
>
> 사용자들에게 특별하게 차이를 두지 않으면서 페이지를 무작위로 교체하는 기법

7.4.4 LRU 교체 알고리즘

LRU(Least Recently Used) 교체 알고리즘은 각 페이지마다 타임스탬프용 카운터(Counter)를 두어 현재 시점에서 가장 오랫동안 사용되지 않은 페이지와 교체를 수행하는 기법이다. 이 기법은 가장 널리 사용되고 있는 교체 알고리즘으로서 새로운 페이지가 호출될 때 각 페이지 테이블 항목과 시간 레지스터 값을 참조하여 가장 작은 값을 가진 페이지를 교체한다. LRU 교체 알고리즘은 지역성에 기반하여 교체가 수행되며, 이 알고리즘의 특징을 살펴보면 다음과 같다.

✓ LRU 교체 알고리즘의 특징

- 페이지 교체를 위해 타임스탬프용 카운터를 사용한다.
- 현재 시점에서 가장 오랫동안 사용되지 않은 페이지와 교체를 수행한다.
- 지역성에 기반하여 페이지 교체를 수행한다. 즉 오랫동안 참조되지 않은 페이지는 가까운 미래에도 사용되지 않을 가능성이 크다는 이유에서이다.
- 타임스탬프용 카운터로 인하여 시간 오버헤드가 발생한다.
- 구현이 어렵다.

LRU 교체 알고리즘에서 페이지 교체가 수행되는 과정을 살펴보면 다음과 같다.

예제 7-7 LRU 페이지 교체

페이지 참조열에 9 0 1 2 0 3 0 4 2 3 0 3 2 1 2 0 1 7 0 1 의 페이지와 3개의 페이지 프레임이 있을 때 페이지 교체와 페이지 부재가 발생되는 과정을 살펴보면 다음과 같다.

✓ 페이지 참조열:

9	0	1	2	0	3	0	4	2	3	0	3	2	1	2	0	1	7	0	1

참조열	9	0	1	2	0	3	0	4	2	3	0	3	2	1	2	0	1	7	0	1
페이지 프레임	9	9	9	2		2		4	4	4	0			1		1		1		
		0	0	0		0		0	0	3	3			3		0		0		
			1	1		3		3	2	2	2			2		2		7		
페이지 부재	F	F	F	F		F		F	F	F	F			F		F		F		

이 예에서는 11번의 페이지 부재가 발생함을 알 수 있으며, FIFO 교체 알고리즘과 비교할 때에는 페이지 부재가 적게 발생하지만 최적 교체 알고리즘과 비교할 때에는 페이지 부재가 많이 발생함을 알 수 있다.

Note

LRU(Least Recently Used) **교체 알고리즘**

각 페이지마다 타임스탬프용 카운터(Counter)를 두어 현재 시점에서 가장 오랫동안 사용되지 않은 페이지와 교체를 수행하는 기법

7.4.5 LFU 교체 알고리즘

LFU(Least Frequence Used) 교체 알고리즘은 사용빈도가 가장 적은 페이지, 즉 호출된

횟수가 가장 적은 페이지와 교체를 수행하는 기법이다. LRU 교체 알고리즘과 LFU 교체 알고리즘의 차이점은 LRU 교체 알고리즘에서는 타임스탬프용 카운터를 이용하여 페이지 교체를 수행하는 데 반해서 LFU 교체 알고리즘은 사용빈도를 이용하여 페이지 교체를 수행한다는 점이다. 따라서 LFU 교체 알고리즘은 사용빈도에 따라 페이지 교체가 수행되며, 이 알고리즘의 특징을 살펴보면 다음과 같다.

✓ LFU 교체 알고리즘의 특징

- 사용빈도에 따라 페이지 교체가 수행된다.
- 지역성 문제가 발생한다.
- 바로 참조된 페이지가 교체될 수 있다.

LFU 교체 알고리즘에서 페이지 교체가 수행되는 과정을 살펴보면 다음과 같다.

예제 7-7 LFU 페이지 교체

페이지 참조열에 9 2 3 6 2 1 3 4 5 2 1 3 의 페이지와 4개의 페이지 프레임이 있을 때 페이지 교체와 페이지 부재가 발생되는 과정을 살펴보면 다음과 같다.

✓ 페이지 참조열:

9	2	3	6	2	1	3	4	5	2	1	3

참조열	9	2	3	6	2	1	3	4	5	2	1	3
페이지 프레임	9	9	9	9				1	1			
		2	2	2				2	2			
			3	3				3	3			
				6				4	5			
페이지 부재	F	F	F	F				F	F			

이 예에서는 6번의 페이지 부재가 발생함을 알 수 있다.

Note

LFU(Least Frequence Used) **교체 알고리즘**
사용빈도가 가장 적은 페이지, 즉 호출된 횟수가 가장 적은 페이지와 교체를 수행하는 기법

7.4.6 NUR 교체 알고리즘

NUR(Not Used Recently) 교체 알고리즘은 최근에 사용되지 않은 페이지와 교체를 수행하는 기법으로서 이 기법은 LRU 교체 알고리즘에서 발생하는 시간 오버헤드 문제를 개선한 기법이다. NUR 교체 알고리즘에서는 참조비트와 변형 비트를 이용하여 시간 오버헤드 문제를 해결하며, 페이지 참조 여부와 변형 여부에 따라 비트를 0과 1로 구분한다.

NUR 교체 알고리즘에서 참조 비트가 0이면, 페이지가 참조되지 않았음을 의미하며, 참조 비트가 1이면 페이지가 참조되었음을 의미한다. 그리고 변형 비트가 0이면 페이지 내용이 변형되지 않았음을 의미하며, 변형 비트가 1이면 페이지 내용이 변형되었음을 의미한다. 페이지 교체를 위해 초기의 참조 비트와 변형 비트는 모두 0으로 설정되며, 이후 페이지가 참조되거나 내용이 변형될 때에는 참조 비트와 변형 비트가 1로 변경된다.

NUR 교체 알고리즘에서 하나의 페이지 교체 수행 과정은 먼저 참조 비트가 0인 페이지가 있는지 없는지를 확인하며, 0인 비트가 있으면 페이지 교체를 수행한 후 다음 단계로 넘어간다. 그러나 만일 페이지의 참조 비트가 모두 1일 때는 다음 변형 비트가 0인 페이지를 찾아 이 페이지를 참조 비트 0으로 변경한 후 페이지 교체를 수행한다. 이와 같은 과정을 통하여 NUR 교체 알고리즘을 수행하며, 이 알고리즘의 특징을 살펴보면 다음과 같다.

✓ NUR 교체 알고리즘의 특징

- 최근에 사용되지 않은 페이지와 교체를 수행한다.
- 참조비트와 변형 비트를 이용하여 페이지 교체를 수행하며, 참조비트와 변형 비트는 표7.2와 같다.

표7.2 참조비트와 변형 비트

참조 비트	변형 비트	개념적 의미
0	0	페이지 참조와 변형이 없음
0	1	페이지는 참조되지 않았으나 변형됨
1	0	페이지는 참조되었으나 변형되지 않음
1	1	페이지가 참조되고 변형됨

- 시간 오버헤드를 줄인다.

Note

NUR(Not Used Recently) **교체 알고리즘**

최근에 사용되지 않은 페이지와 교체를 수행하는 기법

7.4.7 SCR 교체 알고리즘

SCR(Second Chance Replacement) 교체 알고리즘은 모든 페이지들에 대하여 참조 비트를 적용하여 참조 비트가 0이면 페이지 교체를 수행하고, 참조 비트가 1이면 2차 기회를 주어 페이지를 교체하는 기법이다. 이 기법은 FIFO 교체 알고리즘의 단점을 개선한 기법으로서 2차 기회 알고리즘이라 한다. SCR 교체 알고리즘에서 페이지 교체는 그림7.16과 같이 먼저 페이지의 참조비트를 조사하여 참조 비트가 0이면 그 페이지를 교체하고, 만일 참조 비트가 1이면 준비 큐에 그 페이지를 피드백(Feedback)하고 그 페이지에게 2

차 기회를 주어 페이지 교체를 수행한다.

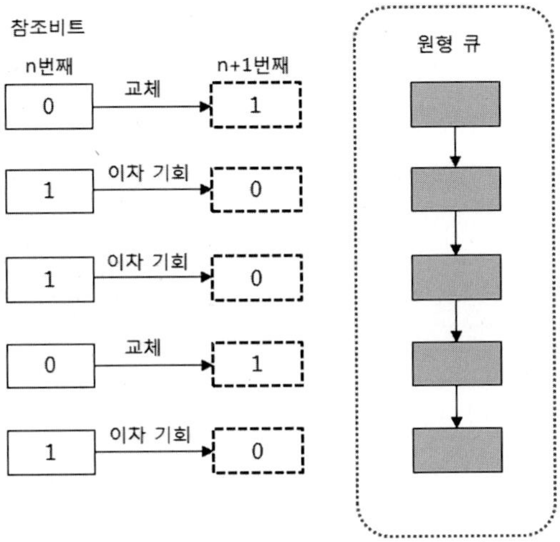

그림7.16 SCR 교체 알고리즘

SCR 교체 알고리즘은 그림7.16에서처럼 참조비트를 조사하여 어떤 페이지가 교체되었고, 이차 기회를 통해서 어떤 페이지가 교체될 것인지를 알 수 있으며, 이 알고리즘의 특징을 살펴보면 다음과 같다.

✓ SCR 교체 알고리즘의 특징

- 이차 기회를 통해서 페이지 교체가 수행된다.
- FIFO 교체 알고리즘의 단점을 개선한 기법이다.
- 참조 비트 0과 1을 이용하여 페이지 교체를 수행한다.

Note

SCR(Second Chance Replacement) **교체 알고리즘**

모든 페이지들에 대하여 참조 비트를 적용하여 참조 비트가 0이면 페이지 교체를 수행하고, 참조 비트가 1이면 2차 기회를 주어 페이지를 교체하는 기법

7.5 페이지 부재 처리

페이지 부재는 주기억장치의 페이지 프레임 내에서 참조할 페이지가 없거나 또는 교체될 페이지가 없을 때 발생한다. 만일 프로세스가 참조하는 페이지가 주기억장치의 페이지 프레임 내에 존재하면 그 프로세스는 곧 바로 실행되어 페이지 부재가 발생하지 않는다. 그러나 만일 참조할 페이지가 주기억장치의 페이지 프레임 내에 없다면 페이지 부재가 발생하므로 이때에는 가능한 빨리 페이지 부재처리를 수행해야 한다. 페이지 부재 처리는 페이지 교체 과정을 통해서 수행하며, 교체과정이 수행된 프로세스는 페이지 사상 테이블(PMT)을 갱신한 후 실 주소로 변환된다. 이러한 페이지 부재 처리 과정은 운영체제에 의해 수행되며, 페이지 부재 처리 과정은 그림7.17과 같다.

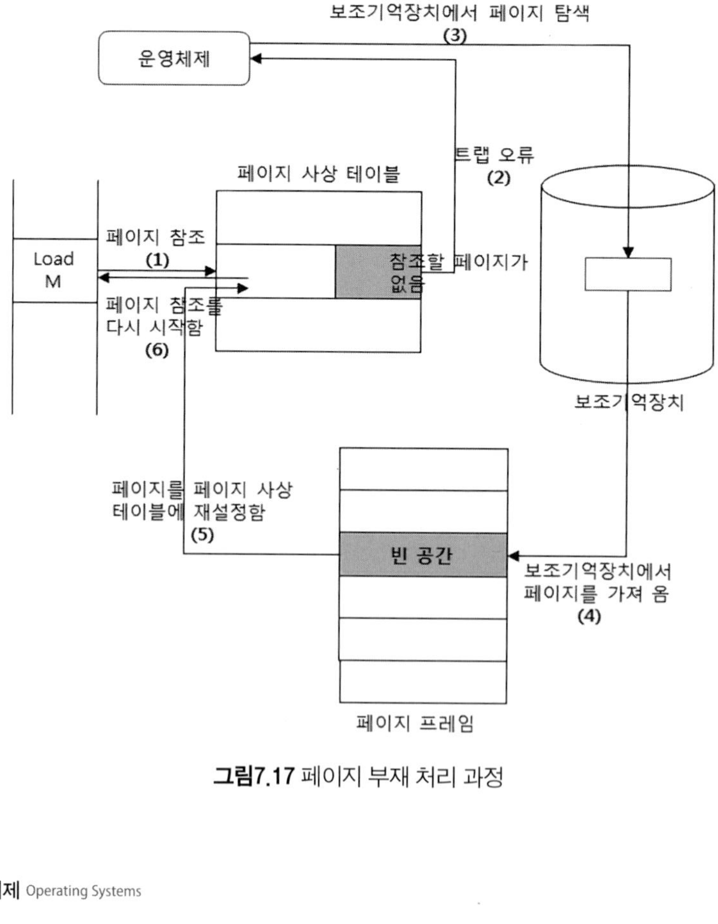

그림7.17 페이지 부재 처리 과정

그림7.17의 페이지 처리 과정은 6단계로 구분되어 처리되며, 다음과 같다.

- 단계(1)에서는 페이지 사상테이블에서 사상할 페이지를 참조한다.
- 단계(2)에서 참조할 페이지가 없으면 페이지 부재가 발생하여 트랩 오류를 발생한다. 만일 참조할 페이지가 있으면 바로 실행을 끝마친다.
- 단계(3)에서 운영체제는 보조기억장치에서 사상할 페이지가 있는지를 탐색한다.
- 단계(4)에서 보조기억장치에 사상할 페이지를 가져온다.
- 단계(5)에서 페이지 프레임의 빈 공간에 적재된 페이지를 페이지 사상 테이블에 재설정한다.
- 단계(6)에서 페이지 사상 테이블에서 페이지 참조를 다시 시작하고 프로세스 실행을 종료한다.

이와 같은 과정을 거쳐 페이지 부재가 처리되며, 시스템의 성능을 위해서 가능한 한 페이지 부재가 발생되지 않도록 관리하는 정책이 필요하다.

7.6 스래싱과 워킹 세트

스래싱(Thrashing)이란 페이지 교체가 빈번하게 발생되는 현상을 말하며, 워킹 세트(Working set)란 실행 중인 프로세스가 일정 기간 동안 자주 참조되는 페이지들의 집합을 말한다. 스래싱 현상이 발생하면 프로세스 즉, 작업 프로그램을 실행하는 시간보다 페이지 교체에 따른 시간이 더 많이 걸린다. 따라서 스래싱이 발생하면 시스템의 성능이 떨어지며, 일반적으로 스래싱 현상은 주기억장치에서 충분한 페이지 프레임을 갖지 못할 경우에 발생한다. 스래싱 현상을 줄이기 위해서는 페이지 프레임의 수를 일정하게 유지하는 것이 중요하며, 스래싱의 특징, 발생원인, 그리고 해결 방법 등을 살펴보면 다음과 같다.

✓ 스래싱의 특징

- 프로세스를 실행하는 시간보다 페이지 교체에 따른 시간이 길어진다.
- 빈번한 페이지 교체로 인하여 시스템의 성능이 저하된다.
- 페이지 프레임의 수를 일정하게 유지하는 것이 필요하다.

Note

스래싱(Thrashing)

페이지 교체가 빈번하게 발생되는 현상

워킹 세트(Working set)

실행 중인 프로세스가 일정 기간 동안 자주 참조되는 페이지들의 집합

7.6.1 스래싱의 발생원인

스래싱은 어떤 프로세스를 주기억장치의 페이지 프레임에 적재하여 실행하고자 할 때 충분한 페이지 프레임을 확보하지 못할 때 주로 발생한다. 즉 주기억장치에 프로세스를 적재할 만큼의 충분한 페이지 프레임이 부족할 때 페이지 부재가 빈번하게 발생한다. 이때 페이지 부재가 빈번하게 발생하면 페이지 교체를 계속해서 수행해야 하므로 이 과정에서 스래싱 현상이 발생한다. 스래싱은 다중프로그래밍과 중요한 관계를 가지고 있으며, 그림7.18에서처럼 다중프로그래밍의 정도가 높으면 CPU의 이용률은 높아지지만 한편으로 너무 높으면 스래싱이 발생한다.

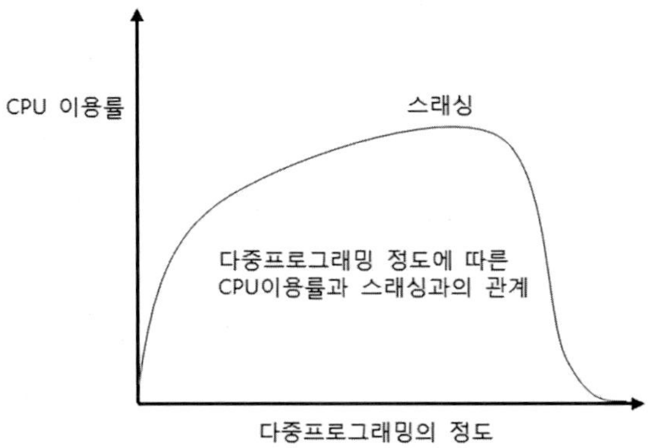

그림7.18 다중프로그래밍과 스래싱과의 관계

따라서 다중프로그래밍의 정도가 높아질 때 다음과 같은 사항을 고려하여 스래싱 현상을 예방해야 한다.

- 다중프로그래밍의 정도를 낮추어야 한다.
- 각 프로세스들에게 충분한 페이지 프레임을 할당해 준다.
- 주기억장치 내에 워킹세트를 유지해 준다.
- 주기억장치 내에 지역성 이론을 유지해 준다.

7.6.2 지역성

지역성(Locality)이란 프로세스가 실행하는 동안 기억장치 내의 모든 지역을 참조하는 것이 아니라 참조 가능성이 높은 지역만을 참조하는 방법을 말하며, 지역성은 시간 지역성과 공간 지역성으로 구분된다.

- 시간 지역성(Temporal Locality): 시간 지역성이란 최근에 참조된 프로세스는 시간적으로 가까운 장래에도 계속 참조될 가능성이 높다는 것을 의미하며, 주로 서브루틴, 스택, 반복 등의 연산 프로세스에 적용된다.

• 공간 지역성(Spatial Locality): 공간 지역성이란 하나의 참조된 프로세스는 그 근처 지역의 참조 가능성이 높음을 의미하며, 주로 행렬, 변수 선언, 순차 구조 연산 프로세스 등에 적용된다. 예를 들어 공간 구역성은 서울 지역에 비가 오고 있으면, 인근의 인천, 수원 등의 지역에도 비가 올 가능성이 높다는 것을 의미한다.

지역성은 1968년 Denning에 의해 제안된 이론으로써 이 개념은 워킹 세트 이론으로 발전하였으며, 가상기억장치 관리의 이론적인 토대가 되었다. 지역성에서 하나의 지역이란 실제로 함께 사용되는 페이지들의 집합이며, 페이지의 크기에 직접적인 영향을 미친다.

7.6.3 워킹 세트

워킹 세트란 실행 중인 프로세스가 일정 기간 동안 자주 참조되는 페이지들의 집합을 말하며, 스래싱 현상으로 인해 발생되는 문제를 해결하기 위한 한 가지 방법이다. 워킹 세트는 지역성의 특성을 이용한 방법이며, 이 방법은 프로세스가 많이 참조하는 페이지들을 주기억장치에 계속 상주시킴으로써 빈번하게 발생하는 페이지 교체를 줄인다. 따라서 하나의 프로세스를 효과적으로 실행하기 위해서는 그 프로세스를 주기억장치 내에 상주시키는 것이 무엇보다 중요하며, 만일 그렇지 않을 경우에는 페이지 교체로 인한 스래싱 현상이 발생한다. 워킹 세트에서는 프로세스가 실행되는 동안 페이지들의 추가 및 삭제 연산이 수행되며, 안정적인 연산을 위해 주기억장치 내에 워킹 세트를 유지시키는 일이 중요하다.

7.7 페이지 교체 시 고려사항

페이지 교체 과정에서 발생되는 빈번한 페이지 교체 현상 즉 스래싱을 최소화하고 시스템의 성능을 안정적으로 유지하기 위해서는 다음과 같은 페이지 교체 사항들을 신중하게 고려해야 한다.

✓ 페이지 교체 고려사항

- 전역과 지역교체
- 프리 페이징
- 페이지 크기
- 프로그램 구조

7.7.1 전역과 지역교체

전역 교체는 전체 프로세스 중에서 하나를 선택하여 그 프로세스를 교체하는 전략으로서 주기억장치 내의 프로세스들은 자신의 프로세스뿐만 아니라 다른 프로세스의 동작에도 영향을 받는다. 전역 교체 전략은 개별 프로세스 동작이 아닌 전체 프로세스 동작에 영향을 받으며, 주로 대형 시스템에서 적용된다. 반면에 지역 교체는 각 프로세스가 그 프로세스에 할당된 프레임 중에서 하나를 선택하여 프레임을 교체하는 전략으로서 각 프로세스에 할당된 프레임 중에서 프로세스가 선택되기 때문에 프로세스에 할당된 프레임의 수가 변하지 않는다.

7.7.2 프리 페이징

프리페이징(Pre-paging) 기법은 빈번하게 발생되는 페이지 부재를 예방하기 위하여 모든 페이지를 사전에 한꺼번에 주기억장치로 가져오는 기법이다. 이 기법은 페이지 부재를 예방하는 장점이 있지만 사전에 프리 페이징을 해야 하기 때문에 비용이 많이 들며, 많은 페이지가 사용되지 않는 문제가 있다.

7.7.3 페이지 크기

페이지 크기는 페이지 부재율에 중요한 영향을 주며, 페이지 크기를 적절한 크기로 조절하는 과정이 필요하다. 일반적으로 페이지의 크기는 2^n으로 표현되며, 0.5K에서 16K의 범위를 가진다. 페이지 크기가 너무 작으면 단편화로 인한 기억장소가 낭비되며, 반대로 페이지 크기가 너무 크면 프로세스들의 대기 지연 문제가 발생한다.

7.7.4 프로그램 구조

프로그램 구조는 페이지 교체에 영향을 주는 또 하나의 요소이며, 프로그램의 구조를 잘 활용할 경우 페이지 부재율과 페이지 수를 감소시킬 수 있다. 따라서 프로그램 구조를 이해하면 요구 페이징의 특성을 적절히 활용할 수 있으며, 이에 따라 시스템의 교체 성능을 향상시킬 수 있다.

연습문제

1. 가상기억장치란 무엇이며, 사용 목적은 무엇인가?

2. 가상기억장치 개념과 오버레이 기법의 차이점을 설명하시오.

3. 주기억장치의 기억공간보다 작을 때와 클 때로 구분하여 가상기억장치를 관리하는 방법에 대해서 설명하시오.

4. 가상기억장치의 특징을 간단히 설명하시오.

5. 동적 주소 변환기 DAT란 무엇이며, DAT를 이용하여 가상기억장치를 주기억장치로 변환(사상)하는 방법에 대해서 설명하시오.

6. 블록사상을 위한 $V=(b, d)$의 2차원 배열주소에서 가상 주소 V가 실 주소 r로 사상되는 과정을 설명하시오.

7. 가상기억장치를 구현하는 방법, 즉 주소 사상의 구현 방법으로는 페이지 단위로 구현하는 페이징(Paging) 기법, 세그먼트 단위로 구현하는 세그멘테이션(Segmentation) 기법, 그리고 페이징 기법과 세그멘테이션을 혼합한 페이징/세그멘테이션 혼합 기법의 특징과 차이점을 간단히 설명하시오.

8. 페이지 단위로 구현하는 페이징(Paging) 사상과정을 설명하시오.

9. 세그먼트 단위로 구현하는 세그멘테이션(Segmentation) 사상 과정을 설명하시오.

10. 페이징 기법과 세그멘테이션을 혼합한 페이징/세그멘테이션 혼합 사상 기법에 기반한 사상 과정을 설명하시오.

11. 가상기억장치의 관리 전략의 반입 전략, 배치 전략, 그리고 교체 전략의 차이점을 설명하시오.

12. 가상기억장치 전략에서 교체전략의 중요성을 설명하고, 사용 이유를 설명하시오.

13. 페이지 교체과정에서 페이지 부재가 발생하면 어떤 문제가 발생하는지 설명하시오.

14. 페이지 교체 알고리즘의 FIFO 교체 알고리즘과 최적 교체 알고리즘의 차이점을 설명하시오.

15. 페이지 교체 알고리즘의 LRU 교체 알고리즘, LFU 교체 알고리즘, 그리고 FIFO 교체 알고리즘의 차이점을 설명하시오.

16. SCR 교체 알고리즘에서 참조비트가 필요한 이유를 설명하시오.

17. FIFO 교체 알고리즘, 최적 교체 알고리즘, LRU 교체 알고리즘, 그리고 LFU 교체 알고리즘에서 페이지 부재에 따른 성능이 가장 효율적인 교체 알고리즘은 무엇인가?

18. Belady 모순이란 무엇이며, 교체 알고리즘에 어떠한 영향을 미치는가?

19. 페이지 참조열에 9 0 1 2 0 3 0 4 2 3 0 3 2 1 2 7 0 1 의 페이지와 3개의 페이지 프레임이 있을 때 최적교체, FIFO, LRU 교체 알고리즘을 이용하여 페이지 교체와 페이지 부재가 발생되는 과정을 보이시오.

20. 페이지 참조열에 9 2 3 6 2 1 3 4 5 2 1 3 의 페이지와 4개의 페이지 프레임이 있을 때 LFU교체 알고리즘을 이용하여 페이지 교체와 페이지 부재가 발생되는 과정을 보이시오.

21. 페이지 교체 과정에서 페이지 부재가 발생할 때 페이지 부재를 처리하는 과정을 C 언어 프로시저(Procedure)로 설명하시오.

21. 스래싱이란 무엇이며, 해결방법에 대해서 간단히 설명하시오.

22. 지역성의 종류에는 어떠한 방법이 있는지 설명하시오.

23 지역성과 워킹세트의 차이점을 간단히 설명하시오.

24. 페이지 교체 시 고려사항을 간단히 설명하시오.

25. 페이지의 크기가 가상기억장치의 성능에 어떠한 영향을 미치는지 설명하고, 페이지가 클 때와 작을 때의 장점·단점을 설명하시오.

26. 세그먼테이션은 크기가 일정하지 않은 페이지를 사용하는 페이징 사상 기법이다. FIFO와 LRU에 기반을 둔 페이지 교체 알고리즘을 정의하시오. (단, 세그먼트는 각기 크기가 다르기 때문에 교체되는 세그먼트는 새로운 세그먼트를 적재하기에 충분하지 못할 수도 있다는 점을 유의하시오.)

27. 다음의 페이지 참조 열을 가정하자.

페이지 참조열: 1, 2, 3, 4, 2, 1, 5, 6, 2, 1, 2, 3, 7, 6, 3, 2, 1, 2, 3, 6

각각 프레임의 수가 하나, 둘, 셋, 넷, 다섯, 여섯, 그리고 일곱인 경우에 대해서, 발생하는 페이지 오류의 수를 다음의 교체 알고리즘을 이용하여 계산하시오. (단, 처음의 모든 프레임은 비어 있다.)

(1) LRU

(2) FIFO

28. 아래의 페이지 교체 알고리즘에서 이들이 발생하는 페이지 오류율을 기준으로 하여 가장 효율적인 교체 알고리즘 순으로 나열하고, 이유를 설명하시오. 또한 이들이 Belady 모순이 발생하는지에 대해서도 조사하시오.

(1) LRU (2) FIFO

(3) 최적 알고리즘 (4) 2차 기회 알고리즘

29. 가상기억장치의 공간이 2**32바이트인 시스템에서 기억장치의 용량은 2**18바이트라고 하자. 한 페이지의 크기가 4096바이트라고 하면, 한 사용자 프로세스에서 가상주소 11123456을 참조했을 때에 운영체제는 이 주소를 어떠한 방법으로 실 주소로 사상되는지 과정을 소프트웨어와 하드웨어의 기능으로 구분하여 설명하시오.

30. 어떤 시스템에서 m개의 프레임을 가지고서 한 프로세스의 참조 열을 처리한다고 가정하자. 참조 열의 길이는 p이고 그 안에는 n개의 서로 다른 페이지가 있다고 가정

할 때에 임의의 페이지 교체 알고리즘에 대해서 페이지 오류 발생수의 상한과 하한을 구하시오.

Chapter 08. 보조기억장치 관리

제8장 보조기억장치 관리

8.1 기본 개념

우리는 앞 6장에서 주기억장치를 살펴보았다. 주기억장치는 메모리의 용량이 작아서 대용량의 데이터를 저장할 수 없으며, 대용량의 데이터를 저장하기 위해서는 보조 기억장치가 필요하다. 보조기억장치의 목적은 대용량의 데이터를 영구히 저장하는 일이며, 이러한 대용량의 데이터를 저장하기 위하여 자기 테이프, 자기 드럼, 자기 디스크, 플로피 디스크, 하드 디스크, 광디스크, USB 메모리, CD-ROM등과 같은 다양한 형태의 보조기억장치가 사용된다. 이들 보조기억장치 중에서 자기 테이프는 초기의 보조기억장치로 사용되었으며, 자기 테이프는 대용량의 데이터를 저장하는 전형적인 보조기억장치이다. 그러나 자기 테이프는 레코드의 접근 속도가 느리고 순차접근 만 허용된다는 단점이 있다. 따라서 자기 테이프는 가상 메모리에 필요한 데이터 요청의 직접 접근이 불가능하여 현재는 주로 백업용으로 사용된다.

일반적으로 보조기억장치에 저장된 데이터를 접근하기 위한 방법으로는 순차 접근 SASD(Sequential Access Storage Device)방법과 직접 접근 DASD(Direct Access Storage Device)방법이 사용되며, 순차 접근이란 레코드를 순차적으로 접근하여 검색하는 방법을 말한다. 순차 접근을 위한 대표적인 보조기억장치로는 자기 테이프가 있다. 그리고 직접 접근이란 필요한 레코드를 직접 접근하여 검색하는 방법을 말하며, 대표적인 보조기억장치가 자기 디스크이다.

디스크는 다중 프로그래밍 시스템 환경에서 중요한 기능을 하며, 디스크는 대용량의 파일 및 데이터를 저장하는 기능뿐만 아니라 온라인 시스템 상에서 데이터를 읽고 기록하는 기능을 수행한다. 이러한 기능은 운영체제에서 보조기억장치를 관리하는데 있어서 매우 중요하다. 따라서 이 장에서는 보조기억장치에서 데이터 저장 및 탐색에 중요한 역할을 수행하는 디스크 중심의 관리 기법에 대해서만 살펴본다.

8.2 자기 디스크

자기 디스크(Magnetic Disk)는 줄여서 디스크라 하며, 하드 디스크(Hard Disk)는 자기 디스크의 한 유형이다. 디스크는 원형 평판(Circular Platter)이 자성 물질로 되어 있으며, 그 평판 위에 디스크 헤드가 이동하면서 데이터가 읽혀지고 기록된다. 디스크는 그림8.1과 같이 트랙(track), 섹터(sector), 그리고 실린더(cylinder)로 구성되어 있으며, 트랙이란 디스크의 회전축을 중심으로 한 동심원 모양들을 말한다. 그리고 섹터란 하나의 트랙이 몇 개로 분할된 블록을 말하며, 실린더는 회전축으로부터 같은 거리에 있는 트랙들의 모임, 즉 헤드가 한 번에 판독/기록 할 수 있는 동일한 인덱스 번호를 가진 트랙의 모임을 말한다.

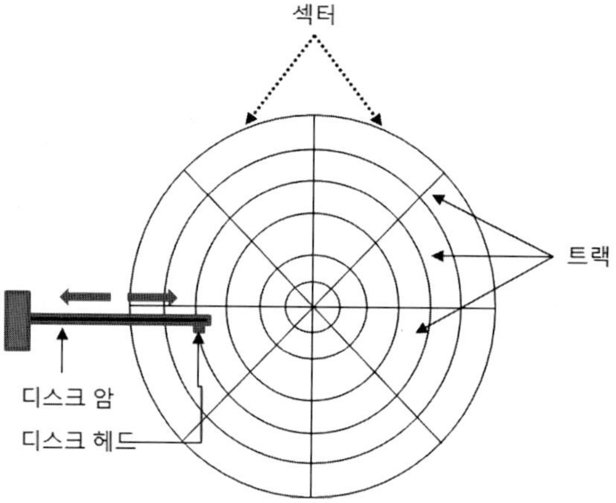

그림8.1 디스크 구조

그림8.1에서 여러 개의 동심원들은 트랙이며, 섹터는 부채꼴 모양이다. 일반적으로 데이터들은 트랙에 저장되며, 헤드가 그 트랙을 이동하는 동안에 데이터가 저장되고 인출된다. 동심원의 트랙에 데이터가 저장되는 과정은 데이터 기록(write) 동작에 의해 수행되며, 그리고 저장된 데이터가 디스크 표면으로부터 감지되어 인출되는 과정은 데이터 읽

기(read) 동작에 의해 수행된다. 이러한 데이터 읽기와 쓰기 과정은 헤드의 코일에 전류가 흐르는 전기적 신호에 의해서 자동으로 수행되며, 디스크 표면이 회전하는 동안에 양의 전류 (+)와 음의 전류(-)가 발생되어 신호로 변환된다.

이처럼 디스크에 기록되고 저장되는 정보는 디스크 시스템에 의해 제어되며, 디스크 시스템은 디스크 드라이버, 프로세서, 그리고 디스크 제어기로 구성된다. 디스크 드라이버는 디스크 암(Disk arm), 디스크 헤드 등의 기계적인 부분을 제어하며, 프로세서는 디스크 주소의 위치 정보 및 버퍼, 그리고 판독 및 기록 등과 같은 컴퓨터와 상호작용하는 부분을 제어한다. 그리고 디스크 제어기는 디스크 드라이버를 제어하는 역할을 한다.

따라서 디스크의 성능은 트랙, 섹터 등의 디스크 구조와 이들을 효율적으로 제어하고 관리하는 디스크 시스템에 의해 좌우되며, 디스크 관리를 효율적으로 수행한다면 데이터를 읽고 기록할 수 있는 저장 기능을 향상시킬 수 있다.

8.3 디스크 엑세스

디스크 엑세스(Disk access) 과정은 그림6.1에서처럼 섹터 등의 블록으로부터 임의의 레코드 또는 데이터를 읽거나 쓰는 과정에서 시작된다. 디스크 엑세스는 시스템의 성능에 중요한 영향을 미치며, 엑세스 과정은 다음과 같다.

✓ 엑세스 과정

- 디스크 헤드를 해당 트랙으로 이동시킨다.
- 디스크 헤드가 접속된 후 원하는 레코드가 그 헤드에 도착할 때까지 기다린다.
- 원하는 레코드 또는 데이터가 섹터 헤드 아래로 회전되어 올 때까지 기다린다.
- 레코드 또는 데이터를 전송한다.

이와 같은 과정을 디스크 엑세스라 하며, 디스크 엑세스를 수행하는데 걸리는 시간을 디스크 엑세스 시간(Disk access time)이라 한다. 디스크 엑세스 시간은 탐색시간, 회전 지연시간, 그리고 데이터 전송 시간의 총합이며, 디스크 엑세스 시간은 다음과 같이 계산된다.

- 디스크 엑세스 시간=탐색 시간+회전 지연시간+데이터 전송 시간

여기서 탐색 시간이란 트랙 또는 섹터들 중에서 해당 트랙 또는 섹터를 찾는데 까지 걸리는 시간, 즉 디스크상의 원하는 정보를 엑세스하기 위하여 헤드를 트랙이나 실린더 상에 위치시키는 데 걸리는 시간을 말하며, 회전 지연시간이란 지정된 트랙에 위치한 헤드가 원하는 블록에 도착할 때까지 걸리는 시간, 즉 원하는 레코드가 섹터 헤드 아래로 회전되어 올 때까지 걸리는 시간을 말한다. 그리고 데이터 전송 시간이란 디스크와 주기억장치 사이에 데이터를 전송하는 데 걸리는 시간을 말한다.

Note

탐색 시간(Seek Time)

트랙 또는 섹터들 중에서 해당 트랙 또는 섹터를 찾는데 까지 걸리는 시간

회전 지연시간(Rotational Latency Time)

지정된 트랙에 위치한 헤드가 원하는 블록에 도착할 때까지 걸리는 시간

데이터 전송 시간(Data Transfer Time)

디스크와 주기억장치 사이에 데이터를 전송하는 데 걸리는 시간

일반적으로 디스크 엑세스를 위한 탐색 시간은 헤드의 현재 위치에서 원하는 트랙까지의 거리 및 트랙의 수에 의해 영향을 받으며, 트랙의 거리가 멀고, 그리고 트랙의 수가 많

을수록 오랜 시간이 걸린다. 그러나 엑세스할 데이터들의 지역성(Locality)이 높을 경우에는 지역성으로 인한 평균 탐색 시간이 줄어든다. 회전 지연시간은 회전 속도에 의해 영향을 받으며, 주로 사용되는 회전 속도는 5400, 7200, 10000 및 15000rpm(rotations per minute)이며, 최근에는 회전 속도가 매우 빠른 디스크들이 개발되고 있다.

끝으로 데이터 전송 시간은 블록의 크기, 회전 속도, 트랙의 저장 밀도, 버스 전송률 및 전자 회로의 특성 등에 의해 영향을 받으며, 최근에는 Ultra SCSI 방식의 고속 인터페이스 기술이 적용되면서 고 성능의 디스크가 개발되고 있다.

예제 8-1

어떤 디스크의 평균 탐색 시간은 8ms, 전송률은 100[MByte/s], 회전축의 속도는 5400rpm, 그리고 제어기의 지연시간은 1ms라고 가정하자. 섹터의 크기가 512Byte인 경우에 한 섹터를 읽거나 쓰는데 걸리는 평균 엑세스 시간(T_a)은 얼마인가?

예제 설명) 평균 회전 지연시간={1/(5400/60)}×0.5바퀴≒5.5ms

T_a=8ms+5.5ms(0.5KByte/100MByte/s)+1ms≒14.5ms

8.4 디스크 스케줄링

디스크 스케줄링(Disk Scheduling)이란 3장에서 살펴보았던 프로세스 스케줄링의 목적과 기능이 유사하며, 디스크 스케줄링이란 디스크의 탐색 시간을 최소화하여 성능을 최적화하는 과정이라 할 수 있다. 그러므로 디스크 스케줄링은 디스크의 성능을 결정하는 중요한 과정이라 할 수 있다. 디스크 스케줄링의 성능은 디스크의 접근 시간외에도 디스크 탐색 시간에 의해 영향을 받으며, 디스크의 성능을 결정하는 중요한 요소로는 탐색 시간 최적화 알고리즘과 회전 지연 시간 최적화 알고리즘이 사용된다. 이들 탐색 시간 최적화 알고리즘과 회전 지연 시간 최적화 알고리즘은 디스크 엑세스와 관련된 내용으로써 회전 지연 시간 최적화 알고리즘은 디스크의 성능에 큰 영향을 주지 않는다. 그러나 탐색 시간 최적화 알고리즘은 디스크의 성능에 중요한 영향을 미치며, 이러한 이유로 탐색 시간은 기계적인 헤드의 움직임으로 인해 회전 지연 시간보다 탐색 시간이 훨씬 길어지기 때문이다. 따라서 디스크 스케줄링을 효율적으로 수행하기 위해서는 디스크 상에 흩어져 있는 여러 데이터를 가능한 빨리 탐색할 수 있도록 해야 하며, 디스크 스케줄링의 성능을 결정하는 스케줄링의 목표를 살펴보면 다음과 같다.

- 처리율(Throughput) 향상

  이것은 디스크 상에서 데이터의 처리율을 극대화하기 위한 방법이며, 즉 단위 시간 당 디스크의 헤드가 탐색할 데이터의 수를 최대화하는 것이다.

- 평균 응답 시간(Mean Response Time)의 최소화

  이것은 디스크 탐색의 평균 응답 시간을 줄이기 위한 방법이며, 즉 디스크 상에서 어떤 데이터의 탐색 요청이 디스크 구동기에 전해질 때부터 그 결과가 나올 때까지의 평균 시간을 최소화하는 것이다.

- 평균 응답 시간 편차(Variance of Response Time)의 최소화

  이것은 디스크 탐색 과정에서 발생하는 평균 응답 시간의 편차를 최소화하기 위한 방법이며, 즉 데이터를 읽고 쓰는 시간들의 편차를 최소화하기 위한 것이다. 일반적으로 평균 응답 시간의 편차가 작을수록 디스크의 성능이 향상되며, 또한 서비스의 질이 향상된다.

디스크의 성능은 디스크 스케줄링의 목표를 어떻게 설계하느냐에 따라 영향을 받으며,

디스크 스케줄링의 목표 설계는 입출력 장치에서의 사용자 프로그램, 즉 프로세스 요청으로부터 시작된다. 프로세스 요청을 위한 입출력 장치는 I/O 장치 큐와 요청 큐를 가지고 있으며, 운영체제는 프로세스들에 대한 디스크의 입출력 요청이 발생할 때 이들 큐를 호출하여 디스크 스케줄링의 여부를 결정한다. 이후 스케줄링된 프로세스들에 대하여 입출력 요청 서비스를 수행 할 수 있으며, 입출력 요청 서비스를 위해서는 다음과 같은 입출력 정보가 고려되어야 한다.

- 입출력의 종류: 입출력 동작 구분
- 디스크의 주소: 디스크 구동기, 실린더, 블록 번호 등
- 주기억장치의 주소: 적재될 주기억장치의 주소
- 전송할 정보의 량: 전송할 바이트 또는 워드의 수

일반적으로 많은 사용자 프로그램, 즉 프로세스들이 주기억장치를 공유하는 다중 프로그램 시스템에서는 프로세스들이 디스크 큐에서 대기한다. 따라서 디스크 큐에 대기 중인 프로세스들로부터 디스크 스케줄링이 수행되며, 이러한 과정은 프로세스 스케줄링 과정과 유사하다. 따라서 디스크 스케줄링은 디스크의 탐색과정으로부터 시작되며, 탐색 시간 최적화에 따라 동적 스케줄링과 정적 스케줄링으로 구분되며, 회전 시간 최적화에 따라 에센바흐 스케줄링과 SLTF 스케줄링으로 구분된다. 그리고 동적 스케줄링에는 FCFS 스케줄링이 있으며, 정적 스케줄링에는 SSTF 스케줄링, SCAN 스케줄링, C-SCAN 스케줄링, C-LOOK 스케줄링, 그리고 N-step SCAN 스케줄링 등이 있다.

✓ 탐색시간 최적화 알고리즘

- 동적 스케줄링

  (1) FCFS 스케줄링

- 정적 스케줄링
  (1) SSTF 스케줄링
  (2) SCAN 스케줄링
  (3) C-SCAN 스케줄링
  (4) C-LOOK 스케줄링
  (5) N-step SCAN 스케줄링

✓ 회전 지연 시간 최적화 알고리즘
- 에센바흐 스케줄링
- SLTF 스케줄링

> **Note**
>
> **디스크 스케줄링**(Disk Scheduling)
>
> 디스크의 탐색 시간을 최소화하여 디스크의 성능을 최적화하는 과정

8.4.1 FCFS 스케줄링

FCFS(First-Come First-Served) 스케줄링은 가장 먼저 도착한 트랙을 가장 먼저 서비스하는 스케줄링 기법이다. 이 기법은 가장 먼저 도착한 트랙들에 대해서 공평한 서비스를 수행하기 때문에 트랙 서비스에 대한 불만이 적으며, 구현이 간단하다. 그러나 이 기법은 대기 큐가 재배열 되지 않는 특징이 있으며, FCFS 스케줄링의 특징을 살펴보면 다음과 같다.

✓ FCFS 스케줄링의 특징
- 대기 큐에 가장 먼저 들어온 요청이 가장 먼저 서비스를 받는다.
- 요청 서비스에 대한 공평성이 보장된다.

- 우선순위가 높은 요청이 도착해도 서비스 요청 순서는 바뀌지 않는다.
- 먼저 들어온 요청이 먼저 서비스되기 때문에 만일 요청 시간이 긴 트랙이 서비스 될 경우에는 응답시간이 길어지는 문제가 발생한다.
- 대기 큐를 재배열하지 않는다. 즉 들어오는 순서대로 서비스가 수행된다.
- 시스템 구현이 쉽다.

Note

FCFS(First-Come First-Served) **스케줄링**

가장 먼저 도착한 트랙을 가장 먼저 서비스하는 스케줄링 기법

예제 8-2 FCFS 스케줄링 예

초기 헤드 위치는 53이고, 요청 큐에는 98, 183, 37, 122, 14, 124, 65, 67과 같이 8개의 서비스 요청이 있을 때, FCFS 스케줄링 알고리즘을 이용하여 헤드의 이동과 요청이 서비스되는 과정을 보이시오.

예제 설명) 요청 큐에 98, 183, 37, 122, 14, 124, 65, 67과 같이 8개의 서비스 요청이 있을 때, FCFS 스케줄링 알고리즘은 들어온 순서대로 서비스가 수행되기 때문에 서비스는 초기 헤드 53에서 시작되며, 요청 큐에 들어 온 순서, 즉 98, 183, 37, 122, 14, 124, 65, 67 순으로 헤드가 이동되고 서비스가 수행된다. FCFS 스케줄링 알고리즘이 수행되는 과정은 그림8.2와 같다.

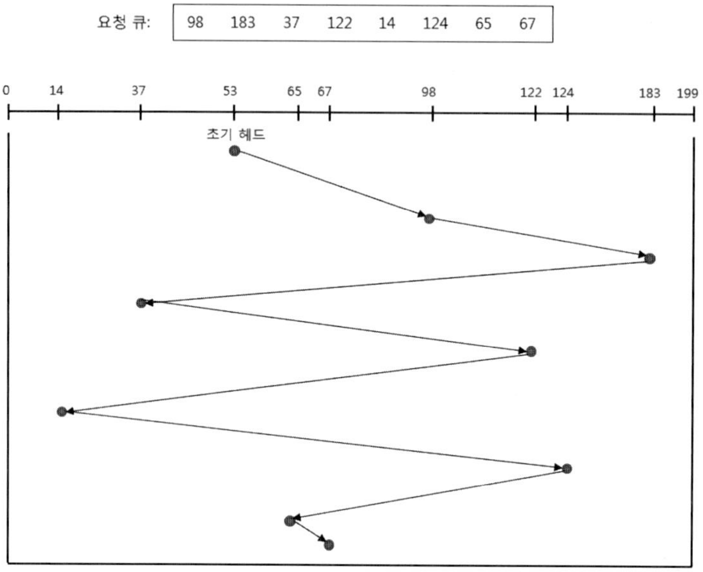

그림8.2 FCFS 스케줄링

그림8.2에 의한 트랙 요청 순서와 헤드 이동 거리, 그리고 헤드 이동 거리에 따른 전체 탐색 길이와 평균 탐색 길이는 다음과 같다.

- 트랙 요청 순서와 헤드 이동 거리

  트랙 접근 순서: 98 → 183 → 37 → 122 → 14 → 124 → 65 → 67

  헤드 이동 거리: 45 → 85 → 146 → 85 → 108 → 110 → 59 → 2

- 헤드 이동 거리에 따른 전체 탐색 길이와 평균 탐색 길이

  탐색 길이=45+85+146+85+108+110+59+2=640이며,

  평균 탐색 길이=640/8=80이다.

8.4.2 SSTF 스케줄링

SSTF(Shortest Seek Time First) 스케줄링은 요청들 중에서 탐색거리가 가장 짧은 요청을 가장 먼저 서비스하는 스케줄링 기법이다. 이 기법에서 맨 처음 서비스 결정은 초기 헤드와 양쪽 요청들, 즉 37과 65를 먼저 비교하여 수행하며, 이 경우 초기 헤드 53과 비교했을 때 65가 짧기 때문에 요청 65를 먼저 서비스 한다. 이후 탐색 거리가 짧은 요청 순으로 서비스를 수행하며, SSTF 스케줄링의 특징을 살펴보면 다음과 같다.

✓ SSTF 스케줄링의 특징

- 탐색거리가 가장 짧은 요청을 가장 먼저 서비스한다.
- 안쪽 또는 바깥쪽의 서비스 요청과 가운데 서비스 요청 간의 서비스 편차가 발생할 수 있다.
- 탐색거리로 인하여 안쪽과 바깥쪽의 서비스 요청들이 기아상태를 겪을 수 있다.
- FCFS 스케줄링 알고리즘에 비해서 평균 응답시간이 짧다.
- SSTF 스케줄링 알고리즘은 응답시간의 편차로 인하여 대화형 시스템에는 부적합하며, 처리량이 큰 일괄처리 시스템에 유리하다.

> **Note**
>
> **SSTF**(Shortest Seek Time First) **스케줄링**
>
> 요청들 중에서 탐색거리가 가장 짧은 요청을 가장 먼저 서비스하는 스케줄링 기법

예제 8-3 SSTF 스케줄링 예

초기 헤드 위치는 53이고, 요청 큐에는 98, 183, 37, 122, 14, 124, 65, 67과 같이 8개의 서비스 요청이 있을 때, SSTF 스케줄링 알고리즘을 이용하여 헤드의 이동과 요청이 서비스되는 과정을 보이시오.

예제 설명) 요청 큐에 98, 183, 37, 122, 14, 124, 65, 67과 같이 8개의 서비스 요청이 있을 때, SSTF 스케줄링 알고리즘은 탐색거리가 가장 짧은 요청이 가장 먼저 서비스를 받기 때문에 서비스는 초기 헤드 53에서 시작되며, 서비스 순서는 65, 67, 37, 14, 98, 122, 124, 183 순으로 수행된다. SSTF 스케줄링 알고리즘이 수행되는 과정은 그림8.3과 같다.

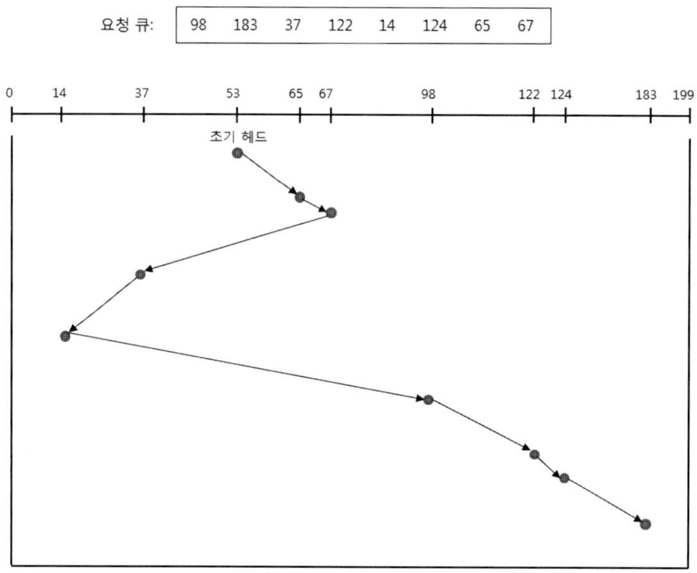

그림8.3 SSTF 스케줄링

그림8.3에 의한 트랙 요청 순서와 헤드 이동 거리, 그리고 헤드 이동 거리에 따른 전체 탐색 길이와 평균 탐색 길이는 다음과 같다.

- 트랙 요청 순서와 헤드 이동 거리
  트랙 접근 순서: 65 → 67 → 37 → 14 → 98 → 122 → 124 → 183
  헤드 이동 거리: 12 → 2 → 30 → 23 → 84 → 24 → 2 → 59

- 헤드 이동 거리에 따른 전체 탐색 길이와 평균 탐색 길이
  탐색 길이=12+2+30+23+84+24+2+59=236이며,
  평균 탐색 길이=236/8=29.5이다.

8.4.3 SCAN 스케줄링

SCAN 스케줄링 알고리즘은 초기 헤드를 중심으로 헤드 진행방향의 거리가 짧은, 즉 최단 거리인 요청들을 가장 먼저 서비스하는 스케줄링 기법이다. 이 스케줄링 알고리즘은 응답 시간의 편차를 개선하기 위해 개발된 알고리즘이며, 엘리베이터 알고리즘이라고도 한다. 이 알고리즘은 Denning에 의해 개발되었으며, SCAN 스케줄링의 특징을 살펴보면 다음과 같다.

✓ SCAN 스케줄링의 특징

- 요청 큐의 동적인 특성을 반영한 알고리즘이다.
- 현재 헤드 위치에서 최단 거리 방향으로 서비스를 먼저 수행하고 이후 반대 방향을 향하여 서비스를 수행한다.
- 헤드 진행 도중 새로 도착한 서비스 요청도 함께 서비스를 받는다.
- 바깥쪽에 위치한 트랙은 가운데 트랙보다 더 적은 서비스를 받을 수 있다.
- SCAN 스케줄링 알고리즘은 대부분의 디스크 스케줄링의 기본 전략으로 사용되고 있다.

> **Note**
>
> **SCAN 스케줄링**
>
> 초기 헤드를 중심으로 헤드 진행방향의 거리가 짧은, 즉 최단 거리인 요청들을 가장 먼저 서비스하는 스케줄링 기법

예제 8-4 SCAN 스케줄링 예

초기 헤드 위치는 53이고, 요청 큐에는 98, 183, 37, 122, 14, 124, 65, 67과 같이 8개의 서비스 요청이 있을 때, SCAN 스케줄링 알고리즘을 이용하여 헤드의 이동과 요청이 서비스되는 과정을 보이시오.

예제 설명) 요청 큐에 98, 183, 37, 122, 14, 124, 65, 67과 같이 8개의 서비스 요청이 있을 때, SCAN 스케줄링 알고리즘은 현재 헤드 위치 53에서 진행방향의 거리가 짧은 요청들을 가장 먼저 서비스하기 때문에 서비스 순서는 37, 14, 0, 65, 67, 98, 122, 124, 183 순으로 수행된다. SCAN 스케줄링 알고리즘이 수행되는 과정은 그림8.4와 같다.

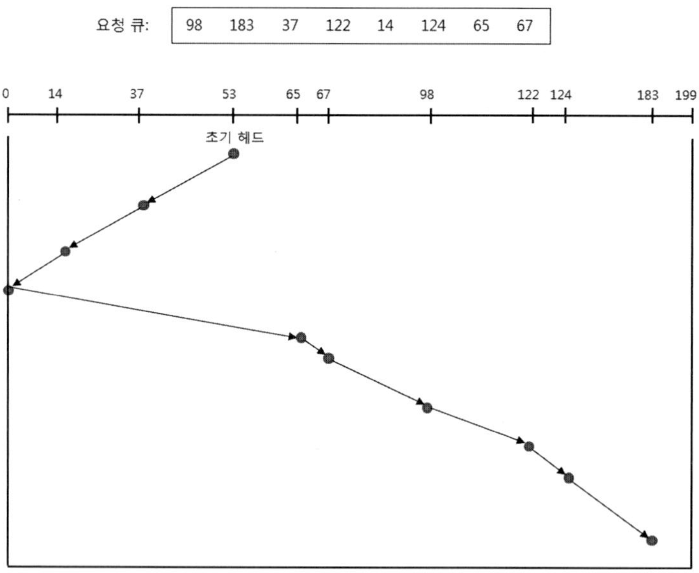

그림8.4 SCAN 스케줄링

그림8.4에 의한 트랙 요청 순서와 헤드 이동 거리, 그리고 헤드 이동 거리에 따른

전체 탐색 길이와 평균 탐색 길이는 다음과 같다.

- 트랙 요청 순서와 헤드 이동 거리
  트랙 접근 순서: 37 → 14 → 0 → 65 → 67 → 98 → 122 → 124 → 183
  헤드 이동 거리: 16 → 23 → 14 → 65 → 2 → 31 → 24 → 2 → 59

- 헤드 이동 거리에 따른 전체 탐색 길이와 평균 탐색 길이
  탐색 길이=16+23+14+65+2+31+24+2+59=236이며,
  평균 탐색 길이=236/9=26.2이다.

8.4.4 C-SCAN 스케줄링

C-SCAN(Circular-SCAN) 스케줄링은 안쪽에서 바깥쪽으로 한쪽 방향으로 헤드가 끝에서 끝까지 이동해 가면서 요청들을 차례로 서비스하는 스케줄링 기법으로써 서비스 요청이 한 쪽 끝에 도달하면 방향을 반대방향으로 바꾸어 요청들을 차례로 서비스하는 스케줄링 기법이다. 이 스케줄링은 SCAN 스케줄링 알고리즘을 변형한 것으로서 한쪽 방향에서 다른 방향으로 원형을 이루듯이 SCAN 서비스가 수행되므로 이 스케줄링 알고리즘을 원형-SCAN 알고리즘이라 한다. C-SCAN 스케줄링은 SCAN 스케줄링의 불공정한 대기 시간을 개선한 알고리즘이며, C-SCAN 스케줄링의 특징을 살펴보면 다음과 같다.

✓ C-SCAN 스케줄링의 특징

- 헤드가 끝에서 끝까지 이동한다.
- 처음과 마지막 요청들이 원형을 이루듯이 서비스 된다.
- SCAN 스케줄링의 불공정한 대기시간을 개선하였다.

- 진행도중 도착한 요청은 다음 헤드 진행 때 서비스를 받는다.
- C-SCAN 스케줄링은 오버헤드가 많이 발생할 때 효과적이다.

Note

C-SCAN 스케줄링

안쪽에서 바깥쪽으로 한쪽 방향으로 헤드를 이동해 가면서 요청들을 차례로 서비스하는 스케줄링 기법으로써 서비스 요청이 한 쪽 끝에 도달하면 방향을 반대방향으로 전환하여 요청들을 차례로 서비스하는 스케줄링 기법

예제 8-5 C-SCAN 스케줄링 예

초기 헤드 위치는 53이고, 요청 큐에는 98, 183, 37, 122, 14, 124, 65, 67과 같이 8개의 서비스 요청이 있을 때, C-SCAN 스케줄링 알고리즘을 이용하여 헤드의 이동과 요청이 서비스되는 과정을 보이시오.

예제 설명) 요청 큐에 98, 183, 37, 122, 14, 124, 65, 67과 같이 8개의 서비스 요청이 있을 때, C-SCAN 스케줄링 알고리즘은 현재 헤드 위치 53에서 서비스 요청이 한 쪽 끝에 도달하면 방향을 반대방향으로 전환하여 요청들을 차례로 서비스하기 때문에 서비스 순서는 65, 67, 98, 122, 124, 183, 199, 0, 14, 37 순으로 수행된다. C-SCAN 스케줄링 알고리즘이 수행되는 과정은 그림8.5와 같다.

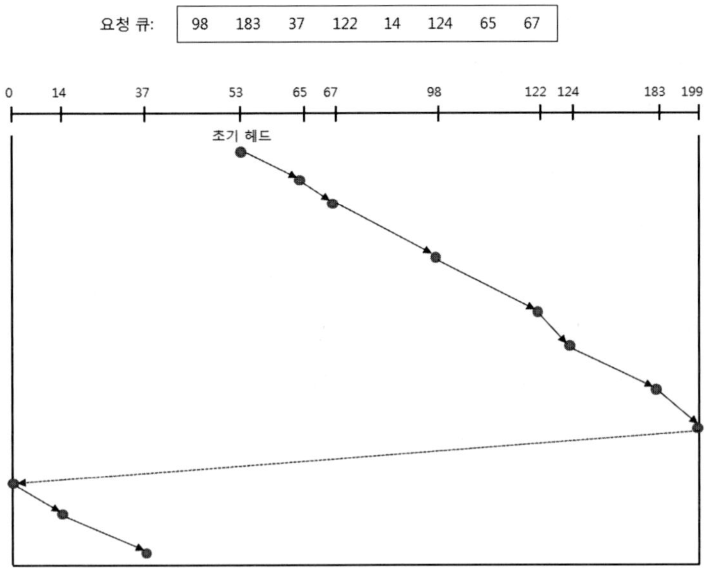

그림8.5 C-SCAN 스케줄링

그림8.5에 의한 트랙 요청 순서와 헤드 이동 거리, 그리고 헤드 이동 거리에 따른 전체 탐색 길이와 평균 탐색 길이는 다음과 같다.

- 트랙 요청 순서와 헤드 이동 거리

  트랙 접근 순서: 65 → 67 → 98 → 122 → 124 → 183 → 199 → 0 → 14 → 37

  헤드 이동 거리: 12 → 2 → 31 → 24 → 2 → 59 → 16 → 199 → 14 → 23

- 헤드 이동 거리에 따른 전체 탐색 길이와 평균 탐색 길이

  탐색 길이=12+2+31+24+2+59+16+199+14+23=382이며,

  평균 탐색 길이=382/10=38.2이다.

8.4.5 C-LOOK 스케줄링

C-LOOK 스케줄링은 헤드가 양쪽 각 방향으로 진행하다가 그 방향에서 아무도 기다리는 요청이 없으면 헤드의 이동 방향을 반대 방향으로 바꾸어 서비스를 수행하는 스케줄링 기법이다. C-LOOK 스케줄링은 C-SCAN 스케줄링과 유사하며, C-SCAN 스케줄링은 그림8.5에 보았듯이 헤드가 끝에서 끝(즉 0부터 199)까지 이동하는데 반해서, C-LOOK 스케줄링은 헤드가 끝까지 가지 않는 다는 점이다. 이 스케줄링은 한 방향으로 계속 이동하기 전에 미리 서비스 요청이 있는지, 없는지를 확인해야 하며, 요청이 없으면 방향을 반대 방향으로 바꾸어 반대 방향의 트랙 요청들을 서비스한다. C-LOOK 스케줄링은 헤드가 끝까지 이동하지 않고 요청된 트랙들을 서비스하며, C-LOOK 스케줄링의 특징을 살펴보면 다음과 같다.

✓ C-LOOK 스케줄링의 특징

- 요청된 트랙들을 서비스할 때 헤드가 끝까지 이동하지 않는다.
- C-SCAN 스케줄링과 유사한 방법으로 한다.
- 헤드가 한 방향으로 이동하기 전에 미리 서비스 요청이 있는지, 없는지를 확인한다.

Note

C-LOOK 스케줄링

헤드가 양쪽 각 방향으로 진행하다가 그 방향에서 아무도 기다리는 요청이 없으면 헤드의 이동 방향을 반대 방향으로 바꾸어 서비스를 수행하는 스케줄링 기법

예제 8-6 C-LOOK 스케줄링 예

초기 헤드 위치는 53이고, 요청 큐에는 98, 183, 37, 122, 14, 124, 65, 67과 같이 8개의 서비스 요청이 있을 때, C-LOOK 스케줄링 알고리즘을 이용하여 헤드의 이

동과 요청이 서비스되는 과정을 보이시오.

예제 설명) 요청 큐에 98, 183, 37, 122, 14, 124, 65, 67과 같이 8개의 서비스 요청이 있을 때, C-LOOK 스케줄링 알고리즘은 현재 헤드 위치 53에서 서비스 요청이 수행되며, C-SCAN 스케줄링과 달리 헤드가 끝까지 이동하지 않고 서비스하기 때문에 서비스 순서는 65, 67, 98, 122, 124, 183, 14, 37 순으로 수행된다. C-LOOK 스케줄링 알고리즘이 수행되는 과정은 그림8.6과 같다.

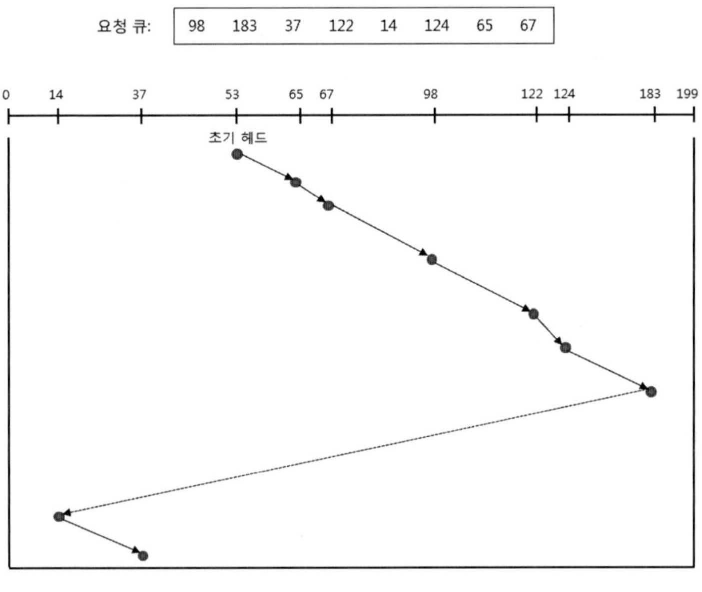

그림8.6 C-LOOK 스케줄링

그림8.6에 의한 트랙 요청 순서와 헤드 이동 거리, 그리고 헤드 이동 거리에 따른 전체 탐색 길이와 평균 탐색 길이는 다음과 같다.

- 트랙 요청 순서와 헤드 이동 거리

  트랙 접근 순서: 65 → 67 → 98 → 122 → 124 → 183 → 14 → 37

헤드 이동 거리: 12 → 2 → 31 → 24 → 2 → 59 → 169 → 23

• 헤드 이동 거리에 따른 전체 탐색 길이와 평균 탐색 길이
  탐색 길이=12+2+31+24+2+59+169+23=322이며,
  평균 탐색 길이=322/8=40.2이다.

8.4.6 N-step SCAN 스케줄링

N-step SCAN 스케줄링은 SCAN 스케줄링과 똑 같은 방식으로 스케줄링을 수행하며, 다만 추가 요청 서비스가 있을 때 이들 추가 요청들을 단계적으로 서비스하는 기법이다. 이 스케줄링은 현재 헤드 위치에서 최단 거리 방향으로 서비스를 먼저 수행하고 이후 반대 방향을 향하여 서비스 요청들을 차례로 수행하는 SCAN 스케줄링과 같으며, N-step SCAN 스케줄링의 특징을 살펴보면 다음과 같다.

✓ N-step SCAN 스케줄링의 특징

- 스케줄링 방법은 SCAN 스케줄링 알고리즘과 같다.
- 새로운 서비스 요청이 들어올 때 이들 요청들을 단계적으로 서비스한다.
- SCAN 스케줄링과의 차이점은 현재 요청 큐에 대기 중인 요청들만 처리한다는 점이다.
- SSTF 또는 SCAN 스케줄링 알고리즘보다 응답 시간의 편차가 작다.

> **Note**
>
> **N-step SCAN 스케줄링**
>
> SCAN 스케줄링과 똑같은 방식으로 스케줄링을 수행하며, 다만 추가 요청 서비스가 있을 때 이들 추가 요청들을 단계적으로 서비스하는 기법

예제 8-7 N-step SCAN 스케줄링 예

초기 헤드 위치는 53이고, 요청 큐에는 98, 183, 37, 122, 14, 124, 65, 67과 같이 8개의 서비스 요청이 있다고 가정하자. 이때 요청 큐에 새로 들어온 요청이 20이라 할 때 N-step SCAN 스케줄링 알고리즘을 이용하여 헤드의 이동과 요청이 서비스되는 과정을 보이시오.

예제 설명) 요청 큐에 98, 183, 37, 122, 14, 124, 65, 67과 같이 8개의 서비스 요청이 있을 때, N-step SCAN 스케줄링 알고리즘은 현재 헤드 위치 53에서 진행방향의 거리가 짧은 요청들, 즉 37, 14, 0, 65, 67, 98, 122, 124, 183, 199 순으로 서비스를 수행하고 이후 새로 들어온 요청 20을 단계적으로 서비스한다. N-step SCAN 스케줄링 알고리즘이 수행되는 과정은 그림8.7과 같다.

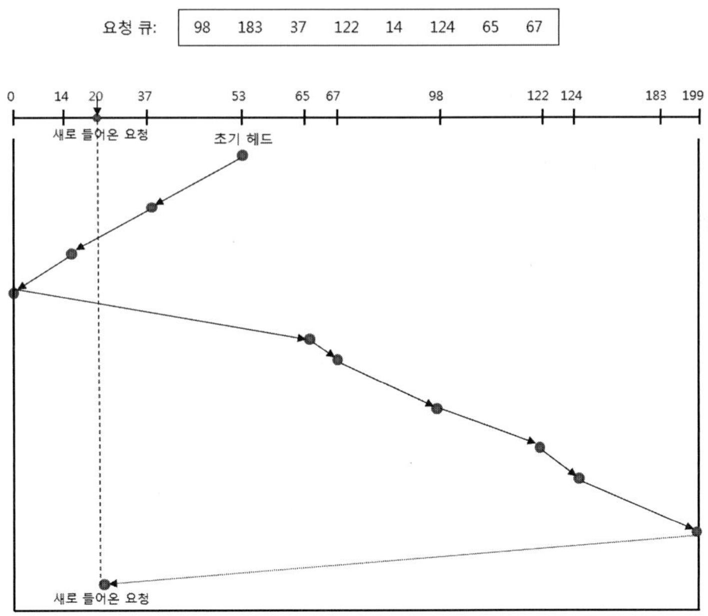

그림8.7 N-step SCAN 스케줄링

그림8.7에 의한 트랙 요청 순서와 헤드 이동 거리, 그리고 헤드 이동 거리에 따른 전체 탐색 길이와 평균 탐색 길이는 다음과 같다.

- 트랙 요청 순서와 헤드 이동 거리
  트랙 접근 순서: 37 → 14 → 0 → 65 → 67 → 98 → 122 → 124 → 183 → 199 → 20
  헤드 이동 거리: 16 → 23 → 14 → 65 → 2 → 31 → 24 → 2 → 59 → 16 → 179

- 헤드 이동 거리에 따른 전체 탐색 길이와 평균 탐색 길이
  탐색 길이=16+23+14+65+2+31+24+2+59+16+179=431이며,
  평균 탐색 길이=431/11≒39.2이다.

8.4.7 에센바흐 스케줄링과 SLTF 스케줄링

에센바흐 스케줄링은 헤드의 움직임이 C-SCAN 스케줄링과 같으며, 전체 트랙을 모두 탐색하여 트랙 요청 서비스가 있든 없든 요청 서비스를 예외적으로 수행하는 스케줄링 기법이다. 이 스케줄링 기법은 탐색시간과 회전지연시간을 줄이기 위한 기법으로서 부하가 큰 항공예약시스템에서 주로 사용된다. 이와는 달리 SLTF 스케줄링은 회전 시간을 최적화기 위한 알고리즘으로서 여러 트랙들에 대한 요청들을 검사한 후 회전 지연 시간이 가장 짧은 요청부터 서비스를 수행하는 기법이다.

연습문제

1. 보조기억장치의 관리 목적에 대해서 설명하시오.

2. 자기 디스크 구조의 트랙(track), 섹터(sector), 그리고 실린더(cylinder)가 무엇인지 간단히 설명하시오.

3. 디스크 엑세스 시간은 어떻게 구하는가?

4. 어떤 디스크의 평균 탐색 시간은 5ms, 전송률은 100[MByte/s], 회전축의 속도는 5400rpm, 그리고 제어기의 지연시간은 2ms라고 가정하자. 섹터의 크기가 512Byte인 경우에 한 섹터를 읽거나 쓰는데 걸리는 평균 엑세스 시간(T_a)은 얼마인가?

5. 디스크 스케줄링의 성능 목표는 무엇인지 설명하시오.

6. 초기 헤드 위치는 55이고, 요청 큐에는 93, 185, 37, 122, 14, 124, 65, 67과 같이 8개의 서비스 요청이 있을 때, FCFS, SSTF, SCAN, C-SCAN 스케줄링 알고리즘을 이용하여 헤드의 이동과 요청이 서비스되는 과정을 보이시오.

7. FCFS, SSTF, SCAN, C-SCAN 스케줄링 알고리즘의 차이점을 설명하시오.

8. SCAN 스케줄링과 N-step SCAN 스케줄링의 차이점을 설명하시오.

9. 에센바흐 스케줄링과 SLTF 스케줄링의 차이점을 설명하시오.

10. 현재의 헤드 위치에서 가장 가까운 거리의 요청을 가장 먼저 서비스하는 디스크 스케줄링 기법은 무엇인지 설명하시오.

11. 디스크 서비스 요청 큐에 도착한 요청이 아래과 같을 때 SSTF 스케줄링 기법을 사용할 때 64번 트랙은 몇 번째로 서비스가 되는지 설명하시오. (단, 현재 헤드의 위치는 100번 트랙에 있다고 가정한다.)

요청 큐: 110, 75, 58, 90, 35, 200, 64, 89

Chapter 09. 파일 시스템 관리

제9장 파일 시스템 관리

9.1 파일

일반적으로 컴퓨터상에서 사용자들은 파일 형태로 정보를 저장하고 관리한다. 파일(File)이란 사용자에 의해 작성된 상호 관련이 있는 정보 집합체, 즉 서로 연관성을 가진 데이터 집합체를 말하며, 파일은 파일명.확장자로 구성된다. 사용자들이 작성한 정보들은 자기 디스크, 자기 테이프, CD-ROM 디스크, USB 등 보조기억장치에 저장되며, 운영체제는 이들 사용자 정보와 시스템 정보를 체계적으로 관리하고 운영하는 기능을 제공한다. 사용자의 관점에서 볼 때 파일은 보조기억장치에 저장되는 논리적 저장단위이며, 사용자 데이터 또는 정보가 파일 형태로 변환되어 보조기억장치에 저장된다. 파일은 소스 프로그램 또는 목적 프로그램과 같은 프로그램 파일 형식일수도 있으며, 텍스트 파일처럼 자유형식일 수도 있다. 또한 파일은 엄격한 형식을 가질 수도 있고, 보다 일반적이고 광의적인 의미의 형식을 가질 수도 있다. 파일 내의 정보는 작성자에 의해 정의되며, 소스 또는 실행 프로그램, 숫자 또는 텍스트 데이터, 이미지, 사운드, 동영상 등 다양한 형식의 정보들이 파일 내에 저장될 수 있다. 또한 형식에 따라 특별히 정의된 파일 구조를 가질 수 있으며, 예를 들어 텍스트 파일은 문자들로 구성된 문자 파일 형식이다. 그리고 소스 파일이란 원시 프로그램을 작성할 때 생성된 파일이며, 실행파일이란 컴파일된 목적 코드들을 메모리에 적재시켜 실행되는 파일 형식이라 할 수 있다. 파일들은 파일명 형태로 관리되고 저장되며, 파일은 파일명과 파일 확장자로 구성된다. 운영체제는 사용자 정보를 파일명으로 관리하며, 운영체제에서 관리되고 사용되는 일반적인 파일 유형을 살펴보면 표9.1과 같다.

표9.1 일반적인 파일 유형

파일	확장자	기능
소스 파일	java, cc, c 등	원시 언어로 작성된 파일
실행 파일	exe, com, bin 등	시스템에서 실행되는 파일
문서 파일	hwp, docs 등	문서 작성을 위한 파일
이미지 파일	bmp, gip, jpg 등	이미지 생성을 위한 파일
압축 파일	alzip, zip, rar, tar 등	압축을 실행하는 파일
멀티미디어 파일	mpeg, mov, mp3, avi 등	비디오, 오디오 등의 멀티미디어 처리 파일

운영체제는 이처럼 사용자들이 제공한 파일들을 보다 효율적으로 관리하는 기능을 수행하며, 일반적으로 파일이 수행하는 기능을 살펴보면 다음과 같다.

- **open**: 파일을 읽을 수 있도록 연다.
- **close**: 읽은 파일을 닫는다.
- **create**: 새로운 파일을 생성한다.
- **destroy**: 기존의 파일을 제거한다.
- **copy**: 파일을 복사한다.
- **rename**: 파일의 이름을 변경한다.
- **list**: 파일의 내용을 화면에 표시하거나 프린트한다.
- **read**: 파일 내의 하나의 항목을 읽는다.
- **write**: 프로세스로부터 하나의 항목을 작성하고 기록한다.
- **update**: 파일 내의 항목을 갱신한다.
- **insert**: 파일에 새로운 항목을 삽입한다.
- **delete**: 파일에서 하나의 항목을 삭제한다.

Note

파일(File)

사용자에 의해 작성된 상호 관련이 있는 정보 집합체, 즉 서로 연관성을 가진 데이터 집합체

9.2 파일 구조

파일이란 사용자에 의해 작성된 상호 관련이 있는 정보 집합체로서 이들 파일 정보는 보조기억장치에 레코드 단위로 저장된다. 파일 구조는 접근 구조에 따라 순차 파일(Sequential File), 직접 파일(Direct File), 그리고 색인된 순차 파일(Indexed Sequential File) 구조로 분류되며, 다음과 같다.

- 순차 파일(**Sequential File**) 구조
- 직접 파일(**Direct File**) 구조
- 색인된 순차 파일(**Indexed Sequential File**) 구조

9.2.1 순차 파일 구조

순차 파일(Sequential File)은 파일 구조에서 가장 간단한 파일구조로서 이 구조는 논리적 레코드들을 물리적 순서에 따라 순차적으로 저장하고 검색하는 구조를 말한다. 순차 파일 구조에서 레코드들은 테이프처럼 순서적으로 구조화되며, 순서적으로 구조화된 레코드들을 순차적으로 접근한다. 순차 파일 구조에는 주로 자기 테이프와 같은 보조기억장치가 사용되며, 순차 파일 구조의 특징을 살펴보면 다음과 같다.

- 파일의 레코드들이 순차적으로 저장되고 접근된다.

- 자기 테이프와 같은 보조기억장치에서 사용되고 있다.
- 순차 파일은 순차 접근 기억장치 SASD(Sequential Access Storage Device)에 저장된다.
- 순차 파일은 일괄 처리 방식에서 주로 사용된다.
- 다음 레코드의 접근이 빠르다.
- 순차적 접근으로 인하여 접근 속도가 느리다.

> **Note**
>
> **순차 파일(Sequential File) 구조**
>
> 논리적 레코드들을 물리적 순서에 따라 순차적으로 저장하고 검색하는 구조

9.2.2 직접 파일 구조

직접 파일(Direct File)은 파일의 레코드들을 처음부터 순차적으로 구조화하는 방법이 아니라 직접 접근이 가능하도록 파일의 레코드들을 구조화한 것이다. 직접 파일 구조는 원하는 레코드들의 직접 탐색이 가능하며, 레코드 접근은 직접 접근 기억장치의 물리적 주소를 통해서 수행된다. 직접 파일 구조는 순차 접근 파일 구조에 비해 검색 속도가 빠르며, 직접 파일 구조의 특징을 살펴보면 다음과 같다.

- 순차 접근 파일 구조에 비해 검색 속도가 빠르다.
- 자기 디스크와 같은 보조기억장치에서 사용되고 있다.
- 특정 레코드를 검색하기 위해서는 보조 기억장치로 사상시키는 사상 함수(Mapping Function)가 요구된다.
- 직접 파일은 대화형 처리 방식에서 주로 사용된다.
- 직접 파일은 직접 접근 기억장치 DASD(Direct Access Storage Device)에 저장된다.
- 직접 파일 구조는 다른 레코드들에 영향을 주지 않고 특정 레코드들에 대한 삽입, 삭

제, 수정, 검색 등의 기능을 제공한다.

> **Note**
>
> **직접 파일(Direct File) 구조**
>
> 파일의 레코드들을 처음부터 순차적으로 구조화하는 방법이 아니라 직접 접근이 가능하도록 파일의 레코드들을 구조화한 것

9.2.3 색인된 순차 파일 구조

색인된 순차 파일(Indexed Sequential File) 구조는 순차 파일 구조와 직접 파일 구조를 혼합한 구조이다. 이 파일 구조는 포인터 정보를 이용하여 색인된 레코드들을 순차적으로 접근하며, 포인터(Pointer)는 키(Key)값에 따라 정렬된 특정 레코드를 직접 접근하기 위해 사용된다. 색인된 순차 파일은 레코드들을 접근하기 위해 포인터 정보와 색인 정보를 동시에 사용하며, 색인된 순차 파일 구조의 특징을 살펴보면 다음과 같다.

- 색인된 순차파일은 정적 색인 **ISAM(Indexed Sequential Access Method)** 방법과 동적 색인 **VSAM(Virtual Sequential Access Method)** 방법을 사용한다.
- 색인된 순차파일은 디스크와 같은 보조기억장치에 주로 사용된다.
- 일괄처리 방식과 대화형 처리 방식에 모두 적용된다.
- 순차 파일, 직접 파일 구조에 비해 융통성이 있으며, 효율적이다.
- 고정 길이 레코드와 가변 길이 레코드를 모두 수용한다.

> **Note**
>
> **색인된 순차 파일(Indexed Sequential File) 구조**
>
> 순차 파일 구조와 직접 파일 구조를 혼합한 구조

색인된 순차파일은 정적 색인 ISAM(Indexed Sequential Access Method) 방법과 동적 색인 VSAM(Virtual Sequential Access Method) 방법을 이용하여 파일 접근이 가능하며, 이들 방법의 차이점을 살펴보면 다음과 같다.

✓ 정적 색인 ISAM 방법과 동적 색인 VSAM 방법의 차이

- 정적 색인 ISAM 방법
  - (1) 레코드에 순차적으로 접근하거나 또는 색인을 통해 선택적으로 접근하는 두 가지 방법 모두를 제공하는 파일관리 시스템이다.
  - (2) 파일의 삽입이 많을 경우 오버플로우가 많이 발생한다.
  - (3) 오버플로우로 인해 성능이 떨어진다.
  - (4) 주기적으로 파일을 재구성해야 한다.

- 동적 색인 VSAM 방법
  - (1) 동적 색인 VSAM은 동적 색인 순차 접근 방법이라 한다.
  - (2) 색인 순차파일의 접근은 동적으로 수행된다.
  - (3) 오버플로가 발생할 때 데이터 파일과 색인 파일에 새로운 블록을 할당하거나 오버플로가 발생한 블록을 반으로 나누어 문제를 해결한다.

9.3 파일 시스템

파일 시스템(File System)이란 운영체제에서 보조 기억 장치에 저장된 파일들을 관리하는 시스템이라 할 수 있다. 파일 시스템은 운영체제가 사용자들에게 제공하는 가장 기본적인 서비스 중의 하나로써 사용자가 컴퓨터에서 데이터를 읽고 쓸 수 있도록 하는 기능을 제공한다. 파일 시스템은 사용자들에게 편리한 파일 서비스 기능을 제공할 뿐만 아니라 또한 파일 생성 및 삭제, 검색 및 저장, 그리고 디렉토리(Directory) 생성 등 많은 기능을 수행한다. 우리가 사용하고 있는 대부분의 운영체제는 파일을 효과적으로 관리하는 파일 시스템을 가지고 있으며, MS-DOS, Windows 계열 운영체제, OS/2, 매킨토시, LINUX, UNIX 등이 대표적이다.

예를 들어 윈도우즈는 FAT(File Allocation Table)방식, 즉 FAT16, FAT32 등의 파일 시스템 구조와 NTFS(New Technology File System) 구조를 가지고 있으며, 리눅스는 Ext(Extended File System) 방식, 즉 Ext1, Ext2, Ext3 등의 파일 시스템 구조를 가지고 있다. 그리고 UNIX 계열의 운영체제는 UFS(Unix File System) 파일 시스템 구조를 가지고 있으며, 구글은 대규모의 클라우드 서비스를 제공하기 위하여 GFS(Google File System) 파일 시스템을 가지고 있다. 이 밖에도 운영체제에 따라 다양한 형식과 종류의 파일 시스템을 이용하여 파일들을 관리하고 운영한다.

일반적으로 파일시스템에 저장되는 파일들은 디렉토리에 의해 관리되며, 예를 들어 LINUX 또는 UNIX와 같은 운영체제는 디렉토리 상의 파일들을 계층적으로 관리하고 운영한다. 이처럼 디렉토리는 파일들을 효율적으로 관리하는 기능뿐만 아니라 계층적으로 관리하는 기능을 제공한다.

Note

파일 시스템(File System)

운영체제에서 보조 기억 장치에 저장된 파일들을 관리하는 시스템

9.4 파일 시스템 기능

파일 시스템은 사용자와 보조기억장치 간의 인터페이스 역할을 수행하며, 시스템 관점에서 볼 때 사용자는 파일의 입출력 명령을 수행하는 논리적 기능을 수행한다. 그리고 보조기억장치는 사용자의 정보를 물리 시스템에 저장하는 물리적 기능을 수행하는 기억

장치로써 일반적으로 파일 시스템이 수행하는 기능을 살펴보면 다음과 같다.

- 사용자 파일의 생성, 삭제, 수정 기능을 제공한다.
- 제어 방법을 통해서 다른 사람의 파일을 공유할 수 있도록 하는 기능을 제공한다.
- 파일 공유 기법은 여러 종류의 파일들을 접근할 수 있도록 파일 공유기능을 제공한다.
- 사용자가 각 응용에 적합한 구조로 파일을 구성할 수 있도록 하는 기능을 제공한다.
- 사용자간 파일 전송 기능을 제공한다.
- 갑작스런 사고 대비를 위한 파일의 백업(backup)과 복구(recovery) 기능을 제공한다.
- 사용자가 물리적 장치 이름 대신에 기호화된 이름(symbolic name)을 사용할 수 있도록 지원한다.
- 정보를 암호화하고 해독할 수 있는 기능을 제공한다.
- 사용자가 논리적 파일 구조를 쉽게 사용할 수 있도록 지원한다.

9.5 파일 공간 할당 방법

파일 공간 할당이란 파일을 보조기억장치에 저장할 때 어떤 파일을 어떻게 할당하고, 디스크 공간을 얼마나 효율적으로 이용하며, 그리고 얼마나 빠르게 접근할 수 있도록 할 것인가를 결정하는 기법을 말한다. 이 기법은 주기억장치의 가변 분할 기법에서 기억공간을 동적으로 분할하고 회수하는 방법과 유사하며, 주기억 장치의 분할 기법에서처럼 단편화현상이 발생한다. 이러한 단편화 현상을 줄이기 위해서는 디스크의 파일들을 인접하도록 구성하거나 디스크의 작은 분할된 파일들을 서로 모아 놓아야 하며, 이러한 기능은 압축 알고리즘(Compaction Algorithm)에 의해서 수행된다. 압축이란 6장에서 살펴보았듯이 서로 흩어져 있거나 인접한 파일들을 하나의 큰 기억공간으로 통합하는 과정을 말하며, 압축 알고리즘을 통해서 흩어진 디스크 공간들이 하나의 커다란 가용공간으로 확보된다.

일반적으로 압축이 수행되는 동안에는 압축 알고리즘의 수행 기능은 잠시 멈추게 된다. 그러나 시스템에 따라서는 작업을 수행하는 동안 압축 기능을 동적으로 수행하는 시스템도 있으며, 그 기능을 잠시 중단하는 시스템도 있다. 이처럼 압축은 디스크 상에 흩어진 파일 공간들을 가용공간으로의 사상을 수행하며, 파일 시스템의 중요한 기능 중의 하나가 바로 파일들을 효율적으로 관리하는 기능이다. 따라서 파일 시스템의 관리 기능은 보조기억장치의 기억공간을 효과적으로 관리하는 일이며, 기억공간을 효과적으로 관리하기 위해서는 다음과 같은 사항들을 고려해야 한다.

- 파일의 접근 방법, 블록 할당, 그리고 회수처리 속도 등을 고려해야 한다.
- 디스크 공간의 활용가능성을 고려해야 한다.
- 주기억장치의 필요한 기억공간을 고려해야 한다.
- 다중 섹터와 다중 트랙의 전송 능력을 고려해야 한다.

이와 같은 사항들이 고려될 때 파일 공간 할당 기능이 효율적으로 수행되며, 파일 할당 방법은 연속 할당(Contiguous Allocation) 방법과 불연속 할당(Non-contiguous Allocation) 방법으로 분류된다.

✓ 파일 할당 방법

- 연속 할당 방법(Contiguous Allocation)
- 불연속 할당 방법(Non-contiguous Allocation)

9.5.1 연속 할당 방법

연속 할당 방법이란 보조기억장치 내의 파일들이 연속적으로 인접된 공간에 할당되어 있는 기법을 말한다. 이 기법은 디스크 공간에 파일들이 연속적으로 인접해 있기 때문에 디스크 공간에서 다음 트랙 탐색은 트랙 변화가 발생할 때 입출력 헤드를 통해서 수행된다. 연속 할당 방법은 디렉토리(Directory) 내에 파일명, 파일의 시작주소, 그리고 파일의 길이(크기)에 의해 정의되며, 파일의 연속 할당이 수행되는 과정을 살펴보면 그림9.1과 같다.

그림9.1에서 살펴보듯이 디렉토리에는 5개의 파일, 즉 count, ls, list, man, ps가 있으며, 각각의 파일은 시작주소와 길이(크기)를 가지고 있다. 파일명 count는 시작주소가 0이고 파일의 길이가 2임을 의미하며, 파일명 ls는 시작주소가 8이고, 파일의 길이가 2임을 의미한다. 그리고 파일명 list는 시작주소가 18이고, 파일의 길이가 5임을 의미하며, 파일명 man은 시작주소가 24이고, 파일의 길이가 7임을 의미한다. 끝으로 파일명 ps는 시작주소가 36이고, 파일의 길이가 4임을 의미한다.

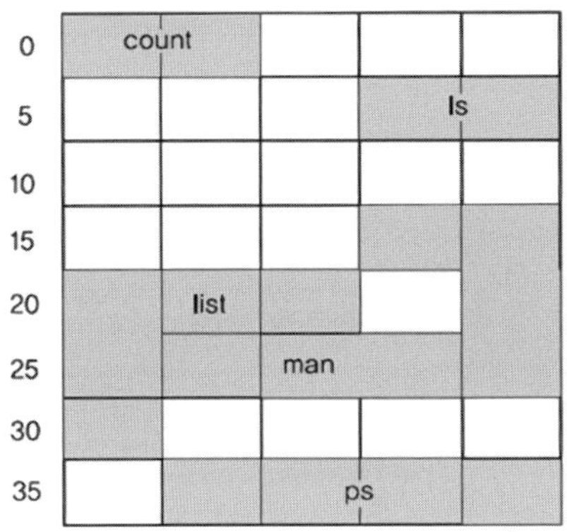

디렉터리

파일명	시작 주소	길이
count	0	2
ls	8	2
list	18	5
man	24	7
ps	36	4

그림9.1 파일의 연속 할당

연속 할당은 파일의 길이가 계속 변할 경우에는 구현이 어려운 문제가 있으며, 파일 할당 기법의 장점·단점을 살펴보면 다음과 같다.

|연속 할당 기법의 장점·단점|

• 장점 - 디스크 상에 흩어져 있는 시스템에 비해서 접근속도가 빠르다.
 - 파일명, 파일의 시작주소, 그리고 파일의 크기를 통한 디렉토리 관리가 쉽다.
 - 디렉토리 관리가 단순하며, 구현이 쉽다.

• 단점 - 파일 크기에 알맞은 연속 기억 공간이 없으면 파일 생성이 어렵다.
  - 보조기억장치의 단편화로 인한 주기적인 압축이 필요하다.
  - 필요한 기억 공간보다 더 많은 여분의 기억 공간 확보로 인해 기억장소 낭비가 발생한다.
  - 파일의 길이가 계속 변할 경우 구현이 어렵다.

> **Note**
>
> **연속 할당(Contiguous Allocation) 방법**
>
> 보조기억장치 내의 파일들이 연속적으로 인접된 공간에 할당되어 있는 기법

9.5.2 불연속 할당 방법

불연속(Non-contiguous Allocation) 할당 방법이란 보조기억장치 내의 파일들을 동적, 즉 불연속으로 할당하는 기법을 말한다. 디스크 공간 내의 파일들은 시간이 지남에 따라 파일의 크기가 변하게 되며, 사용자들은 파일의 크기가 얼마인지 사전에 미리 알 수 없을 수 있다. 이러한 동적상황을 반영한 기법이 불연속 할당 기법이며, 불연속 할당 기법에는 연결 리스트(Linked List) 방법과 색인 블록(Indexed Block) 방법이 일반적으로 사용되고 있다.

✓ 불연속 할당 기법

• 연결 리스트(Linked List) 방법
• 색인 블록(Indexed Block) 방법

(1) 연결 리스트 방법

연결 리스트 방법이란 디스크의 디렉토리에 흩어져 있는 파일들을 연결 포인터(Link Pointer)를 이용하여 연결하는 방법을 말하며, 이 기법은 디스크 내의 어느 곳에 흩어져

있는 파일도 연결 포인터를 이용하여 접근이 가능하므로 동적 기억장치 할당 기법이라고도 한다. 디렉토리에는 파일들을 연결하기 위해 파일이 시작되는 시작주소와 마지막 주소까지 연결을 위한 포인터가 있다. 연결 리스트 기법에서는 동적 기억장치 할당으로 인해 연속 할당 기법에서 반영하였던 압축 기법이 더 이상 요구되지 않으며, 연결 포인터를 통해서 연결 리스트가 수행되는 과정을 살펴보면 그림9.2와 같다.

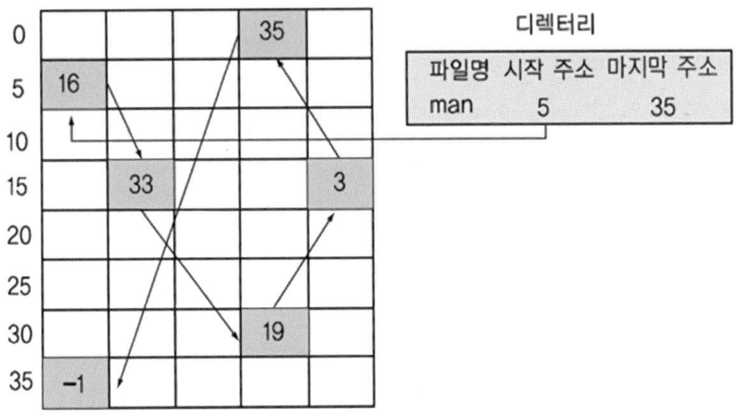

그림9.2 연결 리스트 할당

그림9.2에서 살펴보듯이 디렉토리에서 연결 리스트가 수행되는 파일명은 man이며, 시작주소는 5이고, 그리고 파일의 마지막 주소는 35이다. 파일명 man의 시작주소 5는 파일 리스트 16의 주소를 가리키고 있으며, 주소 16은 다시 주소 33, 주소 33은 주소 19, 주소 19는 주소 3, 주소 3은 주소 35를 가리키고 있다. 끝으로 주소 35는 -1 값을 가지고 있으며, -1은 파일의 끝(End of File)을 의미한다. 즉 파일의 끝이란 더 이상 가리킬 파일이 없다는 것을 의미한다. 이러한 연결 과정을 통하여 연결 리스트의 할당 과정이 수행되며, 연결 리스트의 장점·단점을 살펴 보면 다음과 같다.

|연결 리스트 기법의 장점·단점|

- 장점 - 연속 할당 기법에서 반영되었던 압축이 더 이상 필요 없다.

- 연속 할당 기법보다 파일 할당의 융통성이 보장된다.

• 단점 - 파일 블록 내에 파일의 분산으로 인한 검색 시간이 길어진다.
- 연결 리스트 구조를 유지하는데 추가 시간이 요구된다.

> **Note**
>
> **불연속**(Non-contiguous Allocation) **할당 방법**
>
> 보조기억장치 내의 파일들을 동적, 즉 불연속으로 할당하는 기법

(2) 색인 블록 방법

색인 블록(Indexed Block) 방법이란 파일마다 하나의 색인 블록을 만들어 놓고서 색인된 블록으로부터 각각의 블록 항목들을 검색하는 방법을 말한다. 색인 블록에서 각각의 블록 항목들에 대한 검색은 연결 포인터를 이용하며, 불연속 할당 기법에서 색인 블록 할당이 수행되는 과정을 살펴보면 그림9.3과 같다.

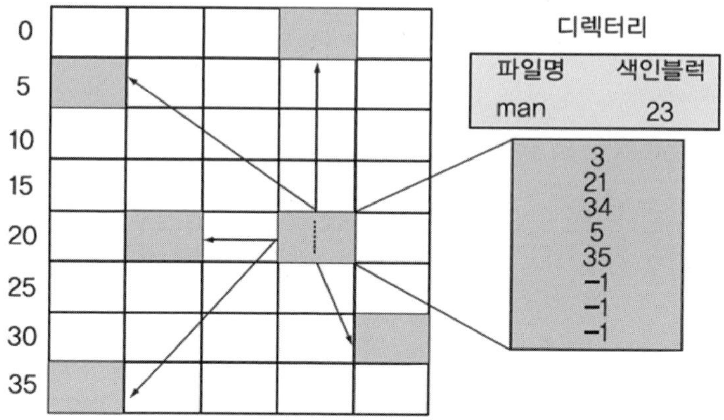

그림9.3 색인 블록 할당

그림9.3에서 살펴보듯이 디렉토리에는 파일명 man과 색인블록23의 정보가 있으며, 파일명 man의 색인블록 번호 23번째의 블록에서 각각의 블록 항목, 즉 블록 항목3, 블록 항목21, 블록 항목34, 블록 항목5, 블록 항목35를 연결함을 의미한다. 그리고 -1은 파일의 끝이다.

색인 블록 방법은 블록 식별자와 블록 포인터에 의해 각 블록 항목들이 접근되며, 색인 블록 기법의 장점·단점을 살펴 보면 다음과 같다.

|색인 블록 기법의 장점·단점|

- 장점 - 단편화의 문제없이 해당 블록에 대한 직접 접근이 가능하다.
  - 탐색이 색인 블록에서 수행되므로 블록 항목 접근이 빠르다.

- 단점 - 연결 리스트 방법보다 기억장소의 낭비가 심하다.
  - 새로운 블록 항목을 삽입할 때에는 블록을 완전히 재구성해야 한다.

Note

색인 블록(Indexed Block) 방법

파일마다 하나의 색인 블록을 만들어 놓고서 색인된 블록으로부터 각각의 블록 항목들을 검색하는 방법

9.6 디렉토리

컴퓨터의 파일 시스템은 파일 캐비넷으로 비유할 수 있으며, 캐비넷 안의 서랍은 디렉토리, 서랍 안의 각종 문서들은 파일이라 할 수 있다. 서랍들은 상위 계층과 하위 계층을 가지며, 각 계층에 폴더 형식으로 문서파일들이 보관된다. 따라서 컴퓨터상에서 디렉토리는 여러 종류의 파일들을 저장/관리하는 파일 정보 보관소이며, 일반적으로 계층 구조로

구성되어 있다. 디렉터리는 각각의 파일에 대한 이름과 크기, 위치 등의 정보를 가지고 있으며, 디렉토리가 수행하는 기능을 살펴보면 다음과 같다.

✓ 디렉토리의 수행기능

- 파일 탐색: 디렉토리에서 파일 탐색 기능을 수행한다.
- 파일 생성: 디렉토리에 새로운 파일을 만드는 기능을 수행한다.
- 파일 삭제: 디렉토리에서 하나의 파일을 삭제하는 기능을 수행한다.
- 파일 검색: 디렉토리의 파일을 검색한다.
- 백업 및 복구: 파일의 파괴 및 손실 방지를 위해 파일을 백업하고 복구하는 기능을 수행한다.
- 디렉토리 열람: 디렉토리의 내용을 볼 수 있도록 열람 기능을 제공한다.

실제 디렉토리 개념은 MS-DOS, UNIX, LINUX 등 많은 운영체제에서 적용되고 있으며, 윈도우즈 운영체제에서는 폴더가 디렉토리 개념으로 사용되고 있다. 디스크 상의 많은 파일들은 이처럼 디렉터리에 저장되며, 디렉토리 구조의 종류에는 일단계 구조 디렉토리, 이단계 구조 디렉토리, 트리 구조 디렉토리, 비순환 그래프 디렉토리, 그리고 일반적 그래프 구조 디렉토리 등이 있다.

✓ 디렉토리 구조의 종류

- 일단계 구조 디렉토리
- 이단계 구조 디렉토리
- 트리 구조 디렉토리
- 비순환 그래프 디렉토리
- 그래프 구조 디렉토리

9.6.1 일단계 구조 디렉토리

일단계 구조 디렉토리는 가장 간단한 형태의 디렉토리 구조로서 모든 파일의 내용이 같은 디렉토리 내에 유지된다. 일단계 디렉토리 구조는 파일의 수가 증가하거나 사용자 수가 많을 때에는 파일 이름을 서로 다르게 작성해야 하며, 일단계 구조 디렉토리는 그림 9.4와 같다.

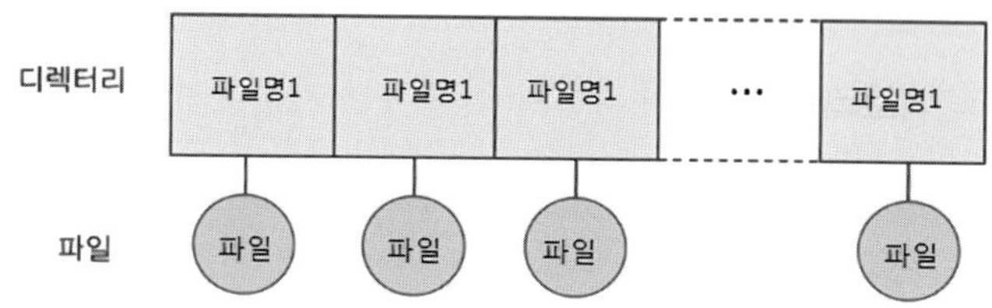

그림9.4 일단계 구조 디렉토리

9.6.2 이단계 구조 디렉토리

이단계 구조 디렉토리는 마스터 파일 디렉토리와 사용자 파일 디렉토리의 이단계로 구조화된 디렉토리이다. 여기서 마스터 파일 디렉토리는 루트 디렉토리이며, 사용자 파일 디렉토리는 하위 계층 디렉토리이다. 이 구조는 일단계 구조 디렉토리에서 발생된 사용자들 간의 똑 같은 파일명 사용으로 인한 혼란을 방지하기 위한 구조로서 각 파일 사용자들에게 서로 다른 디렉토리를 만들어 준다. 이단계 구조 디렉토리에서 특정 파일을 지정하기 위해서는 사용자 이름과 파일명을 작성해야 하며, 이단계 구조 디렉토리는 그림9.5와 같다.

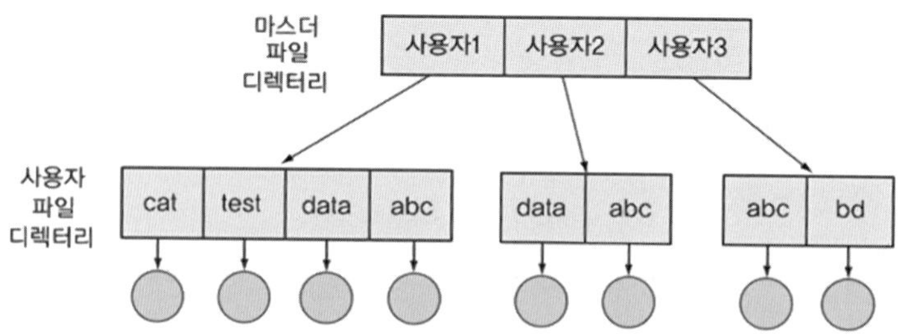

그림9.5 이단계 구조 디렉토리

이단계 구조 디렉토리에서 각 파일 사용자는 자신의 사용자 파일 디렉토리를 가지게 되며, 사용자 디렉토리는 오직 한 사람만의 사용자 파일을 정의한다. 이단계 구조 디렉토리는 파일 사용자가 다른 파일 사용자로부터 독립할 수 있다는 장점이 있지만 특정 파일을 명시하기 위해서는 반드시 사용자 이름과 파일명을 반드시 지정해야 된다는 문제점이 있다.

9.6.3 트리 구조 디렉토리

트리 구조 디렉토리는 이단계 구조 디렉토리를 확장한 구조로서 이 구조는 일반적으로 사용되고 있는 트리 구조의 개념을 적용한 구조이다. 트리 구조 디렉토리는 파일 사용자들이 자신의 서브디렉토리(Subdirectory)를 생성하고, 생성된 디렉토리에 자신의 파일을 구성하고 저장한다. 트리 구조 디렉토리는 상위 계층 디렉토리와 하위 계층 디렉토리로 구성되며, 트리 구조 디렉토리는 그림9.6과 같다.

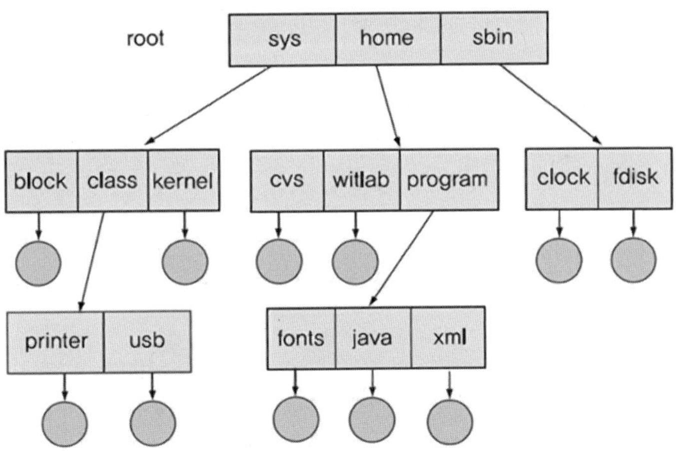

그림9.6 트리 구조 디렉토리

트리 구조 디렉토리는 디렉토리 내에서 파일 공유 및 삭제가 용이하지만 새로운 디렉토리 생성 및 삭제는 용이하지 않는 문제점이 있다.

9.6.4 비순환 그래프 디렉토리

비순환 그래프 디렉토리는 트리 구조 디렉토리를 일반화한 디렉토리 구조로서 이 구조는 그래프상에서 사이클이 발생되지 않는다. 트리 구조 디렉토리와 비순환 그래프 디렉토리의 차이점은 트리 구조 디렉토리는 사용자 파일 및 디렉토리의 공유가 불가능한 반면, 비순환 그래프 디렉토리는 사용자 파일 및 디렉토리의 공유가 가능하다는 점이다. 즉 같은 디렉토리에 여러 사용자가 있을 경우 사용자 파일은 같은 디렉토리에 넣을 수 있으며, 비순환 그래프 디렉토리는 그림9.7과 같다.

비순환 그래프 디렉토리는 트리 구조 디렉토리에 비해서 융통성이 보장되지만 상대적으로 구조가 복잡한 문제가 있다. 그리고 하나의 파일이 여러 개의 경로명을 가질 수 있으며, 서로 다른 경로명이 같은 파일을 공유하는 경우 시스템 운영에 문제가 발생할 수 있다.

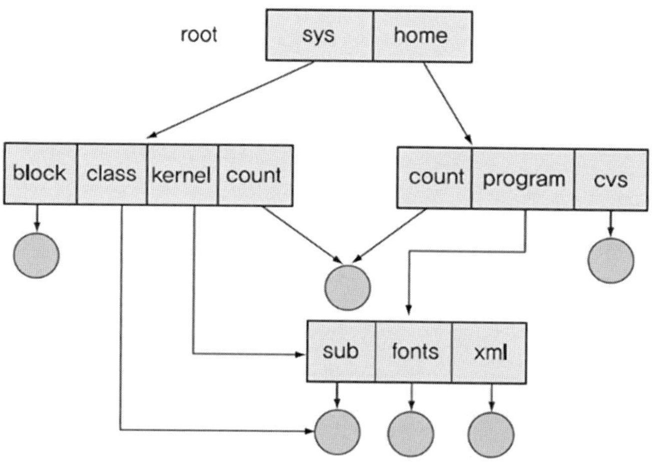

그림9.7 비순한 그래프 디렉토리

9.6.5 일반적 그래프 구조 디렉토리

일반적 그래프 디렉토리는 순환(Cyclic) 그래프 디렉토리 구조라 한다. 일반적 그래프 디렉토리 구조는 사이클이 허용되는 디렉토리 구조이며, 디렉토리 구조에 그래프가 반영되면 그래프 작성 및 운영이 간편해진다. 일반적 그래프 디렉토리는 트리 구조 디렉토리에 서브디렉토리를 추가하여 그래프 구조를 생성하며, 일반적 그래프 디렉토리는 그림 9.8과 같다.

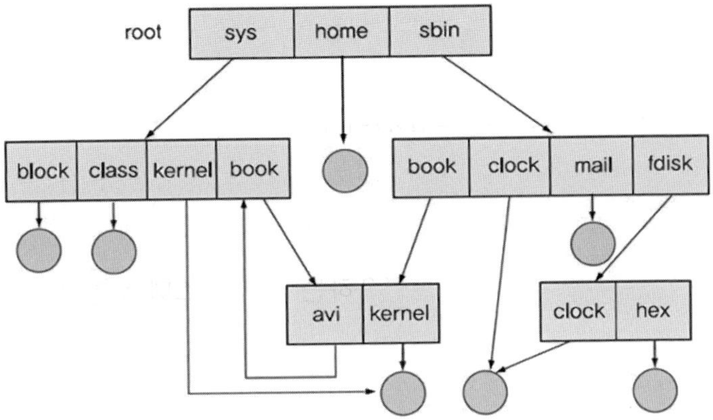

그림9.8 일반적 그래프 디렉토리

일반적 그래프 디렉토리는 알고리즘이 간단하여 원하는 파일 접근이 용이하지만 각 디렉토리마다 불필요한 파일 제거를 위해 쓰레기 수집을 수행해야 하는 문제가 있다.

연습문제

1. 파일이란 무엇이며, 파일이 수행하는 기능을 간단히 설명하시오.

2. 순차 파일(Sequential File), 직접 파일(Direct File), 그리고 색인된 순차 파일(Indexed Sequential File) 구조의 차이점을 비교 설명하시오.

3. 정적 색인 ISAM 방법과 동적 색인 VSAM 방법의 차이를 설명하시오.

4. 파일 시스템이란 무엇이며, 윈도우즈 계열 FAT32 파일 시스템이 무엇인지 설명하시오.

5. UNIX 운영체제의 파일 시스템과 구글의 파일 시스템의 파일 운영 방법에 대해서 각각 설명하시오.

6. 파일 공간 할당이란 무엇인지 간단히 설명하시오.

7. 파일 공간 할당 기법의 연속 할당 기법과 불연속 할당 기법의 차이를 설명하시오.

8. 불연속 할당 기법의 종류를 쓰고, 각각을 간단히 비교 설명하시오.

9. 디렉토리란 무엇이며, 디렉토리가 수행하는 기능을 간단히 설명하시오.

10. 비순환 그래프 구조 디렉토리와 일반적 그래프 구조 디렉토리의 차이점을 비교 설명하시오.

11. 여러분이 사용하고 있는 컴퓨터의 파일 시스템은 어떤 방식으로 파일들을 관리하고 있으며, 디렉토리는 어떠한 방식으로 파일들을 운영하고 관리하고 있는지에 대해서 조사하고 설명하시오.

Chapter 10. 다중처리 시스템

제10장 파일 시스템 관리

10.1 기본 개념

앞의 1장에서 우리는 다중처리 시스템(Multi-processing System)에 대한 기본 개념에 대해서 간단히 살펴보았다. 다중처리 시스템이란 컴퓨터 시스템에 한 개 이상의 프로세서를 장착하여 여러 작업을 동시에 수행하는 시스템을 말하며, 하드웨어 기술의 발전과 가격의 하락으로 인하여 사용범위가 점차적으로 증가하고 있다. 다중처리 시스템의 목적은 작업의 처리율을 향상시키고 신뢰성을 확보하는 것이며, 이를 위해서는 하나의 프로세서를 이용하는 것보다 여러 개의 프로세서를 이용하는 것이 효과적이다. 오늘날 우리가 사용하는 많은 컴퓨터 시스템들은 하나의 프로세서를 장착한 시스템에서부터 수백 개의 프로세서를 장착한 컴퓨터 시스템에 이르기까지 다양하며, 미래에는 수천내지 수 만개 또는 그 이상의 프로세서를 장착한 컴퓨터 시스템들이 등장할 것으로 예상된다. 이처럼 여러 개의 프로세서를 컴퓨터 시스템에 장착하여 작업 연산을 수행할 때 무엇보다 중요한 장점 중의 하나는 하나의 작업을 순차적으로 처리하는 것에 비해서 여러 프로세서들이 작업을 병렬로 다중처리가 가능하다는 점이며, 또 다른 장점은 하나의 프로세서가 고장이 날 때 다른 프로세서가 그 일을 대신 분산하여 처리할 수 있다는 점이다. 이러한 기능이 바로 시스템 작업의 처리율을 향상시키는 중요한 기능이며, 신뢰성을 보장하는 기능이다.

단일처리 시스템과 다중처리 시스템을 비교할 때 단일처리 시스템에서의 작업은 한 순간에 하나씩 처리되는데 비해서 다중처리 시스템에서는 여러 작업들이 동시에 처리된다는 점이다. 일반적으로 다중처리 시스템은 여러 프로세서들이 공유 메모리를 통해서 작업 처리를 수행하며, 프로세서들은 입출력 채널과 제어장치, 그리고 그 외의 장치들을 공동으로 사용한다. 다중처리 시스템은 성능이 비슷한 두 개 이상의 프로세서들이 시스템에 포함되며, 운영체제는 프로세서들 중에서 어떤 프로세서가 고장(Fault)이 발생되었는가를 수시로 체크하며, 고장으로 인한 시스템의 성능이 저하되지 않도록 프로세서 자원을 할당하고 스케줄링하는 기능을 수행한다. 다중처리 시스템에서의 프로세서들은 운영체제에 의해 관리되며, 다중처리 시스템의 장점을 살펴보면 다음과 같다.

- 작업의 처리율 향상: 여러 개의 프로세서를 사용함으로써 작업 처리 효율성이 증가된다.
- 신뢰성 확보: 하나의 프로세서가 고장이 날 때 다른 프로세서가 그 기능을 대신하여 작업의 신뢰성이 보장된다.
- 고장 허용: 여러 프로세서들을 사용함으로써 프로세서의 고장이 허용된다.
- 융통성 보장: 다른 응용 프로그램을 위해서 자기 자신을 동적으로 재구성할 수 있다.
- 모듈 확장성: 작업에 따른 병목현상을 줄이기 위해 자원추가가 가능하다.

한편, 다중처리 시스템의 장점을 극대화하고, 작업처리율 향상과 신뢰성을 보장하기 위해서는 작업의 분할방법, 프로세서 자원 스케줄링 방법, 그리고 프로세서들 간의 동기화 문제를 고려해야 한다. 일반적으로 다중처리 시스템은 명령어 처리 방법, 명령어 흐름, 연결 방법, 그리고 운영체제의 제어형태에 따라 여러 방법으로 분류되며, 각각의 방법을 살펴보면 다음과 같다.

✓ Flynn의 다중처리 시스템

- SISD(Single Instruction stream Single Data stream)
- SIMD(Single Instruction stream Multiple Data stream)
- MISD(Multiple Instruction stream Single Data stream)
- MIMD(Multiple Instruction stream Multiple Data stream)

✓ 병렬처리에 따른 다중처리 시스템

- 파이프라인(Pipeline) 프로세서

- 벡터(Vector) 프로세서
- 배열(Array) 프로세서
- 연관기억장치(Associative Storage) 프로세서

✓ 연결 방법에 따른 다중처리 시스템
- 시분할 및 공유버스(Time Shared & Common Bus)
- 크로스바 교환행렬(Crossbar Switch Matrix)
- 다중포트 기억장치(Multi-port Storage)
- 하이퍼큐브(Hypercube)

✓ 다중처리 시스템의 운영체제 방식
- 마스터/슬래브(Master/Slave) 시스템
- 분리 수행(Separative Execution)
- 대칭적 처리(Systematic Treatment)

10.2 Flynn의 다중처리 시스템

Flynn의 다중처리 시스템은 명령어 스트림과 데이터스트림의 처리에 따라 컴퓨터 구조를 분류한 방법으로서 1966년 Flynn에 의해서 제안되었다. 이 시스템은 표10.1과 같이 명령어 스트림과 데이터스트림의 처리가 1:1, 1:n, n:1, 그리고 n:n에 따라 SISD, SIMD, MISD, 그리고 MIMD로 분류되며, 다음과 같다.

표10.1 Flynn의 다중처리 시스템

구조	명령어 스트림	데이터 스트림	적용 예
SISD	1	1	IBM701, PDP, VAX11, CPC6600 등

SIMD	1	n	ILLIACⅣ, PEPE, BSP 등
MISD	n	1	STARAN, MPR, DAP 등
MIMD	n	n	Tandem16, UNIVAC계열, Cray-XMP 등

10.2.1 SISD

SISD(Single Instruction stream Single Data stream) 구조는 명령어 스트림과 데이터 스트림이 1:1로 처리되는 단일 프로세서 구조로서 프로세서는 한 번에 하나의 명령어만을 처리한다. SISD구조는 전형적인 폰-노이만 컴퓨터 구조이며, 제어장치와 프로세서가 각각 하나씩으로 구성되어 있다. 이 구조는 가장 간단한 명령어 처리 구조이며, SISD 구조는 그림10.1과 같다.

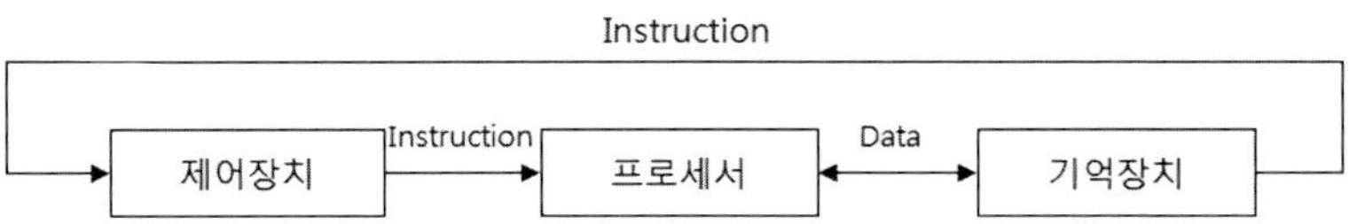

그림10.1 SISD 구조

10.2.2 SIMD

SIMD(Single Instruction stream Multiple Data stream) 구조는 그림10.2와 같이 여러 개의 프로세서들이 하나의 제어장치에 의해 제어되며, 공유 메모리를 통해서 데이터들이 처리된다. SIMD구조는 여러 개의 프로세서들이 배열 형태로 구성되며, 이러한 구조를 배열 프로세서 구조라 한다. 이 구조에서 명령어 스트림과 데이터 스트림의 사상은 1:n으로 수행되며, 주로 데이터 행렬 또는 배열의 벡터 연산을 위해 사용된다.

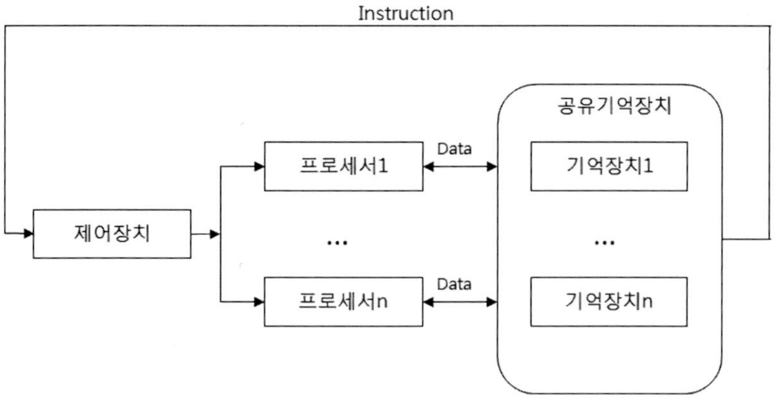

그림10.2 SIMD 구조

10.2.3 MISD

MISD(Multiple Instruction stream Single Data stream) 구조는 그림10.3과 같이 여러 개의 제어장치와 프로세서로 구성되어 있으며, 이 구조는 이론적으로 제시된 구조일 뿐 실제로는 사용되지 않는다.

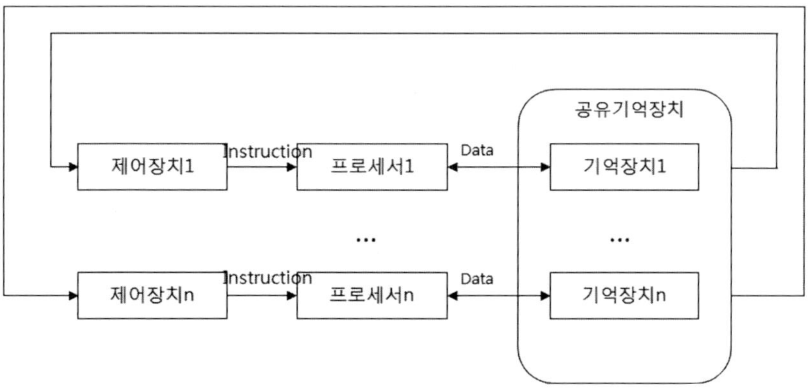

그림10.3 MISD 구조

10.2.4 MIMD

MIMD(Multiple Instruction stream Multiple Data stream) 구조는 여러 개의 프로세서들이 명령어 스트림과 데이터 스트림을 n:n으로 사상하여 처리하는 구조이다. 대부분의 다중처리 시스템과 다중 컴퓨터 시스템이 MIMD구조 방식에 속하며, MIMD 구조는 그림 10.4와 같다.

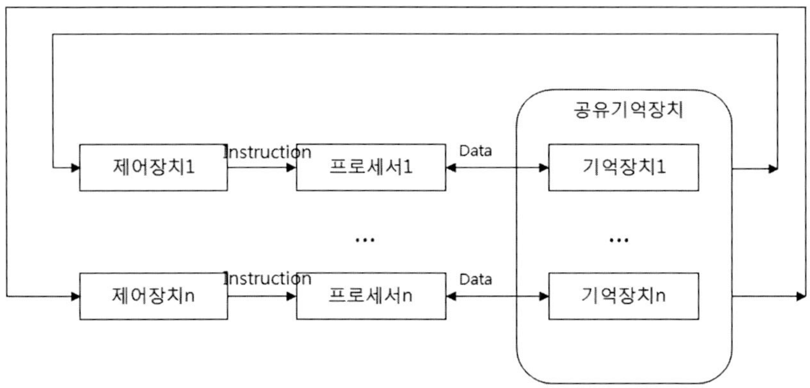

그림10.4 MIMD 구조

10.3 병렬처리에 따른 다중처리 시스템 구조

다중처리 시스템에서 병렬처리가 가능한 시스템 구조는 파이프라인 프로세서, 벡터 프로세서, 배열 프로세서, 그리고 연관기억장치 프로세서 등이 있으며, 이 밖에도 Data flow프로세서, Systolic 구조, Wavefront 구조, 그리고 Reduction 구조 등이 있다. 이들 시스템들은 각각의 프로세서를 통해서 명령어들이 수행되며, 간단한 특징을 살펴보면 표10.2와 같다.

표10.2 병렬처리를 수행하는 다중 시스템 구조의 특징

프로세서 구조	특징
파이프라인 프로세서	시간적 병렬성을 이용하여 명령어 병행처리
벡터 프로세서	벡터 명령어 기반의 벡터화된 프로그램을 벡터 프로세서에 의해 병행처리
배열 프로세서	공간적 병렬성을 이용하여 명령어 병행처리
연관 기억장치 프로세서	연관 기억장치를 이용하여 명령어 병행처리

10.3.1 파이프라인(Pipeline) 프로세서

파이프라인 프로세서는 하나의 프로세서를 기능이 서로 다른 여러 서브-프로세서로 나누어 각 서브-프로세서들이 동시에 명령어들을 병행 처리하는 시스템구조이다. 이 구조는 하나의 명령어가 여러 단계로 나뉘어져 병렬 처리되며, 하나의 서브-프로세서에서 처리된 명령어 처리 결과는 다음 서브-프로세서로 넘어가고 마지막 서브-프로세서를 통과하게 되면 최종 명령어 처리 결과가 생성된다. 파이프라인 프로세서에서 하나의 명령어를 수행하는 파이프라인 과정은 그림10.5와 같이 4-단계의 과정을 거쳐 수행되며, IF(Instruction Fetch), ID(Instruction Decode), OF(Operand Fetch), 그리고 EX(Execution)의 단계를 거쳐 명령어 처리가 수행된다.

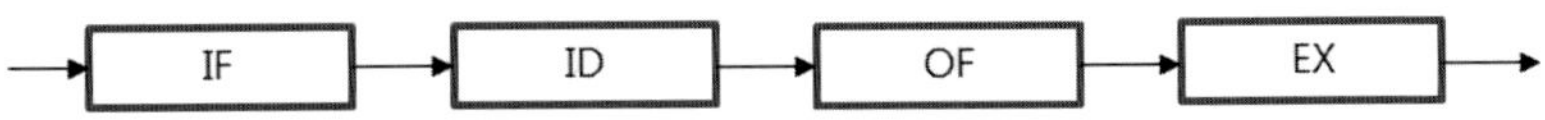

그림10.5 명령어 처리 파이프라인

✓ 명령어처리 4-단계

- IF(Instruction Fetch)

  이 과정은 실행할 명령어를 주기억장치로부터 인출하는 과정이다.

• ID(Instruction Decode)

이 과정은 인출된 명령어들을 연산처리하기 위한 명령어 해독과정이다.

• OF(Operand Fetch)

이 과정은 연산에 필요한 피연산자들을 주기억장치로부터 인출하는 과정이다.

• EX(Execution)

이 과정은 주기억장치로부터 인출된 명령어들을 실행하는 과정이다.

위의 명령어처리 단계에서 IF에서 EX까지를 수행하는데 걸리는 시간을 명령어 사이클(Instruction Cycle) 시간이라 하며, 명령어처리 4-단계 중에서 각각의 단계를 하나씩 거치는데 걸리는 시간을 파이프라인 사이클 시간이라 한다.

파이프라인 프로세서는 많은 데이터를 연속해서 병행처리가 가능한데 비해서 비 파이프라인 프로세서는 하나의 명령어 처리가 완전히 완료된 후에 다음 명령어 처리가 수행되기 때문에 많은 데이터를 병행처리하기에는 부적합하며, 파이프라인 프로세서의 명령어처리 과정과 비 파이프라인 프로세서의 명령어처리 과정을 살펴보면 그림10.6, 그림 10.7과 같다.

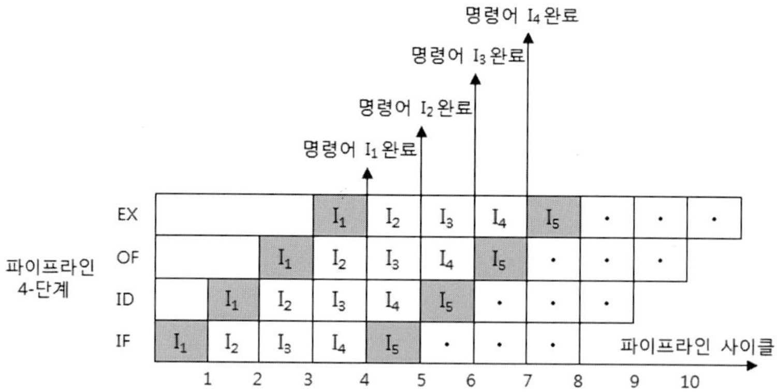

그림10.6 파이프라인 프로세서의 명령어처리 과정

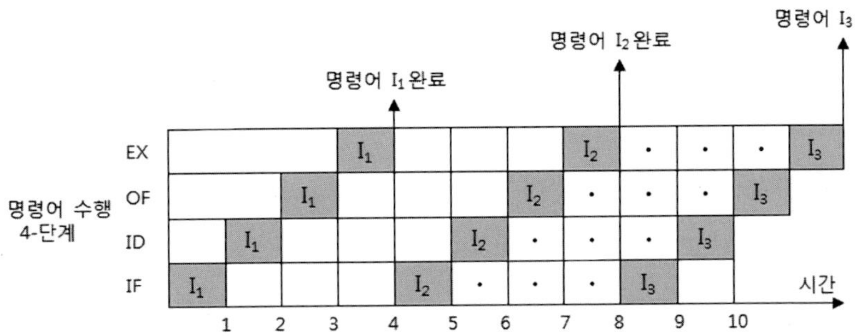

그림10.7 비 파이프라인 프로세서의 명령어처리 과정

그림10.6과 그림10.7에서 보듯이 그림10.6의 파이프라인 프로세서의 명령어 처리는 I_1, I_2, I_3, 그리고 I_4가 병행처리 되고 있음을 알 수 있는데 반해서 그림10.7의 비 파이프라인 프로세서에서의 명령어 처리는 명령어 I_1이 완료된 후에 다음 명령어 I_2, 그리고 다음 명령어 I_3가 실행됨을 알 수 있다. 따라서 명령어 실행관점에서 파이프라인 프로세서 구조는 비 파이프라인 프로세서 구조에 비해서 실행속도가 4배 증가됨을 알 수 있다. 오늘날 존재하는 대부분의 파이프라인 프로세서 구조는 행렬 계산 및 처리 분야와 연산을 반복 처리하는 분야에서 주로 적용되고 있다.

> **Note**
>
> **파이프라인**(Pipeline) **프로세서**
>
> 하나의 프로세서를 기능이 서로 다른 여러 서브-프로세서로 나누어 각 서브-프로세서들이 동시에 명령어들을 병행 처리하는 시스템구조
>
> **명령어 사이클**(Instruction Cycle) **시간**
>
> 명령어처리 단계에서 IF에서 EX까지를 수행하는데 걸리는 시간
>
> **파이프라인 사이클 시간**
>
> 명령어처리 4-단계 중에서 각각의 단계를 하나씩 거치는데 걸리는 시간

10.3.2 벡터(Vector) 프로세서

벡터 프로세서 구조는 파이프라인 프로세서 구조의 한 유형으로서 벡터에 의해 다수의 명령어들이 처리되는 구조이다. 컴퓨터에서 벡터란 1차원 배열의 데이터를 뜻하며, 벡터 프로세서와 반대의 개념으로 스칼라 프로세서가 있다. 스칼라 프로세서는 한 개의 데이터명령어를 처리하는 프로세서로서 대부분의 프로세서는 스칼라 프로세서의 유형에 속한다.

벡터 프로세서는 1970년대에 처음 등장하였으며, 1980년대와 1990년대의 슈퍼컴퓨터의 기초가 되었다. 오늘날 대부분의 프로세서는 다수의 데이터를 처리하는 벡터 프로세싱을 위한 SIMD(Single Instruction Multiple Data) 명령어를 갖추고 있으며, 벡터 프로세서 기술은 그래픽 가속기나 게임 콘솔분야에도 적용되고 있다. 이 밖에도 벡터 프로세서 구조에서 명령어 스트림과 데이터 스트림을 n:n으로 사상하여 처리하는 MIMD 구조가 일부 적용되고 있지만, 이 구조는 전문적인 용도로만 사용될 뿐 현재에는 적용되지 않고 있다.

> **Note**
>
> **벡터(Vector) 프로세서**
>
> 파이프라인 프로세서 구조의 한 유형으로서 벡터에 의해 다수의 명령어들이 처리되는 구조

10.3.3 배열(Array) 프로세서

배열 프로세서(Array Processor)는 지역적으로 분산된 여러 프로세서들이 하나의 명령어를 동시에 처리하는 구조로서 이 구조는 대규모의 데이터 배열 연산 또는 빠른 명령어 처리를 위해 사용된다. 배열 프로세서는 중앙 제어장치 하에 여러 PE(Processing Elements)들이 병렬로 구성되어 있으며, PE들에 의해서 명령어들이 처리된다. 각각의 PE는 논리 연산장치 ALU(Arithmetic Logic Unit)를 수행하는 프로세서와 지역 기억장치

(Local Memory)를 가지고 있으며, 그림10.8과 같이 PE들 간의 상호 네트워킹을 통해서 데이터 교환을 수행한다.

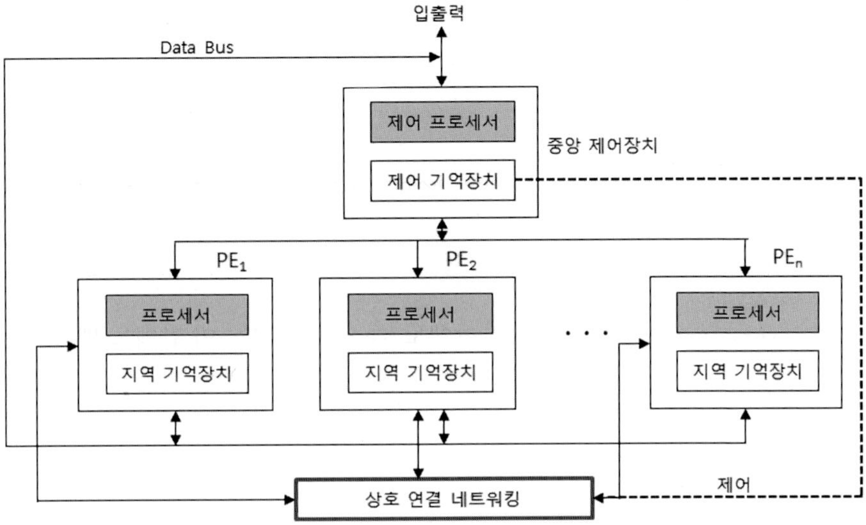

그림10.8 배열 프로세서 구조

그림10.8에서와 같이 중앙 제어장치의 제어 프로세서는 각각의 PE에서 명령문들을 제어하는 기능을 수행하며, 지역 기억장치로부터 명령어들을 인출하여 해독하는 기능을 수행한다. PE에서 사용되는 피연산자들은 자신의 기억장치로부터 인출되고 실행되며, 명령어들의 병렬처리를 위해 PE들 간의 상호 연결 네트워킹 기능을 수행한다. 현재 배열 프로세서 구조는 컴퓨터 과학용 계산, 영상 처리, 모델링 분야에 적용되고 있으며, 매쉬 망(Mesh Network) 구조 및 크로스 바(Cross-Bar)구조에 적용되고 있다. 배열 프로세서는 벡터 프로세서와 마찬가지로 단일 제어장치를 통해서 하나의 명령어를 처리하지만 명령어들의 병행처리와 통신 방법은 서로 다르며, 이들 간의 차이점은 표10.3과 같다.

표10.3 배열 프로세서와 벡터 프로세서의 차이점

배열 프로세서	벡터 프로세서
• PE에 의해서 병렬처리가 수행된다. • 명령어 처리는 PE들 간의 직접적인 전송 또는 공유기억장치에 의해 수행된다. • PE들 간의 통신은 공유기억장치 없이 직접 수행한다. • SIMD 방식의 명령어처리를 수행한다.	• 파이프라인에 의해 병렬처리가 수행된다. • 장치와 장치간의 통신은 불가능하다 • 명령어 처리는 공유기억장치와 공유 레지스터를 통하여 수행된다. • 벡터 프로세서를 이용하여 벡터 연산 명령어 처리를 수행한다.

Note

배열(Array) **프로세서**

지역적으로 분산된 여러 프로세서들이 하나의 명령어를 동시에 처리하는 구조

10.3.4 연관기억장치(Associative Storage) 프로세서

연관기억장치 프로세서는 연관기억장치를 이용하여 명령어들을 병렬 처리하는 구조이다. 이 구조는 그림10.9와 같이 연관기억장치와 배열 제어기 및 연산 논리장치 ALU와의 상호작용을 통하여 명령어 처리를 수행하며, 데이터베이스용으로 주로 사용되고 있다.

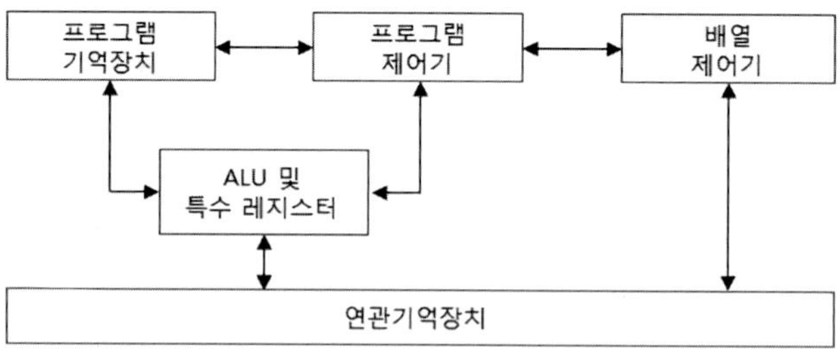

그림10.9 연관기억장치 프로세서

> **Note**
>
> **연관기억장치**(Associative Storage) **프로세서**
>
> 연관기억장치를 이용하여 명령어들을 병렬처리하는 구조

10.4 연결 방법에 따른 다중처리 시스템 구조

다중처리 시스템의 연결방법은 시스템의 설계 및 구현에 중요한 영향을 미치며, 연결방법에 따른 다중처리 시스템은 크게 시분할 및 공유버스(Time Shared & Common Bus), 크로스바 교환행렬(Crossbar Switch Matrix), 다중포트 기억장치(Multi-port Storage), 그리고 하이퍼큐브(Hypercube) 구조로 분류된다.

10.4.1 시분할 및 공유버스(Time Shared & Common Bus)

시분할 및 공유버스 구조는 프로세서, 기억장치, 그리고 입출력 프로세서들 사이의 전송통로를 통하여 데이터 전송이 수행되는 다중처리 시스템 구조로서 각 장치 간의 데이터 전송제어는 버스 인터페이스에 의해 수행된다. 이 구조에서 하나의 프로세서는 오직 하나의 데이터만을 전송할 수 있으며 다른 프로세서가 데이터 전송을 원할 경우에는 먼저 버스가 유용한지를 검사해야 한다.

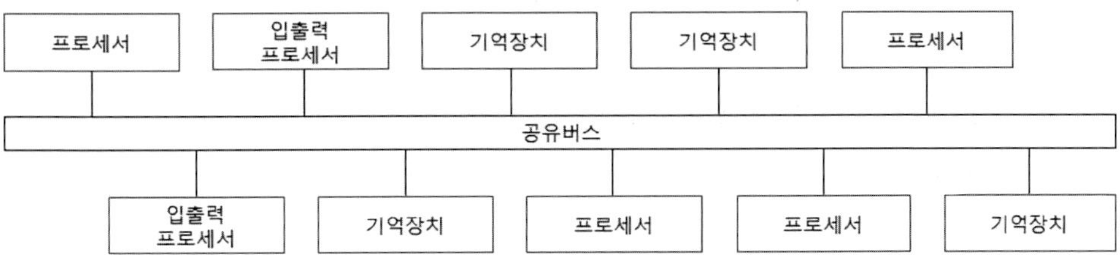

그림10.10 시분할 및 공유버스 구조

시분할 및 공유버스 구조는 그림10.10과 같이 하나의 공통 버스를 통해서 프로세서, 기억장치, 입출력 프로세서들이 공유하고 있으며, 이 구조에서 공통버스를 통해서 데이터 전송을 수행할 때 버스 병목으로 인한 접근 충돌이 발생할 수 있다. 접근 충돌은 우선순위를 통하여 해결할 수 있으나 기억장치와 프로세서 사이의 데이터 이동으로 인한 기아 현상이 발생할 수 있다. 시분할 및 공유버스 구조는 프로세서가 30개인 컴퓨터 시스템에 주로 적용되며, 장점 · 단점을 살펴보면 다음과 같다.

| 시분할 및 공유버스 구조의 장점·단점 |

- 장점 - 장치 추가가 쉽다.
  - 시스템이 단순하며, 융통성이 보장된다.

- 단점 - 버스 병목으로 인한 충돌이 발생한다.
  - 공유버스가 고장이 날 경우 전체 시스템이 중단될 수 있다.
  - 시스템의 전송률은 버스 전송률에 의해 제한된다.

Note

시분할 및 공유버스(Time Shared & Common Bus)

프로세서, 기억장치, 그리고 입출력 프로세서들 사이의 전송통로를 통하여 데이터 전송이 수행되는 다중처리 시스템 구조

10.4.2 크로스바 교환행렬(Crossbar Switch Matrix)

크로스바 교환행렬 구조는 기억장치 수만큼 버스를 두어 두 개 이상의 기억장치를 동시에 접근하도록 하는 다중처리 시스템 구조이며, 이 구조는 작은 규모와 높은 성능을 나타내는 시스템에 주로 적용된다. 크로스바 교환행렬 구조에서 프로세서와 기억장치 간의 버스 충돌 제어는 크로스바 스위치 하드웨어 장치에 의해 수행되며, 크로스바 스위치

하드웨어 장치는 여러 프로세서들이 기억장치에 동시에 접근하려고 할 때 이를 적절히 제어하는 기능을 수행한다. 크로스바 교환행렬 구조는 그림10.11과 같이 프로세서와 기억장치 모듈 간의 스위칭 통로를 통하여 데이터 전송이 수행되며, 16×16행렬 구조가 최고 구조로 되어 있다.

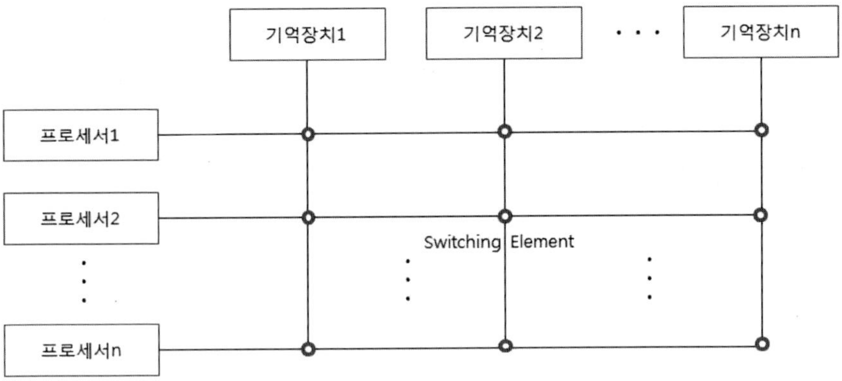

그림10.11 크로스바 교환행렬 구조

그림10.11에서와 같이 크로스바 교환행렬 구조는 프로세서 버스 통로와 기억장치 모듈 통로 사이를 연결하는 다수의 교차점 switching element를 가지고 있으며, 이 구조의 장점 · 단점을 살펴보면 다음과 같다.

|크로스바 교환행렬 구조의 장점·단점 |

- 장점 - 모든 기억장치 모듈로 동시 전송이 가능하다.
- 단점 - 스위치를 구성하기 위한 하드웨어 구조가 복잡하고 크다.

Note

크로스바 교환행렬(Crossbar Switch Matrix)

기억장치 수만큼 버스를 두어 두 개 이상의 기억장치를 동시에 접근하도록 하는 다중 처리 시스템 구조

10.4.3 다중포트 기억장치(Multi-port Storage)

다중포트 기억장치 구조는 여러 개의 입출력 포트를 가진 기억장치 구조로서 동시에 두 개 이상을 판독/기록할 수 있는 기능을 가진 다중처리 시스템 구조이다. 다중포트 기억장치 구조에서 기억장치 포트는 우선순위를 부여받으며, 우선순위는 동시에 동일한 기억장치를 접근하려고 할 때 이로 인한 충돌을 제어하기 위해 사용된다. 다중포트 기억장치는 그림10.12와 같이 시분할 및 공유 버스 구조와 크로스바 교환행렬 구조를 혼합한 구조로서 장점·단점은 다음과 같다.

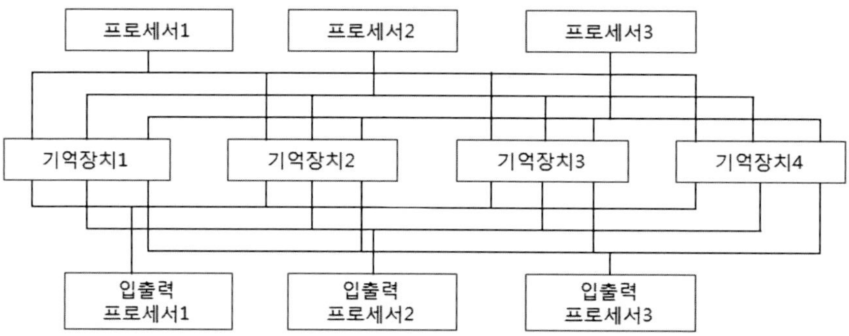

그림10.12 다중포트 기억장치 구조

| 다중포트 기억장치 구조의 장점·단점 |

- 장점 - 단일 경로를 통해서 다양한 연결이 가능하다.

• 단점 - 크로스바 교환행렬 구조로 인하여 네트워크 비용이 증가된다.
- 전송시간이 비교적 느리다.

> **Note**
>
> **다중포트 기억장치**(Multi-port Storage)
>
> 여러 개의 입출력 포트를 가진 기억장치 구조로서 동시에 두 개 이상을 판독/기록할 수 있는 기능을 가진 다중처리 시스템 구조

10.4.4 하이퍼큐브(Hypercube)

하이퍼큐브 시스템 구조는 각 프로세서들을 *n-cube*형태로 구성하는 다중시스템 구조이며, 이 구조는 큐브의 프로세서를 $N = 2^n$개로 구성한다. 예를 들어 2차원 하이퍼큐브는 2^2=4개, 3차원 하이퍼큐브는 2^3=8개, 4차원 하이퍼큐브는 2^4=16개의 큐브를 연결시켜 하이퍼큐브 시스템을 구성하며, 3차원 하이퍼큐브 2^3=8개의 예는 그림10.13과 같다.

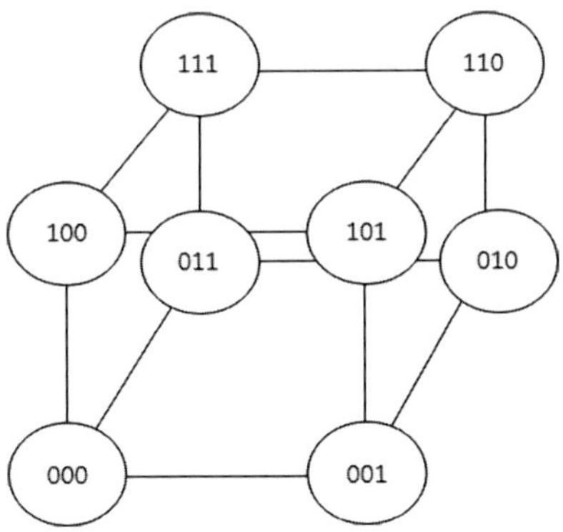

그림10.13 3차원 하이퍼큐브(N=2^3)

하이퍼큐브 시스템 구조는 비교적 경제적인 방법으로서 모든 프로세서들 간의 통신 경로의 길이가 n이하라는 특성을 가지며, 각 큐브의 프로세서는 인접한 다른 큐브의 프로세서와 통신을 통하여 데이터 전송을 수행한다. 하이퍼큐브 시스템은 아주 많은 프로세서들을 효과적으로 연결하는 기능을 제공하며, 이 구조의 장점·단점을 살펴보면 다음과 같다.

| 하이퍼큐브 시스템의 장점·단점 |

• 장점 - 많은 프로세서들을 효과적으로 상호 연결할 수 있다.
  - n-$cube$형태로 인한 노드추가가 쉽다.

• 단점 - 많은 노드를 연결할 경우 비용문제가 발생한다.
  - 노드의 접속 수에 따라 하이퍼큐브의 수가 비례하여 증가한다.

> **Note**
>
> **하이퍼큐브**(Hypercube)
>
> 각 프로세서들을 n-$cube$형태로 구성하는 다중시스템 구조

10.5 다중처리 시스템의 운영체제

다중처리 시스템의 운영체제는 단일처리 시스템의 운영체제에 비해서 시스템의 운영과 기능이 복잡하며, 다중처리 시스템의 운영체제 기능 중의 하나는 하드웨어와 프로그램 사이의 병렬성을 지원하는 기능이다. 다중처리 시스템의 운영체제는 단일처리 시스템의 운영체제와 마찬가지로 다음과 같은 중요한 기능을 수행하며, 다중처리 시스템의 운영체제 방식은 마스터/슬래브 방식, 분리 수행방식, 그리고 대칭적 처리방식으로 분류된다.

✓ 다중처리 시스템의 운영체제 방식

- 마스터/슬래브 방식
- 분리 수행방식
- 대칭적 처리방식

✓ 다중처리 시스템의 운영체제 기능

- 자원의 할당과 회수
- 자원의 보호와 데이터 보호
- 시스템 교착상태 예방
- 비정상적인 실행종료
- 프로세서 부하의 균형유지
- 프로세서 재구성

10.5.1 마스터/슬래브(Master/Slave) 방식

마스터/슬래브 방식은 그림10.14와 같이 운영체제가 주/종 관계, 즉 마스터/슬래브 프로세서로 구성되어 있으며, 이 방식은 하나의 프로세서를 마스터로 지정하여 운영체제를 실행하고, 나머지 프로세서들은 슬래브로 지정하여 운영체제를 구성하는 방식이다.

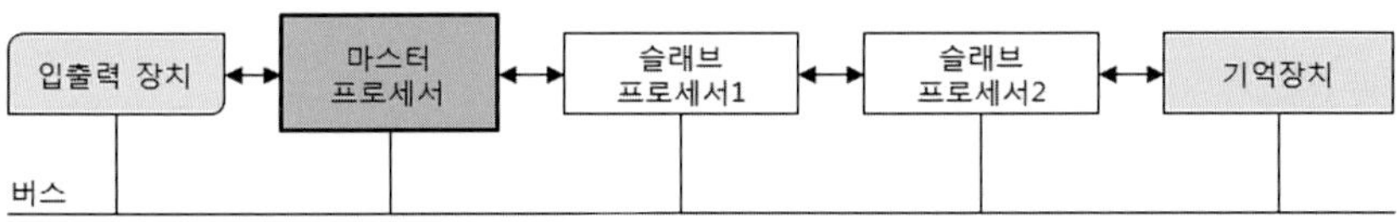

그림10.14 마스터/슬래브 방식

마스터 프로세서는 범용 프로세서로서 프로세스들에 대한 연산뿐만 아니라 입출력 연산 기능을 수행하며, 이에 반해서 슬래브 프로세서는 사용자 수준의 프로그램, 즉 연산 기능만 수행한다. 이 방식은 비교적 구현하기가 쉽다는 장점이 있지만 마스터 프로세서가 고장이 나면 슬래브 프로세서들이 실행되지 못하는 문제가 발생한다.

그림10.14와 같이 슬래브 프로세서들은 마스터 프로세서로부터 작업 명령을 부여받으며, 이 과정에서 슬래브 프로세서가 짧은 연산만을 실행할 경우 마스터 프로세서는 과중한 작업 부담을 가질 수 있다. 따라서 이러한 작업 부담을 줄이고, 신뢰성을 향상시키기 위해서는 마스터 프로세서와 슬래브 프로세서 간의 작업처리를 균형 있게 지정하는 것이 필요하며, 마스터/슬래브 방식의 장점·단점을 살펴보면 다음과 같다.

| 마스터/슬래브 방식의 장점·단점 |

- 장점 - 구현하기가 쉽다.
  - 슬래브 시스템의 부하 예측이 가능하다.

- 단점 - 마스터 프로세서가 고장이 나면 전체 시스템의 가동이 중단된다.
  - 하드웨어 낭비가 발생한다.
  - 하드웨어 비대칭성이 발생한다.

> **Note**
>
> **마스터/슬래브**(Master/Slave) **방식**
>
> 하나의 프로세서를 마스터로 지정하여 운영체제를 실행하고, 나머지 프로세서들은 슬래브로 지정하여 운영체제를 구성하는 방식

10.5.2 분리 수행(Separative Execution) 방식

분리 수행 방식은 그림10.15와 같이 각 프로세서마다 운영체제를 서로 다르게 분리하여 각 프로세서가 독자적인 운영체제 기능을 수행하는 방식이며, 이 방식은 각 프로세서에서 인터럽트가 발생할 때 그 프로세서가 인터럽트를 독자적으로 해결한다.

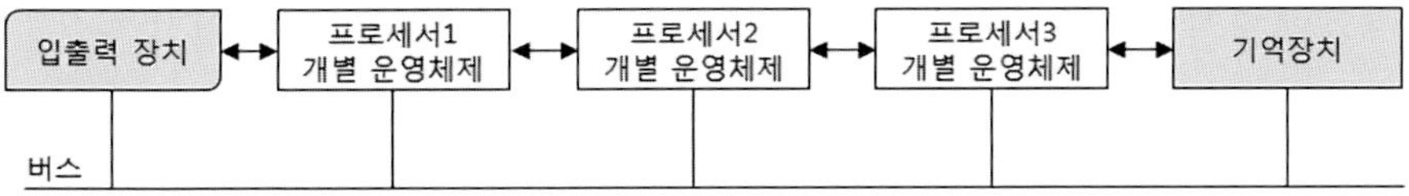

그림10.15 분리 수행 방식

분리 수행 방식은 마스터/슬래브 방식보다 신뢰성은 보장되지만 고장 난 프로세서를 다시 가동할 때 많은 작업이 필요한 단점이 있다. 이 방식은 마스터/슬래브 방식처럼 하나의 프로세서가 고장이 나더라도 전체 시스템에 영향을 주지 않으며, 프로세서가 각각의 운영체제를 가짐에 따라 프로세서 간의 경쟁이 줄어드는 장점이 있다.

> Note
>
> **분리 수행(Separative Execution) 방식**
>
> 각 프로세서마다 운영체제를 서로 다르게 분리하여 각 프로세서가 독자적인 운영체제 기능을 수행하는 방식

10.5.3 대칭적 처리(Systematic Treatment) 방식

대칭적 처리 방식은 그림10.16과 같이 모든 프로세서가 동등한 입장을 가지면서 프로세서를 운영하는 방식이며, 이 방식은 설계하기가 복잡하지만 가장 강력한 기능을 가지고 있다.

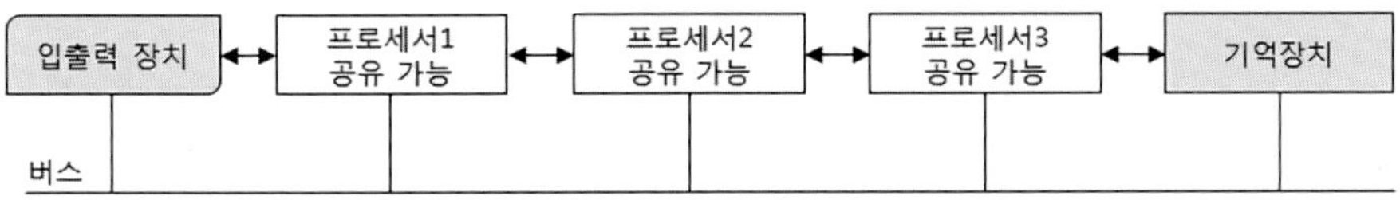

그림10.16 대칭적 처리 방식

대칭적 처리 방식에 있어서 운영체제는 모든 프로세서들과 입출력장치 그리고 기억장치

를 스케줄하고 관리하며, 다른 프로세서들로 하여금 작업 부하를 분산시키는 기능을 수행한다. 일반적으로 대칭적 처리 방식은 분리 수행 방식 보다 신뢰성이 높으며, 하나의 프로세서가 고장이 나더라도 고장 난 프로세서를 수리하여 프로세서의 작업을 계속 진행할 수 있다. 또한 프로세서 간의 협력이 가능하며, 하나의 프로세서에서 실행 중인 프로세스를 다른 프로세서로 옮겨 프로세스를 계속 실행할 수 있는 장점이 있다. 그러나 여러 프로세서들이 하나의 운영체제를 사용함으로써 충돌이 발생할 수 있으며, 구현이 어렵다는 문제가 있다.

Note

대칭적 처리(Systematic Treatment) **방식**

모든 프로세서가 동등한 입장을 가지면서 프로세서를 운영하는 방식

연습문제

1. 다중처리 시스템이란 무엇이며, 다중처리 시스템이 제공하는 장점을 간단히 설명하시오.

2. Flynn의 다중처리 시스템 구조를 설명하시오.

3. Flynn이 제안한 SISD, SIMD, MISD, 그리고 MIMD 구조에서 가장 이상적인 다중처리 시스템은 무엇이며, 그 이유에 대해서 간단히 설명하시오.

4. 다중처리 시스템에서 병렬처리를 수행하는 파이프라인 프로세서, 벡터 프로세서, 배열 프로세서, 그리고 연관기억장치 프로세서의 특징을 간단히 설명하시오.

5. 파이프라인 프로세서의 명령어처리 4-단계를 간단히 설명하시오.

6. 파이프라인 프로세서와 비 파이프라인 프로세서를 이용하여 명령어를 처리할 때의 장점 · 단점을 명령어 병렬처리 관점에서 설명하시오.

7. 파이프라인 다중처리 시스템에서의 명령어 사이클 시간과 파이프라인 사이클 시간에 대해서 설명하시오.

8. 다중처리 시스템의 배열 프로세서와 벡터 프로세서의 차이점을 간단히 설명하시오.

9. 다중처리 시스템에서 병렬처리가 가능한 파이프라인 프로세서, 벡터 프로세서, 배열 프로세서, 그리고 연관기억장치 프로세서의 차이점을 간단히 설명하시오.

10. 다중처리 시스템의 시분할 및 공유버스 구조와 특징을 간단히 설명하시오.

11. 다중처리 시스템의 운영체제 방식인 마스터/슬레이브 방식, 분리 수행방식, 그리고 대칭적 처리방식의 차이점을 간단히 설명하시오.

Chapter 11. 분산처리 시스템

제11장 분산처리 시스템

11.1 기본 개념

현대인들은 아침에 눈을 뜨면 모바일 폰으로 하루 일과를 시작하거나 각자의 일터에서 컴퓨터를 이용하여 작업을 처리하는 컴퓨터 생활 속에서 살고 있다. 과거에 우리는 이러한 컴퓨터 문화 속에서 우리의 일상생활이 이루어 질 것이라고 누가 상상이나 했겠는가?

그러나 현재의 우리의 삶은 어떠한가? 버스 또는 지하철 등 대중교통에서 우리의 모습을 단적으로 엿볼 수 있다. 많은 사람들이 바쁜 걸음을 재촉하며 일터로 향하고 있고, 이 과정에서 많은 사람들은 모바일 폰, 노트 북 등 스마트 기기를 이용하여 하루의 일과를 계획하고 그 속에서 다양한 정보를 획득하고 공유한다. 이러한 컴퓨터 속의 삶을 가능케 한 기술이 바로 컴퓨터 네트워킹 기술이다. 특히 컴퓨터 네트워킹 기술은 사용자 한 사람이 전용해서 사용하는 개인전용 컴퓨터에서 벗어나 여러 사람이 통신 네트워크를 통해서 서로의 정보를 주고받는 형태로 진화되었으며, 1980년대 이후 마이크로프로세서 기술의 발전과 컴퓨터 통신 및 네트워크 기술의 발전으로 인해 분산 처리 시스템(Distributed Processing System)으로 진화되었다.

이처럼 통신 네트워크를 통해서 지역적으로 분산된 사용자 컴퓨터 또는 서버들을 연결할 수 있도록 진화된 시스템이 분산처리 시스템이며, 분산처리 시스템은 시스템의 작업처리 효율을 증가시키는 역할을 하고 있다. 따라서 분산 처리 시스템은 지역적으로 분산된 컴퓨터와 데이터베이스(Database)를 통신 네트워크로 상호 연결하여 사용자가 마치 하나의 시스템인 것처럼 데이터를 처리해 주는 시스템이라 할 수 있으며, 분산처리 시스템은 일반적으로 분산 처리기, 통신 네트워크, 분산 데이터베이스로 구성된다.

분산처리 시스템에서 분산 처리기는 지역적으로 분산된 사용자 컴퓨터 또는 서버이며, 자신의 운영체제를 가지면서 작업들을 독립적으로 처리하는 기능을 수행한다. 그리고 통신 네트워크는 지역적으로 분산된 컴퓨터 노드들을 상호 연결하는 기능을 수행하며, 분산 데이터베이스는 지역적으로 분산 저장되어 있는 데이터를 관리하는 기능을 수행한다.

분산 처리 시스템에서의 가장 일반적인 구조는 클라이언트/서버 구조이며, 클라이언트(Client)는 데이터의 처리 또는 전송을 요청하는 컴퓨터이다. 그리고 서버(Server)는 클라이언트가 요청한 데이터를 처리해주거나 전송해 주는 컴퓨터로서 중앙 집중 시스템에서는 하나의 서버에 여러 대의 클라이언트가 구성되기도 한다. 분산 처리 시스템에서 각각의 컴퓨터 노드는 데이터의 처리 기능에 따라 클라이언트가 되기도 하고 서버가 될 수 있다. 분산처리 시스템은 기존의 중앙 집중 처리 시스템(Centralized Processing System)과는 달리 모든 작업들이 중앙컴퓨터에 집중되어 처리되는 방식이 아니라 지역적으로 분산된 컴퓨터들에 의해서 작업이 처리되며, 처리된 결과와 내용들이 통신 네트워크를 통해서 상호 교환된다. 즉, 분산 컴퓨터 노드들은 통신 네트워크를 통해서 정보가 상호 교환되며, 분산처리 시스템의 일반적인 특징을 살펴보면 다음과 같다.

- 지역적으로 분산된 자원을 가지고 있으며, 자원 중복이 가능하다.
- 통신 네트워크를 통하여 정보를 상호 교환한다.
- 시스템을 구성하는 컴퓨터 노드들은 어느 정도 자율성을 가진다.
- 특정 자원의 위치를 몰라도 그 자원의 사용이 가능하다.
- 자신의 운영체제를 가지면서 작업을 독립적으로 수행할 수 있다.
- 시스템의 전체 정책 결정을 위한 통합 제어기능이 필요하다.

Note

분산 처리 시스템(Distributed Processing System)

지역적으로 분산된 컴퓨터와 데이터베이스(Database)를 통신 네트워크로 상호 연결하여 사용자가 마치 하나의 시스템인 것처럼 데이터를 처리해 주는 시스템

11.2 분산처리 시스템의 설계 목적

분산처리 시스템은 중앙 집중 시스템과는 달리 시스템의 효율성이 증가되며, 하나의 컴퓨터 노드가 고장이 발생할 때 다른 컴퓨터 노드가 그 기능을 대신함으로서 신뢰성이 보장된다. 일반적으로 분산처리 시스템의 설계 목적은 자원공유, 연산속도 향상, 신뢰성 향상, 그리고 컴퓨터 노드들 간의 통신 기능을 제공함으로서 시스템의 성능을 향상시키기 위한 것이다. 자원 공유 기능은 컴퓨터 노드 사용자들에게 유용한 자원을 공유할 수 있도록 지원하는 기능이며, 일반적으로 분산 데이터베이스에서 처리되는 데이터, 원격지 노드들에 대한 파일 인쇄, 그리고 원격지 특수 하드웨어 장치들에 대한 접근 및 사용 기능을 제공한다. 연산 속도 향상 기능은 어떤 특정 컴퓨터 노드에 부하가 집중될 때 이들 부하를 다른 컴퓨터 노드에 분산시킴으로써 노드의 연산 속도를 향상시키기 위한 기능이며, 신뢰성 향상 기능은 만약 하나의 컴퓨터 노드가 고장이 날 때 다른 컴퓨터 노드에 작업들을 분산함으로써 작업의 신뢰성이 보장되도록 하는 기능이다. 그리고 컴퓨터 통신 기능은 통신 네트워크를 통하여 컴퓨터 노드들 간의 데이터 전송이 수행되도록 하는 기능이다.

✓ 분산처리 시스템의 설계 목적

- 자원공유
- 연산속도 향상
- 신뢰성 향상
- 통신 기능 제공

11.3 분산처리 시스템 모델

분산처리 시스템은 프로세서(Processor), 네트워크 위상(Network Topology), 그리고 통신망(Communication Network)에 따라 다양한 모델이 적용되며, 중/대형 시스템들을 위한 모델에서부터 개인용 컴퓨터들을 위한 모델에 이르기까지 적용 모델이 다양하다. 이 절에서는 분산처리 시스템에 적용되는 일반적인 모델에 대해서 살펴보며, 다음과 같다.

✓ 프로세서 모델에 따라

- 클라이언트/서버(Client/Server) 모델
- 프로세서 풀(Processor Pool) 모델
- 하이브리드(Hybrid) 모델

✓ 네트워크 위상에 따라

- 완전 연결(Fully Connected) 구조
- 부분 연결(Partially Connected) 구조
- 계층(Hierarchy) 구조
- 성형(Star) 구조
- 링(Ring) 구조
- 다중접근 버스(Multi-access Bus) 구조

✓ 통신망에 따라

- 광역 통신망(WAN) 모델
- 근거리 통신망(LAN) 모델

11.3.1 프로세서 모델

(1) 클라이언트/서버(Client/Server) 모델

분산 처리 시스템에서의 가장 일반적인 모델은 클라이언트/서버 모델이며, 클라이언트와 서버 간의 LAN을 기반으로 분산처리를 수행한다. 서버는 클라이언트가 요청한 서비스를 수행하는 컴퓨터 노드이며, 클라이언트는 서버에 서비스를 요청하는 컴퓨터 노드이다. 일반적으로 클라이언트/서버 모델에서 응용 프로그램은 사용자 워크스테이션 또

는 PC환경에서 수행되며, 서비스 처리과정은 다음과 같이 수행된다.

- 서버는 클라이언트의 요청을 받아 수행하기 위해 시스템을 초기화한다.
- 서버는 클라이언트의 서비스 요청을 기다린다.
- 클라이언트는 통신 네트워크, 즉 LAN을 통해서 서버에게 서비스를 요청한다.
- 서버는 클라이언트가 요청한 서비스를 수행하고, 서비스가 끝나면 다른 클라이언트의 요청을 기다린다.

이와 같은 과정을 거쳐서 서버는 클라이언트가 요청한 서비스들을 수행하며, 서비스 요청을 처리하기 위한 클라이언트/서버 모델은 그림11.1과 같다.

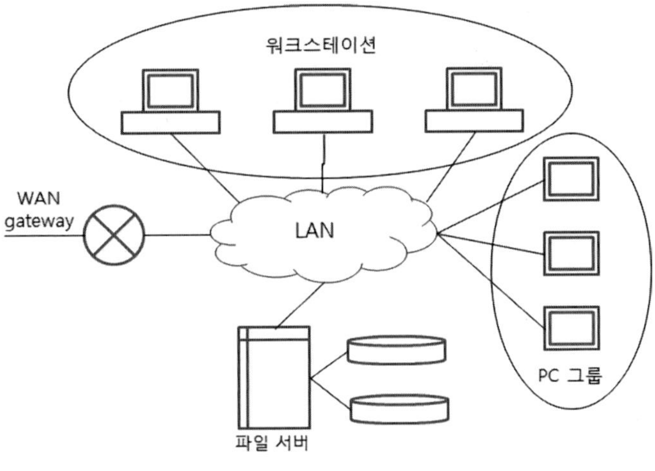

그림11.1 클라이언트/서버 모델

그림11.1에서 보듯이 파일 서버, 워크스테이션, PC는 LAN을 통해서 상호 자원 접근을 허용하며, WAN gateway를 통해서 다른 지역의 컴퓨터들과 네트워킹을 수행한다. 클라이언트/서버 모델은 공유된 중앙 컴퓨터가 없는 대신 사용자의 프로그램을 수행시키기 위하여 성능이 우수한 컴퓨터를 가질 수 있으며, 사용자들 간의 CPU를 공유하기 위해

시분할 단일 컴퓨터를 구성할 수 있다. 이 모델은 프로그램의 모듈성과 융통성이 보장되는 장점이 있다.

> **Note**
>
> **클라이언트/서버(Client/Server) 모델**
>
> 클라이언트와 서버 간의 LAN을 기반으로 분산처리를 수행하는 모델

(2) 프로세서 풀(Processor Pool) 모델

프로세서 풀 모델은 1982년 캠브리지 프로젝트의 CDCS(Cambridge Distributed Computer System)에 개발 적용되었으며, 이 모델은 하나 이상의 프로세서 풀이 워크스테이션-서버로 구성된 모델이다. 프로세서 풀 모델에서 응용 프로그램들은 프로세서 서비스로 관리되며, 사용자들이 워크스테이션 또는 X-터미널에서 요청한 작업들은 프로세서 풀에서 필요한 만큼의 프로세서들을 할당하고 실행한다.

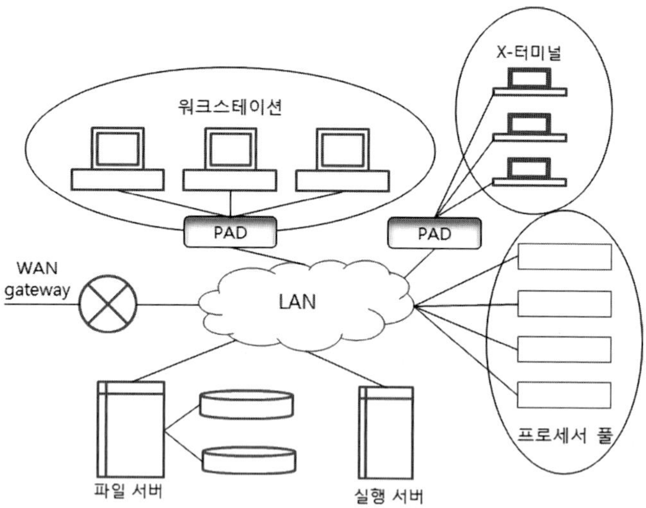

그림11.2 프로세서 풀 모델

프로세서 풀 모델은 그림11.2와 같이 파일서버, 실행서버, 워크스테이션, 그리고 프로세서들이 LAN을 통하여 자원과 데이터를 서로 공유하며, 워크스테이션과 X-터미널은 PAD(Packet Assembler/Disassembler)를 통하여 다른 컴퓨터 자원들과 상호 네트워킹을 수행한다는 점이 특징이다. 여기서 PAD는 호스트 컴퓨터와 사용자 시스템을 연결해 주는 다중 프로토콜 스위칭(Multi-protocol switching)기능을 수행하며, 이 프로토콜은 국제 표준인 X.25 패킷 스위칭 프로토콜로서 예를 들어 16개의 포트를 갖는 X.25프로토콜인 경우 초당 400개의 패킷을 전송한다.

프로세서 풀 모델에서 사용자 워크스테이션이나 X-터미널은 단순히 시스템 자원을 접근하는 기능을 수행하며, 프로세서 풀은 독립적으로 네트워킹이 가능한 컴퓨터로서 비교적 저렴한 컴퓨터로 구성된다. 프로세서 풀 모델은 클라이언트/서버 모델에 비해서 효율적이며, 다음과 같은 장점을 제공한다.

- 자원의 이용률 향상
- 융통성 제공
- 호환성 제공
- 동질처리 가능

Note

프로세서 풀(Processor Pool) 모델

하나 이상의 프로세서 풀이 워크스테이션-서버로 구성된 모델

(3) 하이브리드(Hybrid) 모델

하이브리드 모델은 그림11.3과 같이 클라이언트/서버 모델과 프로세서 풀 모델을 혼합한 모델이다.

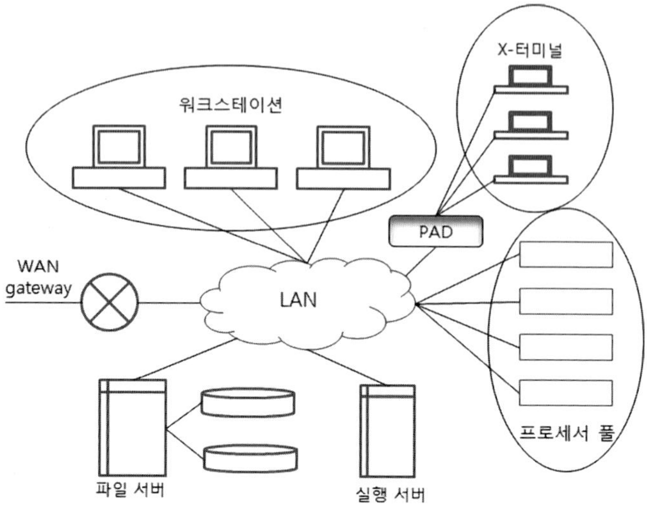

그림11.3 하이브리드 모델

이 모델은 1986년 Free대학의 Amoeba시스템에 적용되었으며, 프로세서 풀 모델과 달리 워크스테이션에서 PAD 프로토콜을 사용하지 않다는 점이 특징이다. 하이브리드 모델은 사용자 워크스테이션이나 X-터미널을 통해서 다른 시스템에 접근이 가능하며, 과부하가 발생한 프로세서들의 병렬수행이 가능하다는 장점이 있다.

> **Note**
>
> **하이브리드(Hybrid) 모델**
>
> 클라이언트/서버 모델과 프로세서 풀 모델을 혼합한 모델

11.3.2 네트워크 위상에 따른 모델

위상(Topology)에 따른 모델이란 네트워크를 물리적으로 연결한 구조를 말하며, 위상이란 물리적인 네트워크의 연결 구조이다. 분산처리 시스템 환경에서 네트워크 연결 구조는 매우 중요하며, 시스템의 성능을 위해서 다음과 같은 사항들을 고려해야 한다.

- 기본비용: 이것은 시스템 내의 노드들을 연결하는데 드는 비용이다.
- 통신비용: 이것은 한 노드에서 다른 노드로 데이터 전송을 위해 걸리는 시간 및 비용이다.
- 신뢰성: 이것은 시스템 내의 통신회선 또는 노드가 고장이 날 때 나머지 노드들이 계속 통신을 할 수 있도록 보장해 주는 기능이다.

(1) 완전 연결 구조

완전 연결 구조는 그림11.4와 같이 시스템 내의 노드와 노드를 모두 연결하는 구조이다. 이 구조는 다른 노드와 직접 연결을 통하여 통신을 할 수 있으며, 통신 시 발생하는 비용은 노드 수의 제곱에 비례한다. 이 구조는 데이터 전송을 위해 단 한 번의 링크만 사용함으로써 통신이 매우 빠르고 신뢰성이 높다는 장점이 있으나, 많은 링크들로 인하여 고장이 날 경우 비용이 많이 든다는 단점이 있다.

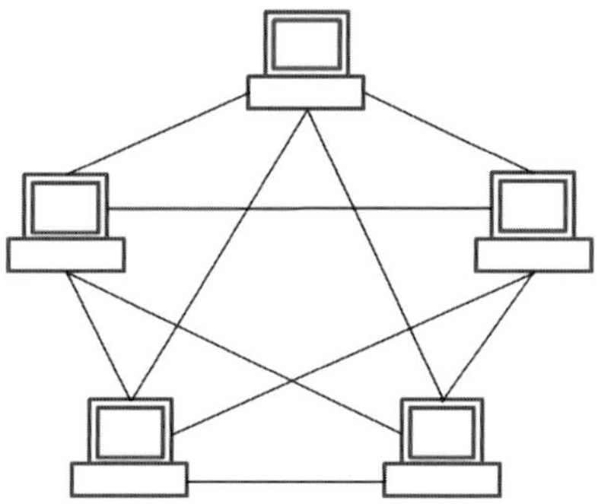

그림11.4 완전 연결 구조

(2) 부분 연결 구조

부분 연결 구조는 각 노드 쌍들을 완전히 연결하는 구조가 아니라 그림11.5와 같이 노드와 노드들을 부분적으로 연결하는 구조이다.

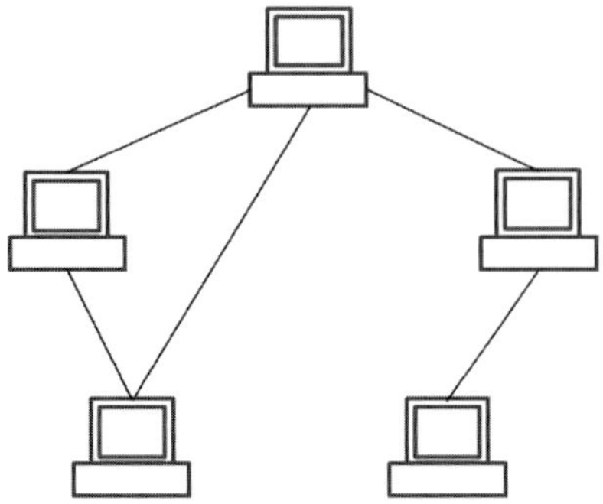

그림11.5 부분 연결 구조

이 구조는 부분적으로 연결된 노드에 고장이 나면 통신문제가 발생하며, 여러 중간 노드들을 거쳐서 데이터 전송이 수행되므로 통신 속도가 떨어지는 문제가 있다. 일반적으로 부분 연결 구조는 완전 연결 구조에 비해서 신뢰성이 떨어지며, 전송속도가 느리다는 단점이 있으나, 모든 노드들을 거치지 않기 때문에 전송비용이 저렴하다는 장점이 있다.

(3) 계층 구조

계층 구조는 그림11.6과 같이 각 노드들이 부모 노드(Parent node)/자식(Child node)노드의 트리 구조 형태로 구성된 구조이다. 이 구조는 우리가 윈도우즈 계열의 운영체제에서 흔히 사용하는 폴더의 개념과 유사한 구조이다. 예를 들어 하나의 부모 폴더에 또 다른 자식 폴더를 생성할 수 있고, 그 아래 사용자 파일들을 저장하는 형태와 같다. 계층 구조에서 최상위 노드를 루트 노드라 하며, 루트 노드 아래에 하위 노드들이 계층적으로 구성되게 된다. 루트 노드 아래의 하위노드는 자식노드의 부모가 될 수 있으며, 하나의 계층에 여러 개의 자식노드가 있을 경우, 이들 노드들을 형제 노드라 한다. 예를 들어 그림11.6에서 노드A는 최상위 노드인 루트 노드이며, 그 아래의 노드B와 노드E는 노드C, 노드D, 그리고 노드F의 부모 노드이며, 노드C, 노드D, 그리고 노드F는 형제노드이다.

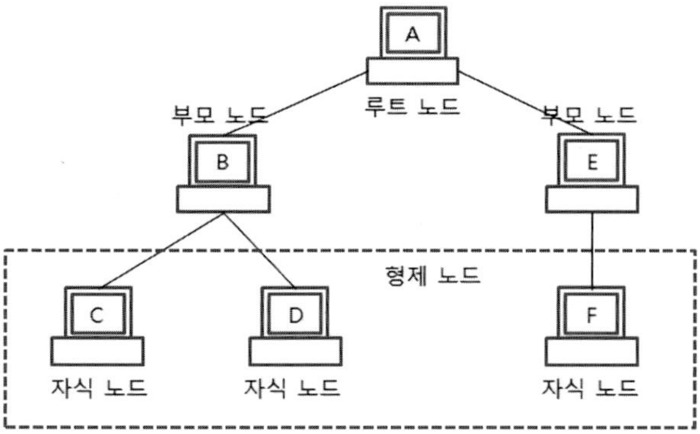

그림11.6 계층 구조

계층 구조에서 부모 노드가 고장이 나면 자식 노드들은 다른 자식노드들과 더 이상 통신을 할 수 없다는 단점이 있으나, 부분 연결 구조보다 관리가 쉽고, 비용이 저렴하다는 장점이 있다.

(4) 성형 구조

성형 구조는 그림11.7과 같이 중앙의 노드를 중심으로 위성 노드들이 마치 스타형태로 구성된 노드 구조이다. 이 구조에서 중앙 노드와 위성 노드들은 서로 연결되어 있어 직접 통신이 가능하지만 위성노드들은 서로 연결되어 있지 않으므로 중앙 노드를 거쳐서 통신하게 된다.

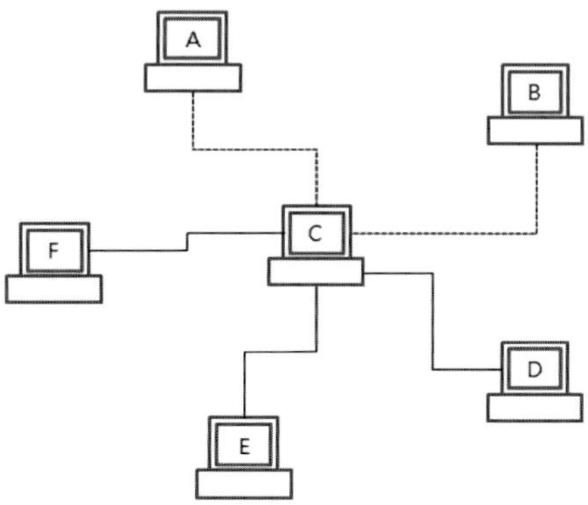

그림11.7 성형 구조

예를 들어 그림11.7에서 노드A에서 노드B로의 메시지 전송은 노드A에서 중앙 노드C를 거쳐서 노드B로 전송이 수행된다. 성형 구조는 위성 노드들이 중앙 노드를 거치기 때문에 병목 현상이 발생되며, 이로 인하여 속도가 떨어지는 문제가 발생한다. 특히 중앙 노드가 고장이 나면 통신이 불가능해지고 전체 네트워크가 중단되는 문제가 발생할 수 있다. 성형 구조는 구조가 간단하며, 중앙노드 관리로 인하여 노드 관리가 용이한 장점이 있다. 또한 하나의 위성 노드가 고장이 나더라도 다른 위성 노드에게 영향을 주지 않는다.

(5) 링 구조

링 구조는 그림11.8과 같이 노드와 노드가 서로 인접하게 원형을 이루는 구조이며, 이 구조는 물리적인 연결 네트워크 기능으로 인하여 노드와 노드 간의 단 방향 또는 양 방향의 통신이 가능하다.

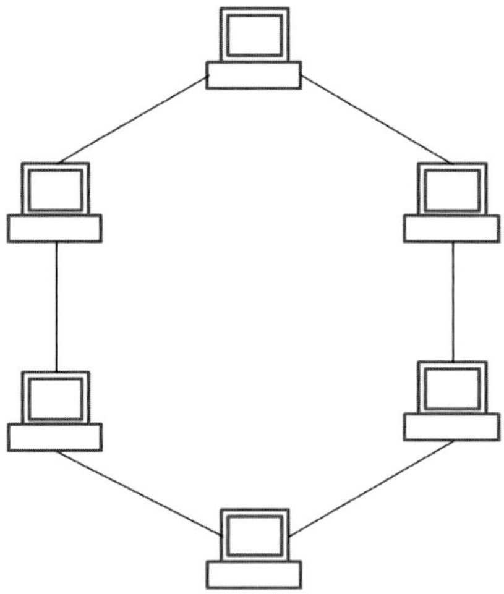

(a) 단 방향 링 구조

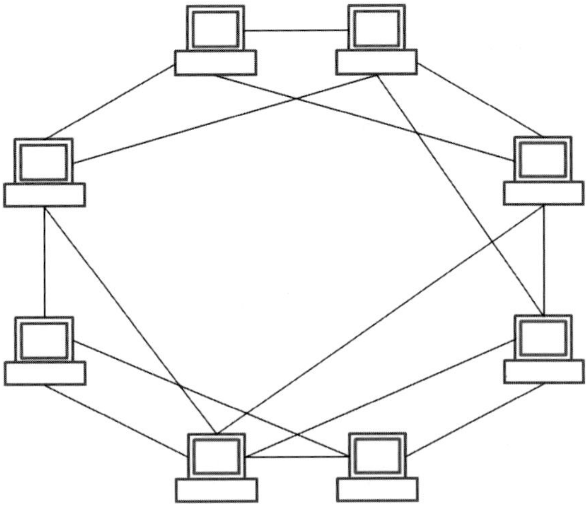

(b) 양 방향 링 구조

그림11.8 링 구조

단 방향 통신은 한쪽 방향으로만 통신을 수행하는 방법이며, 양방향 통신은 양쪽 모두에게 통신을 수행하는 방법이다. 링 구조는 메시지가 하나의 노드에서 이웃 노드로 전송되기 때문에 공평한 서비스가 보장되며, 분산 제어 및 집중 제어가 가능하다. 그러나 하나의 노드에서 목적지 노드까지 링을 돌아야하기 때문에 노드의 전송 시간이 길어지는 문제가 발생하며, 네트워크에 새로운 노드를 추가하고자 할 때에는 통신 회선을 절단해야 하는 문제가 발생한다.

(6) 다중접근 버스 구조

다중 접근 버스 구조는 그림11.9와 같이 단일 버스 구조와 다중 링 버스 구조로 구성되어 있으며, 단일 버스 구조는 하나의 버스에 모든 노드가 연결되어 있는 구조이다. 그리고 다중 링 버스 구조는 노드들이 링 버스 구조에 연결되어 있는 구조이다.

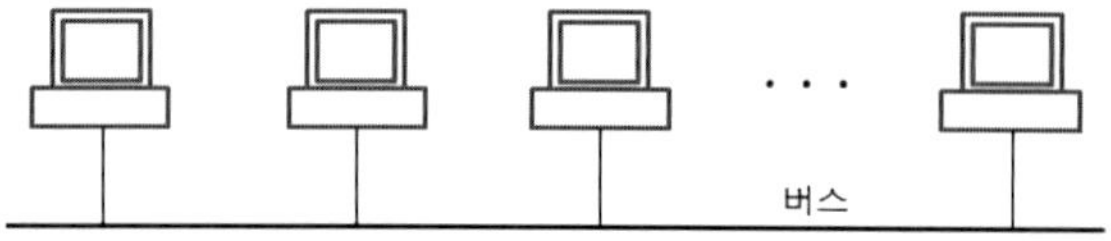

(a) 단일 버스 구조

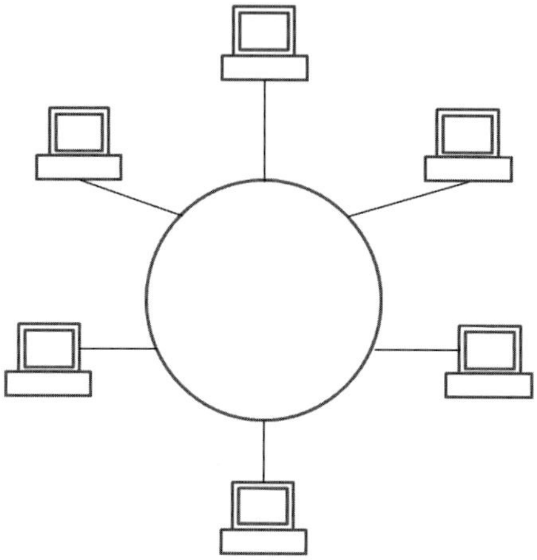

(b) 다중 링 버스 구조

그림11.9 다중 접근 버스 구조

다중 접근 버스 구조에서 하나의 노드가 고장이 날 때 다른 노드에게 영향을 주지 않지만 만일 버스 회선이 고장이 나면 네트워크가 분할되는 문제를 겪을 수 있다. 다중 접근 버스 구조는 통신 회선이 한 개이므로 물리적 구조가 간단하며, 노드의 추가/삭제가 용이하다. 또한 한 노드가 고장이 나도 전체 네트워크에 영향을 주지 않기 때문에 신뢰성이 높다는 장점이 있다. 그러나 통신 회선의 길이에 제약을 받으며, 모든 노드들이 데이터를 수신할 수 있어 통신 보안이 어렵다는 단점이 있다.

11.3.3 통신망에 따른 분류

분산처리 시스템은 지역적으로 서비스 되는 망(Network)의 범위에 따라 크게 광역 통신망 WAN(Wide Area Network) 모델과 근거리 통신망 LAN(Local Area Network) 모델로 구분된다. 광역 통신망 WAN은 국가 이상의 넓은 지역을 서비스하는 통신 망 구조이며, 근거리 통신망 LAN은 10Km이내의 좁은 지역에서 서비스되는 통신 망 구조이다. 광역 통신망 모델과 근거리 통신망 모델은 서비스 관점과 구조적 관점에서 차이가 있으며, 이들을 살펴보면 다음과 같다.

(1) 광역 통신망 모델

광역 통신망 WAN은 국가 이상의 넓은 지역을 서비스하는 망구조로서 자율성을 갖는 많은 수의 프로세서들을 가지고 있다. WAN은 각 사이트들이 지역적으로 넓게 분산되어 있기 때문에 네트워크상의 전송 오류가 많이 발생하며, 서비스 전송이 느리고 신뢰성이 낮은 단점이 있다. 일반적으로 광역 통신망은 근거리 통신망에 비해 속도가 느리며, 호스트 사이의 먼 거리로 인해 전송 비용이 많이 든다. 따라서 광역 통신망을 설계하기 위해서는 연결 거리와 초당 전송되는 전송속도 등의 요소를 고려해야 한다. 광역 통신망의 전송속도는 초당 약 1200Byte에서 1MB정도이며, 주로 전화선, 마이크로웨이브 링크, 그리고 통신 위성 채널 등이 광역 통신 망 유형에 속한다.

(2) 근거리 통신망 모델

근거리 통신망 LAN은 10Km이내의 비교적 좁은 지역에서 통신 서비스를 수행하는 망구조로서 주로 빌딩 내 또는 사무실 환경에서 많이 사용된다. 근거리 통신망은 비교적 좁은 지역에서 통신 망 서비스가 수행되기 때문에 통신 링크는 일반 컴퓨터 네트워크보다 속도가 빠르며, 오류 발생률 또한 낮게 발생한다. 일반적으로 LAN은 장치들을 연결하는 형태, 즉 위상(Topology)에 따라 링형, 버스형, 스타형 등으로 분류되며, 컴퓨터, 단말 장치, 워드 프로세서, 팩시밀리, 전화선 등이 이 유형에 속한다.

11.4 네트워크 운영체제와 분산 운영체제

분산처리 시스템에서의 운영체제는 크게 네트워크 운영체제와 분산 운영체제로 구분할 수 있으며, 네트워크 운영체제는 지역적으로 널리 분산되어 있는 광역 통신망에서 주로 사용된다. 반면에 분산 운영체제는 근거리 통신망 LAN에서 주로 사용되고 있으며, 이들을 살펴보면 다음과 같다.

- 네트워크 운영체제
- 분산 운영체제

11.4.1 네트워크 운영체제

네트워크 운영체제는 광역 통신망에서 주로 사용되는 운영체제로서 독자적인 운영체제를 가지고 있으면서 필요시 네트워크를 통하여 다른 노드와 통신을 수행하는 운영체제이다. 네트워크 운영체제는 그림11.10과 같이 네트워크 운영체제 NOS(Network Operating System), 지역 운영체제 LOS(Local Operating System), 그리고 커널(Kernel)구조로 되어 있으며, 이들 운영체제를 통하여 지역적으로 분산된 노드들과 통신을 수행한다. NOS는 광범위하게 분산된 노드들을 지원하기 위한 네트워크 운영체제이며, LOS는 독자적으로 작업처리를 수행하는 지역 운영체제이다. 그리고 커널은 운영체제의 가장 중요한 핵심으로써 NOS와 LOS를 관리하고 기본적인 서비스를 제공하는 시스템 명령어이다.

일반적으로 네트워크 운영체제는 사용자로 하여금 네트워크와 호스트 컴퓨터의 복잡한 기능을 쉽게 사용할 수 있도록 지원하며, 호스트의 각종 자원들을 편하게 사용할 수 있도록 지원한다.

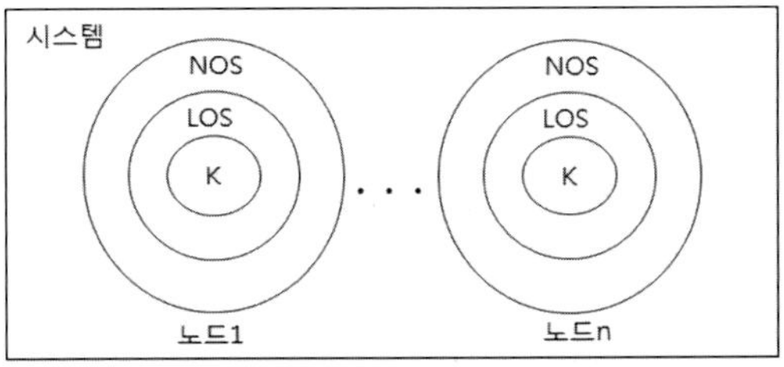

그림11.10 네트워크 운영체제

11.4.2 분산 운영체제

분산 운영체제는 분산 시스템 환경에서의 자원 관리와 사용자 인터페이스 기능을 독자적으로 운영하는 방식이 아닌 전체 네트워크를 단일로 운영하는 운영체제이다. 분산 운영체제는 그림11.11과 같이 분산 운영체제 DOS(Distributed Operating System)와 커널 구조 K(Kernel)로 되어 있으며, 전체 네트워크가 단일 운영체제로 운영된다. 분산 운영체제는 네트워크 운영체제와 달리 근거리 통신망 서비스에 주로 사용되며, 시스템에 대한 일관성으로 인해 네트워크의 유지, 보수가 쉽다는 장점이 있다. 분산 처리 시스템 내의 각 호스트들의 운영체제는 다른 호스트의 운영체제들과 협업을 통하여 작업처리를 공유하며, 데이터 이관(Data Migration), 연산 이관(Computation Migration), 그리고 프로세스 이관(Process Migration)을 통해서 소프트웨어적 또는 하드웨어적 기능을 극대화 하고 있다.

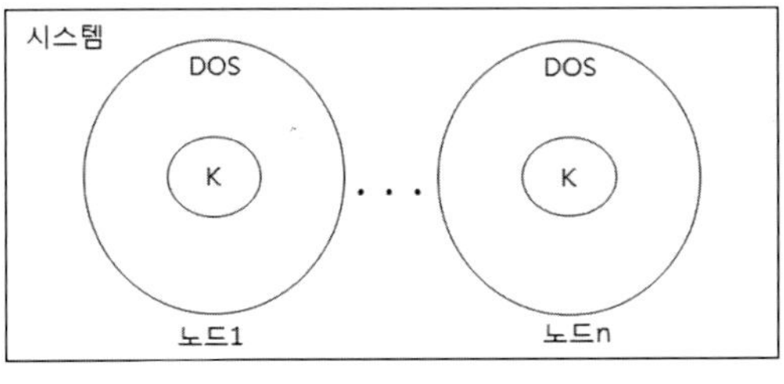

그림11.11 분산 운영체제

11.5 클라우드 컴퓨팅

클라우드라는 개념은 인터넷 환경이 마치 하늘에 떠 있는 "구름"과 같다라는 의미에서 도입되었으며, 클라우드 컴퓨팅(Cloud Computing)은 분산처리 시스템 환경에서 핫한 모델이 되고 있다. 클라우드 컴퓨팅이란 인터넷을 통하여 자신의 컴퓨터가 아닌 다른 컴퓨터 환경에서 작업처리를 편하게 할 수 있도록 지원해 주는 컴퓨팅 기술을 말하며, 오늘날 클라우드 컴퓨팅 기술은 분산처리 시스템 환경에서 중요한 기능을 수행한다. 예를 들어, 클라우드 컴퓨팅은 자동차를 사지 않고 필요할 때 빌려서 쓰거나 대중교통을 이용하는 것과 같은 방식으로서 사용자가 필요할 때 자료들을 손쉽게 관리하고 저장할 수 있다. 즉 사용자는 언제 어디서나 시간과 공간의 제약을 받지 않으면서 자신의 컴퓨팅 환경에서 필요한 만큼 데이터를 편하게 올릴 수도 있으며 관리할 수 있다는 의미이다. 따라서 사용자는 필요한 소프트웨어를 자신의 컴퓨터에 설치할 필요가 없으며, 주기적으로 업데이트를 할 필요도 없다. 또한 자신의 컴퓨터가 고장이 날 때 데이터가 손상되는 걱정을 할 필요가 없으며, 데이터를 저장하기 위해 대용량의 저장장치를 구입할 필요가 없다. 이와 같은 장점으로 인해 기업체 등에서 클라우드 컴퓨팅 기술에 대한 많은 관심을 가지고 있으며, 특히 구글과 아마존, 그리고 네이버 등과 같은 기업들은 클라우드 컴퓨팅 기술 개발을 위해 앞장서고 있다. 그러나 이와 같은 장점에도 불구하고 클라우드 컴퓨팅은 서버가 해킹당할 경우 개인정보가 유출될 수 있으며, 인터넷 장애 및 서버 장애가 발생하면 자료 이용이 어렵다는 단점이 있다.

일반적으로 클라우드 컴퓨팅은 데이터 센터 위치와 서비스 유형에 따라 개인형 클라우드 컴퓨팅(Private Cloud Computing), 공공형 클라우드 컴퓨팅(Public Cloud Computing), 그리고 혼합형 클라우드 컴퓨팅(Hybrid Cloud Computing)으로 분류된다.

✓ 클라우드 컴퓨팅의 종류

- 개인형 클라우드 컴퓨팅
- 공공형 클라우드 컴퓨팅

• 혼합형 클라우드 컴퓨팅

11.5.1 개인형 클라우드 컴퓨팅

개인형 클라우드 컴퓨팅은 인트라넷과 유사한 컴퓨팅 환경으로서 특정한 기업 내부 구성원에게만 서비스가 제공되는 클라우드 컴퓨팅 개념이다. 개인형 클라우드 컴퓨팅은 기업 내부 구성들에게만 서비스가 수행되기 때문에 보안 및 안정성이 뛰어나며, 이 컴퓨팅 기술은 VM Ware, Microsoft, Eucalyptus 등에서 구현되어 사용되고 있다.

11.5.2 공공형 클라우드 컴퓨팅

공공형 클라우드 컴퓨팅은 일반인에게 공개되고 제공되는 개방형 서비스 개념으로써 공개 도메인에서 접근이 가능한 클라우드 컴퓨팅 개념이다. 공공형 클라우드의 대표적인 예로는 아마존의 EC2(Elastic Compute Cloud), 구글의 App Engine, IBM의 Blue Cloud, Sun Cloud, 그리고 삼성 SDS의 USEFLEX 등이 있다.

11.5.3 혼합형 클라우드 컴퓨팅

혼합형 클라우드 컴퓨팅은 개인형 클라우드 컴퓨팅과 공공형 클라우드 컴퓨팅을 혼합한 컴퓨팅 기술로서 특정 업무는 개인형 클라우드 방식을 이용하고 기타 업무는 공공형 클라우드 방식을 함께 이용하는 클라우드 컴퓨팅 방식이다. 이 방식은 적어도 하나의 개인형 클라우드와 하나의 공공형 클라우드를 가지고서 컴퓨팅을 수행한다.

연습문제

1. 분산처리 시스템이란 무엇이며, 분산처리 시스템의 일반적인 특징을 간단히 설명하시오.

2. 컴퓨터 통신 기능에 대해서 간단히 설명하고, 분산 처리 시스템의 설계 목적은 무엇인지 간단히 설명하시오.

3. 분산처리 시스템의 클라이언트/서버(Client/Server) 모델, 프로세서 풀(Processor Pool) 모델, 그리고 하이브리드(Hybrid) 모델의 차이점을 간단히 설명하시오.

4. 클라이언트/서버 모델의 특징과 웹(Web)모델과 비교할 때 어떠한 차이가 있는지 설명하시오.

5. 프로세서 풀 모델이 제공하는 장점은 무엇인지 설명하시오.

6. 위상(Topology)에 따른 네트워크 모델에서 완전 연결 구조와 부분 연결 구조의 차이점을 간단히 설명하시오.

7. 네트워크 운영체제와 분산 운영체제의 차이점을 간단히 설명하시오.

8. 클라우드 컴퓨팅이란 무엇이며, 종류에 대해서 간단히 설명하시오.

Chapter 12. 임베디드 운영체제

제12장 임베디드 운영체제

12.1 기본 개념

임베디드 시스템(Embedded System)의 기능이 컴퓨터 시스템의 기능을 넘어 구조 및 특징이 점점 더 복잡해지고 다양화 되면서 이들 기능 및 시스템을 보다 효율적으로 운영하고 관리하기 위한 관심 또한 증가되기 시작되었다. 특히 임베디드 시스템의 기능이 컴퓨터 시스템은 물론, 무선 모바일 통신 시스템, 무인 자동차, 가전 기기, 그리고 항공 등에 적용되기 시작하면서 임베디드 시스템을 효율적으로 관리하고 스케줄하기 위한 필요성도 점차 증가되고 있으며, 이러한 이유로써 임베디드 운영체제(Embedded Operating Systems)가 등장하게 되었다. 임베디드 운영체제는 임베디드 시스템을 체계적으로 스케줄하고 관리하는 기능을 제공하며, 임베디드 운영체제는 보통 하드웨어에 내장되어 있는 운영체제로써 전자제품, 개인용 휴대전화, 디지털카메라 등 소형 가전 정보 기기와 자동차에 주로 사용되고 있다. 따라서 임베디드 운영체제란 임베디드 시스템에서 사용되는 운영체제로써 임베디드 시스템 상에서 정해진 목적을 수행하는 소프트웨어라고 말할 수 있다.

임베디드는 크게 임베디드 운영체제, 임베디드 컴퓨팅, 임베디드 데이터베이스, 임베디드 소프트웨어 등 사용목적에 따라 여러 유형의 임베디드 시스템과 기능이 있으며, 우리가 현재 사용하고 있는 모바일 통신 시스템 중에서 구글 안드로이드 운영체제와 애플의 iOS가 전형적인 임베디드 운영체제라 할 수 있다.

임베디드 운영체제는 모바일 통신 시스템 외에도 공장자동화 또는 가정자동화 등과 같은 자동화 분야에서 주로 많이 적용되며, 임베디드 운영체제가 적용되는 임베디드 시스템 분야를 간단히 살펴보면 다음과 같다.

• 정보 가전제품 분야

세탁기, 냉장고, 전자레인지, 전기밥솥, 진공청소기, 에어컨 등과 같은 정보 가전제품은 전형적으로 임베디드 기능이 내장된 시스템이며, 이 분야에 임베디드 운영체제가 적용될 수 있다.

• 모바일 폰 및 PDA 단말기

모바일 폰과 PDA 단말기는 임베디드 기능이 잘 탑재된 임베디드 시스템이다. 모바일 폰에 적용되고 있는 전파 분류 기능, 음성 기능, 잡음 제거 기능, 전화번호 메모 기능, 벨소리 기능 등은 임베디드 기능이 비교적 잘 적용된 임베디드 시스템이다.

• 첨단 특수 분야

정확한 반응 및 연산, 그리고 처리능력을 가진 기계항공, 우주, 국방, 의료, 멀티미디어 통신, 에너지 개발 등 첨단 분야에 임베디드 시스템 기능이 적용되고 있으며, 이러한 분야에 임베디드 운영체제가 적용된다.

> **Note**
>
> **임베디드 운영체제**(Embedded Operating Systems)
>
> 임베디드 시스템에서 사용되는 운영체제로써 임베디드 시스템 상에서 정해진 목적을 수행하는 소프트웨어

12.2 임베디드 운영체제 기능 및 기술

임베디드 시스템 기능을 스케줄하고 관리하기 위한 운영체제의 주요 기능과 기술을 살펴보면 다음과 같다.

12.2.1 임베디드 운영체제 기능

임베디드 운영체제에 사용되는 주요 기능은 크게 실시간 처리 기능, 스케줄러 기능, 태스크 통신 기능, 커널 선점 기능, 그리고 사용자 개발 도구 지원 기능 등이 있으며, 각각을 살펴보면 다음과 같다.

- 실시간 처리 기능: 실시간 처리 기능이란 제한된 시간 내에 임베디드 시스템이 요구하는 요구사항을 처리하기 위한 기능을 말하며, 주요 실시간 처리 기능은 응답성, 태스크의 실시간 스케줄링, 그리고 비동기적 이벤트 처리 기능 등이다.

- 스케줄러 기능: 스케줄러 기능이란 스케줄러를 이용하여 여러 개의 태스크를 동시에 수행하는 기능을 말하며, 이때 스케줄러에 의해서 수행되는 스케줄링 알고리즘은 우선순위 스케줄링 알고리즘이 적용된다.

- 태스크 통신 기능: 태스크 통신 기능이란 멀티태스킹이 수행되는 시스템 하에서 태스크 동기화 및 태스크 간 통신을 지원하는 기능을 말한다.

- 커널 선점 기능: 커널 선점 기능이란 우선순위가 높은 순으로 커널에 태스크를 선점하는 기능이다.

- 사용자 개발 도구 지원 기능: 사용자 개발 도구 지원 기능이란 시스템을 설치하거나 구동이 편리하도록 사용자가 별도의 개발 시스템을 이용하여 응용 소프트웨어를 개발하는 기능을 말한다.

12.2.2 임베디드 운영체제 기술

임베디드 운영체제에 적용되는 기술은 임베디드 시스템에 따라 다르다. 일반적으로 임베디드 시스템에 적용되는 임베디드 운영체제 기술은 실시간 기능이 탑재된 멀티태스킹 커널 기술과 전력관리 기술이 적용되어야 하며, 또한 그래픽 사용자 인터페이스(GUI)를 위한 응용 프로그램 개발 기술과 실행 프로그램 운영 기술이 적용되어야 한다. 임베디드 운영체제에서는 이러한 기술이 기본적으로 적용되어야 하며, 2006년 IT839에서 제시한 임베디드 운영체제 적용기술을 살펴보면 다음과 같다.

✓ 2006년 IT839에서 제시한 임베디드 운영체제 적용기술

- 실시간 지원 멀티태스킹 기술: 실시간 지원 멀티태스킹 기술은 유비쿼터스 환경에 기본 실시간 멀티태스킹을 지원하기 위한 기술로써 이 기술은 주로 제어시스템을 위한 각종 제어, 방범 및 방재 시스템, 그리고 정보 가전 기기 등에 주로 적용된다.

- 경량 커널기술: 경량 커널기술은 임베디드 시스템에 적용되는 기본적인 커널 기술로써 이 기술은 임베디드 특성에 따른 제한된 자원을 가지고서 특정 응용을 대상으로 하는 시스템에 주로 적용된다.

- 전력관리 기술: 전력관리 기술은 유비쿼터스 환경에서 초 전력을 유지하기 위한 전력관리 기술로써 이 기술은 휴대용 정보 가전기기를 포함한 각종 소형 배터리를 사용하는 시스템에 주로 적용된다.

- 경량 그래픽 라이브러리 기술: 경량 그래픽 라이브러리 기술은 사용자에게 편리한 사용자 인터페이스(UI)기능과 경량화를 지원하기 위한 기술로써 이 기술은 그래픽 사용자 인터페이스(GUI) 구현을 위해 주로 적용된다.

- 경량 윈도우 시스템 기술: 경량 윈도우 시스템 기술은 사용자와 응용 프로그램 간의 입출력 상호작용을 보다 편리하게 지원해 주는 기술로써 이 기술은 입출력 시스템과 사용자, 그리고 운영체제와의 연동을 위해 적용된다.

12.3 임베디드 컴퓨팅

임베디드 컴퓨팅(Embedded Computing)이란 일반적인 컴퓨터가 아닌 각종 전자제품이나 정보기기에 설치되어 있는 마이크로프로세서에 미리 정해진 특정한 기능을 수행하는 시스템으로서 무선망의 발달로 인하여 부가가치가 높은 산업으로 인식되고 있다.

최근에 임베디드 컴퓨팅 서비스는 단순 텍스트 중심의 서비스 구조에서 벗어나 멀티미디어 메시지 서비스와 같은 하이브리드형 서비스 중심으로 서비스 패러다임이 빠르게 이동되고 있으며, 특히 임베디드 S/W의 멀티미디어 처리, 다중 작업 및 실시간 처리 능력이 강화되고 유무선 통신 및 네트워크 접목으로 인하여 전통적인 제조, 유통, 금융 산업뿐만 아니라 전자상거래, CRM, 국방, 우주, 신용카드 결제, 멀티미디어 통신 등의 여러 분야에 다양하게 적용되고 있다.

또한 유비쿼터스 컴퓨팅 및 4차 산업 혁명의 융/복합 기술과 지능형 컴퓨팅 시스템의 본격적인 서비스로 인하여 임베디드 컴퓨팅 기술은 차세대 모바일 통신 서비스 뿐 만 아니라 지능형 로봇, 인공지능 가전 분야, 국방, 우주 분야에 이르기까지 중요성이 점차 확대 될 것으로 여겨진다. 이러한 중요성으로 인하여 우리 정부에서도 임베디드 신성장 국가 산업 달성을 위한 SmarTown 등의 임베디드 프로젝트를 추진하였으며, 그 결과 많은 성과를 도출하기도 하였다. 최근에 임베디드 컴퓨팅의 중요성에 따라 임베디드 하드웨어를 위한 SoC, 임베디드 시스템 소프트웨어를 위한 통신 프로토콜, 프리미티브 GUI, 임베디드 미들웨어를 위한 스트리밍 처리 기법 등과 같은 기법들은 사용자들에 많은 관심을 받고 있으며, 사용자 서비스 관점에서의 중요한 서비스 분야에서 있어서 매우 중요한 기능을 수행하고 있다.

임베디드 컴퓨팅의 관점에서 임베디드 시스템이란 특정 기능을 수행하는 컴퓨터 시스템으로 장치 내에 존재하는 전자 시스템을 말하며, 일반적으로 내장형 시스템이라 한다. 임베디드 시스템은 전자기기 제어, 각종 기계 제어, 그리고 기타 제어가 필요한 시스템 등에 주로 많이 적용되고 있다. 임베디드 컴퓨팅과 임베디드 시스템을 구분해서 살펴볼 때 임베디드 컴퓨팅은 개인용 컴퓨터와 같은 특정되지 않는 일반적인 목적을 수행하는 컴퓨팅 기능을 말하며, 임베디드 시스템은 전체 장치의 일부분으로 구성된 시스템으로써 제어 기능과 두뇌 역할을 하는 특수 목적을 가진 시스템을 말한다.

이처럼 임베디드 시스템은 특정 목적을 수행하는 일종의 컴퓨팅 기능을 가진 시스템으로써 임베디드 시스템이 수행하는 기능은 프로그램 코드를 작성하여 메모리에 기록하고 이를 읽어 동작 시키는 기능을 수행한다.

임베디드라는 용어는 전자 하드웨어와 기계 부분을 포함하는 전체 장치의 일부로써 특정 용도를 처리하는 요소들이 시스템에 내장되었다는 것을 의미한다. 따라서 임베디드 용어가 적용된 임베디드 시스템은 오늘날 일상생활에 쓰이는 많은 응용 시스템들에 폭 넓게 적용되고 있으며, 많은 장치들을 제어하는데 사용되고 있다.

임베디드 시스템은 다양한 장치들을 제어하는 마이크로컨트롤러(Micro-controller), 데이터 신호 처리, 그리고 이미지 처리를 위해 사용되는 DSP(Digital Signal Processor) 등의 프로세서 코어 등으로 구성되어 있다. 마이크로 컨트롤러는 규모가 작은 시스템에 유용하게 적용되고 있으며, 일반적으로 마이크로 컨트롤러는 운영체제를 포함하지 않고 있다. 그러나 규모가 큰 마이크로 컨트롤러의 경우에는 운영체제(윈도우 CE, 또는 리눅스 커널)를 포함하고 있어야 하며, 그렇지 않을 경우 마이크로 시스템을 제어하는데 있어서 여러 제약점을 가질 수 있다. 이러한 운영체제 위에 특수한 기능만을 수행하도록 하고자 할 경우에는 이 시스템을 제어하기 위한 별도의 응용 프로그램을 설치해야 한다. 예를 들어 ARM 마이크로컨트롤러는 하나의 칩에 플래시 또는 RAM과 같은 메모리를 포함하기도 하며, 필요에 따라서는 타이머, UART, SPI, ADC 등과 같은 하드웨어 시스템을 장착하기도 한다. 그러나 여기에서 사용하는 메모리는 용량이 크지 않기 때문에 운영체제를 포함하기에는 한계점을 가진다. 임베디드 시스템에서 하드웨어는 하나의 칩 안에 장착하지만, 칩 밖에 많은 용량의 메모리를 장착하고 PCB에서 연결하여 사용한다. 이것은 시스템이 크기 때문에 용량이 큰 메모리를 시스템에 장착해야하기 때문이다.

임베디드 관점에서 볼 때 개인용 컴퓨터는 하드 디스크와 같은 대용량 저장장치에 운영체제를 내장하고 있으며, 이에 반해서 임베디드 시스템은 운영체제와 응용 프로그램들이 플래시 메모리에 이미지 형태로 저장되어 있다가 시스템 작동과 동시에 램 디스크를 만든 다음, 램 디스크 위에 운영체제와 응용 프로그램들이 구성되고 구동을 수행하게 된다. 이러한 관점에서 볼 때 개인용 컴퓨터는 임베디드 기능을 가진 전형적인 임베디드 시스템의 한 유형이라 할 수 있다.

임베디드 시스템은 하나 이상의 주 처리 코어로 각각의 시스템과 기능들을 제어하게 되며, 이러한 제어 기능을 담당하는 시스템을 마이크로 컨트롤러 또는 디지털 신호 처리 장치라 한다. 이러한 기능을 담당하는 시스템들은 특정 전용 임무를 위해 사용되며, 매우 강력한 연산능력을 발휘하기도 한다. 예를 들어 항공기의 이/착륙을 제어하는 항공관제 시스템은 이러한 기능을 수행하는 일종의 임베디드 시스템이라 할 수 있다. 대형 컴퓨터와 공항, 레이더망을 연결하는 지역 망 또는 전국 망도 일종의 임베디드 시스템 기능을 하며, 레이더 시스템 또한 임베디드 기능을 수행하는 시스템이라 할 수 있다. 임베디드 시스템은 특정 임무를 수행하고 있기 때문에 시스템을 최적화하여 설계할 경우 크기와 생산 비용을 줄이고 신뢰성과 성능을 향상시킬 수 있는 장점을 제공하게 된다. 이러한 임베디드 시스템을 적절히 활용하여 대량생산할 수 있는 기반을 갖춘다면 경제적인 이득을 가져 올 수 있어 경제 활성화에도 도움이 될 수 있을 것이다.

외형적으로 볼 때 임베디드 시스템은 디지털 시계 및 MP3 재생장치에서 부터 커다란 고정 설비, 즉 교통 신호등, 공장 제어 장치, 그리고 원자력 발전소 제어 시스템에 이르기까지 다양한 산업 시스템에도 적용될 수 있을 것이며, 또 다른 관점에서 볼 때 임베디드 시스템은 컴퓨터 주변장치, 네트워크 기능을 수행하는 통신 장치, 그리고 다양한 전자제어 장치 등에 폭 넓게 적용될 수 있을 것이다.

Note

임베디드 컴퓨팅(Embedded Computing)

일반적인 컴퓨터가 아닌 각종 전자제품이나 정보기기에 설치되어 있는 마이크로프로세서에 미리 정해진 특정한 기능을 수행하는 시스템

Note

임베디드 시스템(Embedded System)

전체 장치의 일부분으로 구성된 시스템으로써 제어 기능과 두뇌 역할을 하는 특수 목적을 가진 시스템

12.4 임베디드 시스템의 특징

임베디드 시스템은 대개 저가로 선택된 기능만을 수행하도록 설계되어 있으며, 몇몇 기능은 매우 빠른 처리를 요구하고 있으나 일부 다른 기능들은 대부분 속도를 중요하게 여기지 않는다. 일반적으로 임베디드 시스템의 전체 구조는 비용을 낮추기 위해 범용 컴퓨터 시스템의 하드웨어에 비해 의도적으로 단순화되어 있다. 예를 들어 임베디드 시스템은 개인용 컴퓨터에서 쓰이는 일반 주변장치 인터페이스에 비해 10-24배 정도 느리며, 시스템 제어를 위해 직렬 버스 방식으로 주변 장치를 제어하고 있기 때문에 속도 관점에서 처리속도가 느린 단점이 있다. 그러나 일부 임베디드 시스템들은 고성능의 처리 기능과 자원을 필요로 하지 않기 때문에, 상대적으로 느린 프로세서와 작은 크기의 메모리를 가지고서 시스템을 제어하게 되며, 이로 인한 비용을 절감할 수 있는 장점을 가진다.

임베디드 시스템을 제어하기 위해서는 펌웨어가 요구되며, 펌웨어(Firmware)란 하드웨어 장치의 롬이나 플래시 메모리에 내장되어 있는 소프트웨어를 말한다. 즉, 펌웨어는 롬(ROM)에 저장된 하드웨어를 제어하는 마이크로프로그램이다.

따라서 펌웨어 기능을 가진 임베디드 시스템의 특징을 간단히 살펴보면 다음과 같다.

- 임베디드 시스템 상의 프로그램은 대개 제한된 하드웨어 자원 위에서 실시간(Real-Time) 제약 조건을 가지고 동작하며, 임베디드 시스템은 시스템 상에 디스크 드라이브나 운영체제, 그리고 키보드나 화면이 없는 경우도 존재한다.

- 임베디드 시스템은 파일 시스템을 가지지 않을 수도 있으며, 플래시 드라이브를 저장 매체로 사용할 수 있다.
- 임베디드 시스템은 사용자 인터페이스를 가지고 있지만 작은 키패드 또는 LCD를 사용하여 사용자 인터페이스 기능을 수행한다.
- 임베디드 시스템은 오랜 기간 동안 오류 없이 안정적으로 실행될 수 있도록 설계되어야 한다.
- 펌웨어가 임베디드 기능을 수행하고 신뢰성을 보장하기 위해서는 개인용 컴퓨터에서 쓰이는 소프트웨어보다 신중한 개발과 테스트 과정을 거쳐야 한다.

대부분의 임베디드 시스템은 디스크 드라이브 또는 스위치, 버튼 등 기계적인 동작으로 인해서 손상을 입을 수 있는 부품의 사용을 피하고 대신에 플래시 메모리 같은 물리적 손상이 비교적 덜 발생하는 칩을 사용하는 것이 임베디드 시스템 관리 관점에서 바람직하다. 임베디드 시스템이 적용되는 분야는 석유 시추공사, 우주공간 등 인간이 직접 즉각적인 제어를 하기 어려운 장소에 적용될 수 있으며, 드론 및 우주 제어 등과 같은 사람의 접근이 어려운 분야에 적용이 가능하다. 따라서 임베디드 시스템은 최악의 상황에서도 스스로 작동되도록 하는 기능을 가져야 하며, 인간의 도움 없이도 극한의 환경에서 작용될 수 있는 기능을 가져야 한다.

임베디드 시스템에서 적용되는 기술 중의 하나는 특정 적용 분야에 적합한 IC들을 하나의 CPU 칩에 집적시킴으로서 별도의 주변 장치용 칩을 보드 위에 설치 않아도 작동될 수 있도록 하는 시스템 온 칩(SoC: System On Chip) 기술이다. 임베디드 시스템에는 ARM, MIPS, 콜드파이어/68K, PowerPC, x86, PIC 마이크로컨트롤러, 8051 등 많은 다양한 CPU 아키텍처가 사용되며, 이러한 아키텍처가 데스크톱 컴퓨터와 다른 점이다.

향후 데스크톱 컴퓨터 시장에선 기존의 인텔/IBM x86이나 애플의 매킨토시에서 벗어나 고성능의 프로세서가 탑재된 PowerPC들이 경쟁 아키텍처로 등장할 거라 전망된다.

과거 2016년 기준 CPU 아키텍처에서는 ARM 코어가 주로 많이 사용되었으나 오늘날에는 인텔 8051, PIC 마이크로컨트롤러, AVR, ARM 코어 8비트 등의 마이크로 칩이 사용되고 있다. ARM은 보통 8비트의 고성능 칩으로써 리눅스 커널을 포팅하기 위해 주로 사용되며, OS를 탑재하기 위해 ARM 칩 외부에 RAM이나 FLASH를 PCB 상에 장착하여 사용되기도 한다.

> **Note**
>
> **펌웨어**(Firmware)
>
> 하드웨어 장치의 롬이나 플래시 메모리에 내장되어 있는 소프트웨어

12.5 임베디드 운영체제의 개발 환경

12.5.1 리눅스

임베디드 운영체제 중의 하나는 리눅스(Linux)이며, 리눅스의 운영체제는 리눅스 커널 기반 위에서 GNU의 gcc를 사용하여 실행한다. gcc는 소스를 웹사이트에서 가져온 뒤, 목적 CPU에 맞추어 컴파일함으로써 gcc 관련 도구를 생성한다. gcc 관련 파일 실행은 타겟 또는 목적 CPU을 설정하고 make 명령어를 사용하면서 해당 CPU의 크로스 컴파일러를 실행한다. gcc를 이용한 프로그램 개발 방법은 이클립스 사용방법과 make 명령어 처리 방법을 사용하며, 이클립스 사용방법은 다음과 같다.

위의 이클립스 사용방법이 리눅스 PC의 X-윈도우 상에서 주로 사용되는 개발환경이며, gcc를 윈도우에서 실행할 경우에는 리눅스 운영체제 환경에서 gcc를 컴파일해야 한다.

✓ 이클립스 사용방법:

(Eclipse IDE for C/C++ Developers)는 IDE로 gcc와 연결하여 사용한다.

12.5.2 윈도우 CE

윈도우 CE는 윈도우 PC에서 동작하고 비주얼 스튜디오 개발환경에서 수행되는 응용 프로그램이다. 윈도우 CE의 초기 환경은 커널 즉, 윈도우 CE 플랫폼 빌더와 응용 프로그램 개발 즉 임베디드 비주얼 C++와 같은 도구를 사용하여 개발되었다. 이후 커널 컴파일과 응용 프로그램 개발이 비주얼 스튜디오에 통합되어 개발되었으며, 윈도우 CE와 PC 윈도우 응용 프로그램 간에는 약간의 차이가 있으므로 이들을 개발 할 때는 비주얼 스튜디오의 환경 설정을 서로 다르게 설정해야 한다. 윈도우 CE를 실행하고 프로그램을 개발하기 위해서는 윈도우 CE용 개발 도구를 설치해야 하며, 윈도우 CE 설치 예는 다음과 같다.

✓ 윈도우 CE 컴팩트 7 설치 예

- 비주얼 스튜디오 2008 프로페셔널 설치
- 비주얼 스튜디오 2008 서비스 팩 1 설치
- 선택 사항 : 마이크로소프트 익스프레션 블렌드 3 설치
- 윈도우 임베디드 컴팩트 7 설치
- 윈도우 임베디드 컴팩트 7 업데이트와 같은 순서로 설치한다.

12.6 실시간 운영체제

실시간 운영체제 RTOS(Real Time Operating System)란 실시간 응용 프로그램을 위해 개발된 운영체제를 말하며, 실시간 운영체제는 운영체제의 기능 중 CPU 시간 관리 부분에 초점을 맞추어 설계된 운영체제이다. 실시간 운영체제는 프로그래머가 프로세스 우선순위에 더 많은 제어를 가지며, 응용 프로그램의 우선순위가 시스템 프로그램의 우선순위보다 앞설 수 있다. 실시간 운영체제는 시스템 코드의 임계 구역을 최소화하며, 이를 통하여 응용 프로그램의 처리 요청을 정해진 시간 안에 처리해 주는 기능을 수행한다. 실

시간 운영체제의 핵심은 응용 프로그램 태스크 처리에 걸리는 시간을 일관되게 유지해주는 기능이며, 실시간 운영체제에서 처리 시간의 변동폭은 지터(jitter)에 의해 좌우된다. 지터란 실제 신호와 기준점과의 시간 편차이다.

실시간 운영체제는 경성(Hard) 실시간 운영체제와 연성(Soft) 실시간 운영체제로 구분되며, 경성 실시간 운영체제가 일반적으로 연성 실시간 운영체제에 비해서 지터 지연이 적게 발생한다. 실시간 운영체제의 주된 설계 목표는 높은 처리율이 아니라 실시간 성능 보장에 있으며, 경성(hard) 실시간 운영체제와 연성(soft) 실시간 운영체제 두 가지 방식에 의해서 운영체제가 구동된다. 구동방법은 이벤트 구동방법과 시분할 스케줄링 구동방법으로 분류되며, 다음과 같다.

✓ 실시간 운영체제의 구동방법

- 이벤트 구동(Event-driven) 방법: 이벤트 구동 방법은 우선순위 기반 스케줄링 또는 선점형 스케줄링 이라고도 하며, 태스크 또는 작업 전환이 현재 수행중인 태스크보다 높은 우선순위를 가질 때 이벤트를 구동하여 서비스를 요청하는 방법이다.
- 시분할(Time-sharing) 스케줄링 구동 방법: 시분할 스케줄링 구동 방법은 클럭 인터럽트 또는 라운드 로빈과 같은 주기적인 이벤트가 발생할 때 태스크의 전환을 통해서 이벤트를 발생시켜 서비스를 요청하는 방법이다.

이벤트 구동방법과 시분할 스케줄링 구동 방법을 비교할 때 시분할 스케줄링 구동 방법은 실제 필요한 것보다 더 자주 태스크 전환이 발생하며, 이러한 이유로 인하여 좀 더 자연스럽고 예측하기 쉬운 멀티태스킹을 제공한다.

시분할 스케줄링 구동 방법은 하나의 프로세스나 한명의 사용자가 장치를 독점적으로 사용하는 것과 같은 효과를 제공하며 이러한 이유로 인하여 좀 더 나은 멀티태스킹을 보장받게 된다.

우리가 앞 3장에서 살펴보았듯이 운영체제의 관점에서 볼 때 프로세스는 실행(Running), 대기(Ready), 보류(Block)의 세 가지 상태 중 한 가지의 상태로 존재하며, 대부분의 경우에 프로세스는 블록상태를 가지며 준비 큐의 오직 1개의 프로세스만이 수행상태로 전환을 수행한다. 실시간 운영체제도 이와 같은 프로세스 상태 구조에 의해 프로세스 상태 전이가 발생하며, 고급 실시간 운영체제에서는 실시간으로 동작하는 프로세스들이 실시간으로 동작하지 않는 프로세스들과 컴퓨터 자원을 공유하여 프로세스 상태를 추적하고 관리한다. 고급 실시간 운영체제를 위해서는 실시간 컴퓨팅(Real-Time Computing) 기능이 필요하며, 자원관점에서 볼 때 실시간 컴퓨팅은 크게 경성 실시간 컴퓨팅(Hard Real-Time Computing)과 연성 실시간 컴퓨팅(Soft Real-Time Computing)으로 분류된다. 이들 실시간 컴퓨팅에 의해 한정된 자원이 효율적으로 관리되며, 실시간 컴퓨팅이란 사용할 수 있는 자원이 한정되어 있는 상황에서 작업 수행이 요청되었을 때, 이를 제한된 시간 안에 처리해서 그 결과를 도출하는 과정을 말한다. 즉, 실시간 컴퓨팅은 작업의 요청에서 수행결과를 얻기까지의 시간적인 제약이 존재하는 시스템으로서 제약조건에 따라 경성 실시간 컴퓨팅과 연성 실시간 컴퓨팅으로 구분된다.

- 경성 실시간 컴퓨팅
- 연성 실시간 컴퓨팅

12.6.1 경성 실시간 컴퓨팅

경성 실시간 컴퓨팅은 작업의 실행 시작이나 완료에 대한 시간 제약조건이 발생할 때 시스템에 치명적인 영향을 줄 수 있다. 이에 대한 예로는 무기제어, 발전소제어, 철도자동제어, 미사일 자동조준 등이 있다. 경성 실시간 컴퓨팅을 위해서는 컴퓨팅 보장과 시간 정확성, 그리고 컴퓨팅에 대한 예측성을 제공해 주어야 한다.

12.6.2 연성 실시간 컴퓨팅

연성 실시간 컴퓨팅은 작업 실행에 대한 시간 제약을 가지지만 시간 제약을 지키지 못해도 전체 시스템에 큰 영향을 끼치지 않는다. 대표적인 사례 중의 하나가 동영상 스트리밍이다. 연성 실시간 컴퓨팅의 경우 초당 일정한 프레임(Frame)을 재생해야 하는 제약을 가지고 있으나, 이 시스템의 경우 시스템이 다른 작업을 수행할 때 다른 작업으로 인한 프레임(Frame)이 건너뛰어져도 동영상을 재생하고 있던 시스템에는 큰 영향을 주지 않는다. 연성 실시간 컴퓨팅에서 동영상 전송을 담당하는 기능은 프레임이며, 프레임(Frame)은 데이터 통신(Data Communications), 컴퓨터 그래픽스(Computer Graphics), TV(Tele Vision) 방송 등에서 전송되는 정보의 단위 즉 초당 이미지가 처리되고, 이미지가 재생되는 전송 단위이다.

Note

프레임(Frame)

• 데이터 통신(Data Communications), 컴퓨터 그래픽스(Computer Graphics), TV(Tele Vision) 방송 등에서 전송되는 정보의 단위

• 초당 이미지가 처리되고, 이미지가 재생되는 전송 단위

지터(jitter)

실제 신호와 기준점과의 시간 편차

연습문제

1. 임베디드 시스템이란 무엇인가?

2. 임베디드 운영체제란 무엇인가?

3. 임베디드 운영체제에 사용되는 주요 기능은 어떠한 것들이 있는지 간단히 설명하시오.

4. 2006년 IT839에서 제시된 임베디드 운영체제의 적용기술은 무엇인지 설명하시오.

5. 임베디드 시스템을 작동하는 펌웨어란 무엇인지 설명하시오.

6. 여러분의 컴퓨터에서 실제 리눅스 설치방법과 윈도우CE 설치 방법을 이용하여 시스템을 설치 보십시오.

7. 실시간 운영체제란 무엇이며, 실시간 운영체제의 구동방법을 간단히 설명하시오.

8. 실시간 컴퓨팅 기능을 수행하는 경성 실시간 컴퓨팅과 연성 실시간 컴퓨팅 기능의 차이점을 간단히 설명하시오.

9. 실시간 운영체제에서 지터(Jitter)란 무엇인지 간단히 설명하시오.

10. 연성 실시간 컴퓨팅에서 동영상 전송을 담당하는 프레임이란 무엇인지 간단히 설명하시오.

참고문헌

- 구현회, 『그림으로 배우는 구조와 원리 운영체제』, 한빛 아카데미, 2017
- 김주균, 『OS? Oh Yes』, 휴먼 싸이언스, 2013
- 박규석, 김창수, 배인한, 이준연, 박홍진, 『운영체제』, 생능출판, 2017
- 박종선, 방상원, 박준범, 『운영체제』, 기한재, 2013
- 서장원, 『운영체제론』, 기한재, 2016
- 엄영익, 정태명, 『컴퓨터 운영체제론』, 생능출판사, 2010
- 조유근, 고건, 박민규, 『운영체제 7판, 8판, 9판』, 교보문고, 2014
- 조성호, 『쉽게 배우는 운영체제』, 한빛 아카데이, 2018
- 최현섭, 고형대, 이철수, 오상엽, 『운영체제』, 이한출판사, 2007
- 김종현, 『컴퓨터 구조론』, 생능출판사, 2016
- 정기철, 『컴퓨터 구조』, 연두에디션, 2018
- 정진욱, 한정수, 『데이터 통신』, 생능출판사, 2003
- 정진욱, 안성진, 김현철, 조강홍, 유슈헌, 『컴퓨터 네트워크』, 생능출판사, 2018
- Abraham Silberschatz, Peter B. Galvin, Grg Gagne, *Operating System Concepts*, 8th Edition, 9th Edition, Wily Press, 2016
- Gary Nutt, *Operating Systems*, Addison-Wesley, 2005
- Lubomir F. Bic, Alan C. Shaw, *Operating Systems Principles*, Prentice Hall, 2005

색인

Q

R

S

운영체제
Operating Systems

지은이 이종득
펴낸이 김동원
펴낸곳 전북대학교출판문화원

초판 1쇄 인쇄 2019. 12. 10
초판 1쇄 발행 2019. 12. 16

전북대학교출판문화원 전라북도 전주시 완산구 어진길 32 (풍남동2가)
전화 (063) 219-5321~2
FAX (063) 219-5323
출판등록 2012년 8월 20일 제465-2012-000021호

값 23,000원

ISBN 979-11-6372-062-1 93000

이 도서의 국립중앙도서관 출판예정도서목록(CIP)은 서지정보유통지원시스템 홈페이지(http://seoji.nl.go.kr)와 국가자료공동목록시스템(http://www.nl.go.kr/kolisnet)에서 이용하실 수 있습니다. (CIP제어번호 : CIP2019048634)